地方财政竞争的
产业结构升级效应研究

DIFANG CAIZHENG JINGZHENG DE
CHANYE JIEGOU SHENGJI XIAOYING YANJIU

蒋勇 著

西南财经大学出版社
Southwestern University of Finance & Economics Press

中国·成都

图书在版编目(CIP)数据

地方财政竞争的产业结构升级效应研究/ 蒋勇著 .—成都:西南财经大学出版社,2022.1

ISBN 978-7-5504-5069-1

Ⅰ.①地… Ⅱ.①蒋… Ⅲ.①地方财政—影响—产业结构升级—研究—中国 Ⅳ.①F812.7②F269.24

中国版本图书馆 CIP 数据核字(2021)第 189119 号

地方财政竞争的产业结构升级效应研究

蒋勇 著

策划编辑:李晓嵩
责任编辑:李晓嵩
责任校对:王甜甜
封面设计:何东琳设计工作室
责任印制:朱曼丽

出版发行	西南财经大学出版社(四川省成都市光华村街 55 号)
网　　址	http://cbs.swufe.edu.cn
电子邮件	bookcj@ swufe.edu.cn
邮政编码	610074
电　　话	028-87353785
照　　排	四川胜翔数码印务设计有限公司
印　　刷	四川煤田地质制图印刷厂
成品尺寸	170mm×240mm
印　　张	13.5
字　　数	321 千字
版　　次	2022 年 1 月第 1 版
印　　次	2022 年 1 月第 1 次印刷
书　　号	ISBN 978-7-5504-5069-1
定　　价	88.00 元

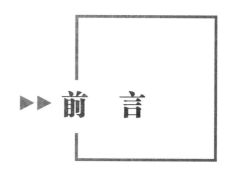

▶▶ 前　言

　　当前，世界经济形势复杂多变，国际产业竞争异常激烈，在中国特色社会主义进入新时代的背景下，加快推进产业结构优化升级，服务于现代化经济体系建设，提升我国产业国际竞争力，是非常关键和紧迫的时代任务。党的十九大报告强调，支持传统产业优化升级，加快发展先进制造业和现代服务业，瞄准国际标准提高水平，促进我国产业迈向全球价值链中高端。习近平总书记反复强调，提高我国经济综合竞争力、推动经济高质量发展的关键和重要举措在于产业结构优化升级。

　　从我国产业结构的现状来看，随着我国经济的快速增长，国内产业结构总体上处于不断优化升级的过程中，但当前仍存在一些突出问题，如三次产业间与三次产业内部结构不合理；产业结构呈粗放式、低端化特点；区域产业结构趋同，产能过剩严重。针对我国产业结构存在的诸多问题及不合理表现，历届中央政府反复强调产业结构优化升级是提升国民经济整体素质的有效途径，是推进经济结构调整的重要方面，并一再强调通过大力推进产业结构优化升级，实现经济可持续发展。在中国式分权体制下，面对政治晋升利益的激励，各地政府自然会竞相通过财税手段或政策刺激产业结构调整，积极响应中央政策，期望能取得突出的政绩。

　　但是，社会资源要素毕竟是有限的，这种竞相采取财税手段或政策调整产业结构的地方政府行为必然引起区际互动，并形成地方政府为推动产业结构升级而展开财政竞争的格局。那么地方财政竞争如何影响地区产业结构升级？中国的地方财政竞争在地区产业结构升级过程中究竟起到了什么作用，是有利于推进产业结构升级还是抑制了产业结构升级？此外，中国的地方财政竞争在推进产业结构升级过程中面临哪些困境？解决和回答这些问题在当前国际国内错综复杂的环境下显得尤为迫切。首先，本书基于中国式分权体制背景下地方政府面临的政治晋升激励，较为系统地阐释了地方财政竞争影响地区产业结构升级的机理，并利用中国省际面板数据对地方财政竞争对产业结构升级的实际效应进行了实证检验。其次，在此基础上，本书从理论与实证两个层面分析了中国的地方财政竞争在推进产业结构升级过程中面临的困境。最后，本书提出了规范地方财政竞争秩序以促进产业结构升级的相关政策建议，以期为新时代背景下建设现代化经济体系、实现经济高质量发展提供一定的理论依据与决策参考。具体而言，本书的研究思路与研究内容主要包括以下几个方面：

第一章在对地方财政竞争与产业结构升级的相关概念进行界定以及地方财政竞争影响产业结构升级的基本理论进行梳理的基础上，基于中国式分权体制提出了地方财政竞争影响产业结构升级的基本逻辑框架。沿着这一基本逻辑框架，本书从税收与财政支出两个层面系统论述了税收竞争与财政支出竞争对产业结构升级的影响机理。本书的研究发现，在中国式分权体制以及中央的产业结构升级战略引领下，地方政府为政治晋升利益而具有动力和能力推进当地产业结构升级，但某一地区利用财税手段或工具推进产业结构升级必然引起其他地区的横向跟进，由此形成了地方政府为推进产业结构升级的税收竞争与财政支出竞争行为，进而加快了各地区产业结构升级的步伐。

第二章对中国地方财政竞争和产业结构现状进行全面分析。首先，本章基于税收竞争和财政支出竞争的二维层面以及总量与结构的双重视角，构建了广义税收竞争、总税收竞争、非税收入竞争、增值税竞争、企业所得税竞争等各类税收竞争指标，财政总支出竞争、经济性支出竞争、民生性支出竞争等各类财政支出竞争指标。在此基础上，本书系统描述了我国区域间税收竞争和财政支出竞争的差异及演进特点。本书发现，我国省际税收竞争强度和财政支出竞争强度在时空演变过程中存在着较大的地域差异，总体上中西部地区的竞争强度高于东部地区的竞争强度。其次，本章从三次产业增加值结构、三次产业对经济增长的贡献度等方面分析了中国产业结构演进的趋势，同时通过构建产业结构升级测度指标描述了中国产业结构升级水平的时空演进特征。本书发现，中国的产业结构总体处于不断优化升级的过程中，且地区间产业结构升级水平呈"高-高"集聚与"低-低"集聚的空间集聚特征。最后，本章从中央差异化的区域税收优惠政策引起的地方制度内税收竞争和以财政返还或奖励为代表的制度外税收竞争两个层面描述了中国地方税收竞争影响产业结构升级的现状，还从地方政府通过基础设施投资争夺资本和通过财政补贴争夺人才两个层面描述了中国地方财政支出竞争影响产业结构升级的现状，结果发现地方政府间财政竞争确实会影响区域产业结构升级。

第三章为地方税收竞争对产业结构升级效应的实证检验。本章利用中国31个省份（未包括我国香港、澳门、台湾，下同）的数据，构建中国省际空间面板模型和门限面板模型，实证考察地方税收竞争对产业结构升级的实际效应。研究发现：第一，基于省际空间面板模型的地方税收竞争对产业结构升级效应的实证检验结果表明，不同类型的税收竞争对产业结构升级表现出异质性的特点。其中，广义税收竞争、总税收竞争、增值税竞争对产业结构升级的实际效应不明显，非税收入竞争显著地促进了产业结构升级，而企业所得税竞争显著地抑制了产业结构升级。第二，进一步的门限面板回归结果显示，广义税收竞争、总税收竞争、非税收入竞争和企业所得税竞争等税收竞争指标对产业结构升级均存在以人均国内生产总值为门限变量的非线性效应。当人均国内生产总值低于相应的门限值时，也就是在经济发展水平较低的地区，不同类型的税收竞争有利于产业结构升级；当人均国内生产总值高于相应的门限值时，也就是在经济发展水平较高的地区，广义税收竞争和总税收竞争对产业结构升级的实际效应不明显，非税收入竞争对产业结构升级的促进效应显著下降，而企业所得税竞争则显著抑制了产业结构升级。

第四章为地方财政支出竞争对产业结构升级效应的实证检验。本章同样利用中国31个省份的数据，构建中国省际空间面板模型和门限面板模型，实证考察地方财政支出竞争对产业结构升级的实际效应。研究发现：第一，基于省际空间面板模型的地方财政支出竞争对产业结构升级效应的实证检验结果表明，不同类型的财政支出竞争对产业结构升级表现出异质性的特点。其中，总支出竞争和经济性支出竞争对产业结构升级的实际效应不明显，民生性支出竞争显著地促进了产业结构升级。第二，进一步的门限面板回归结果显示，总支出竞争和经济性支出竞争对产业结构升级均存在以人均国内生产总值为门限变量的非线性效应。当人均国内生产总值低于相应的门限值时，也就是在经济发展水平较低的地区，总支出竞争和经济性支出竞争在一定程度上有利于产业结构升级；当人均国内生产总值高于相应的门限值时，也就是在经济发展水平较高的地区，总支出竞争和经济性支出竞争则显著抑制了产业结构升级。

第五章从理论与实证两方面分析了中国式分权体制下地方财政竞争影响产业结构升级存在的困境。在以"财政分权、政治集权"为重要特征的中国式分权体制下，当中央赋予地方既要加快经济总量增长又要推动地方经济结构转型升级的双重任务时，受政治晋升利益的激励，地方政府一方面为推进地区产业结构升级而展开财政竞争，另一方面为促进地区经济增长而展开财政竞争。然而，中国过分偏重经济增长的政绩考核机制以及官员的有限任期制决定了地方政府必然优先以地区短期经济增长为目标展开争夺资本的财政竞争。这种有偏的财政竞争行为使得产业结构升级面临着相应的困境。在地方税收竞争中，地区间为争夺资本展开的"逐底"竞争使得地方财政收入减少，进而削弱了地方公共产品的供给能力，制约着地方产业结构升级的进程。同时，地区间争夺的资本往往投向短期见效快的项目，不利于地方产业结构升级。在财政支出竞争中，地方政府更偏向于经济性支出，而忽视民生性支出，一方面是因为经济性支出拉动短期经济增长的效果更明显，另一方面是因为经济性支出对资本的吸引力更大。这种支出的偏向性扭曲了财政支出结构，进而抑制了科技创新、人力资本积累等对产业结构升级的作用的发挥。

第六章在前述理论与实证分析的基础上提出了规范财政竞争秩序以促进产业结构升级的政策建议，包括强化地方财政竞争约束机制、营造有利于产业结构升级的地方税收竞争环境和地方财政支出竞争环境。

蒋 勇

2020 年 12 月

▶▶ 目 录

地方财政竞争的产业结构升级效应研究

导　论

一、研究背景及意义

（一）研究背景

产业是强国之基、兴国之本。当前，世界产业分工格局深刻调整，中国经济发展进入新时代，加快推进产业结构优化升级，为经济增长提质增效，促进产业发展水平达到全球中高端水平，是非常关键和紧迫的时代任务。党的十九大报告强调，支持传统产业优化升级，加快发展先进制造业和现代服务业，瞄准国际标准提高水平，促进我国产业迈向全球价值链中高端。党的十九届五中全会提出，加快发展现代产业体系，推进产业基础高级化、产业链现代化以及经济体系优化升级。自党的十八大以来，习近平总书记对新的历史时期的产业发展问题也作出了许多丰富而深刻的论述。例如，2015年5月，习近平总书记在浙江调研时强调，产业结构优化升级是提高我国经济综合竞争力的关键举措，要加快构建现代产业发展新体系。2018年全国两会期间，习近平总书记在参加内蒙古代表团审议时强调指出，推动经济高质量发展，要把重点放在推动产业结构转型升级上，把实体经济做实做强做优。

事实上，从国际经济增长与发展史来看，产业结构优化升级既是一个老话题，也是一个永远不可能停止的任务。就中国改革开放以来的产业结构调整实践而言，伴随着经济的快速发展，国内产业结构也相应地发生了重要变迁。根据国家统计局公布的历年经济统计数据，我国三次产业结构依次从

"一二三"向"二一三""二三一""三二一"的格局转变，第三产业当前已经成为推动国民经济增长的主导产业，这一优化升级进程总体符合产业结构的演变规律。在国内产业结构不断优化升级的过程中，三次产业内部分工日益细化，衍生出了诸多新兴产业，在促进经济增长、吸纳社会就业等方面发挥着极其重要的作用。但与此同时，我们也应注意到我国产业结构的不合理、科技创新能力不强、核心技术缺乏、发展层次偏低、先进制造业和现代服务业发展滞后等矛盾和问题还比较突出。需要注意的是，在经济增长取得一定成就后，经济增长潜能的进一步发挥必将受限于不合理的产业结构。进入 21 世纪以来，针对我国产业结构存在的诸多不合理表现，历届中央政府高度重视并反复强调加快推进产业结构优化升级，实现经济可持续发展。

既然中央决策层反复强调并要求大力推进产业结构升级，实现经济高质量发展，那么在分权体制所特有的政治晋升利益的激励下，地方政府具有利用各种政策工具刺激重点产业发展、促进产业结构升级的动力，期望能在产业结构调整领域有所突破，并取得突出的政绩。在中央产业结构调整战略的指引下，地方政府利用财税手段与政策推动当地产业结构升级势必会引起资源要素的跨行业、跨区域流动，进而会导致其他地区为维护自身利益也采取相应的财税策略。这实际上告诉我们，地方政府间为促进产业结构升级所使用的财税手段与政策存在着策略互动，也可以说地方政府间存在着为推进产业结构升级而展开的财政竞争。

当前，中国特色社会主义进入新时代。从国内大环境来看，新时代中国经济的重要特征是由高速度增长转向高质量发展，而推动经济高质量发展，要把重点放在推动产业结构转型升级上来。从国际大环境来看，当前全球经济形势错综复杂，国际经济格局深度调整，发达经济体纷纷提出"再工业化"战略，试图继续掌控全球价值链的制高点，国际产业竞争可谓异常激烈。因此，统揽国际国内两个大局，加快推进我国产业结构优化升级是当前亟待解决的重要问题。这不仅关系到新时代中国经济的前景，更决定着我国能否在激烈的国际产业竞争中占据更加有利的地位。但是，在中国式分权体制下，地方财政竞争会导致地方政府间的财税政策与财政收支行为存在策略性互动。这种互动必然影响生产要素的流动与地区产业结构的调整升级。那么，地方财政竞争在地区产业结构升级过程中究竟起到了什么作用，是有利于推进产业结构升级还是抑制或阻碍产业结构升级？党的十九届四中全会审议通过的《中共中央关于坚持和完善中国特色社会主义制度 推进国家治理体系和治理能力现代化若干重大问题的决定》指出："优化政府间事权和财权划分，建立权责清晰、财力协调、区域均衡的中央和地方财政关系，形成稳定的各级政府事权、支出责任和财力相适应的制度。构建从中央到地方权责清晰、运行顺畅、充满活力的工作体系。"在中央的这一重大决定指引下，明确地方财政竞争与产业结构升级之间的关系是亟须解决的现实问题。本书的研究目的旨在探析地方财政竞争影响地区产业结构升级的机理与实际效应，并期望提出规范地方财政竞争秩序、助推产业结构升级的相关政策建议，为新时代背景下中国现代化经济体系建设提供一定的理论依据与决策参考。

（二）研究意义

当前，如何推动产业结构的优化升级受到学术界和政界的高度重视与广泛热议，学术界也大多肯定了财政在产业结构升级中的重要作用。在以"财政分权、政治集权"为重要特征的中国式分权体制下，地方财政竞争的经济社会影响效应广泛而深远。然而，纵观既有研究成果，学术界尚未对地方财政竞争对产业结构升级的影响机理及实际效应给予足够的重视。因此，在当前产业结构升级迫在眉睫的背景下，从理论层面探究地方财政竞争对产业结构升级的影响机理，从中国经济实践层面考察地方财政竞争对产业结构升级的实际效应，从政策层面进一步规范地方财政竞争秩序、助推产业结构升级具有较强的理论与现实意义。

1. 理论意义

第一，有利于丰富现有的关于地方财政竞争效应的研究成果。

虽然学术界普遍认为改革开放以来中国经济强劲增长的动力源于以"财政分权、政治集权"为重要特征的中国式分权体制以及由此引发的地方政府竞争，并且不少文献已经深入研究了地方财政竞争的各类经济社会效应，包括经济增长效应、地方公共品供给效应、环境效应、区域经济协调发展效应、地方治理效应、要素流动效应、社会福利效应等，但从现有研究来看，少有文献研究中国式分权体制下地方财政竞争的产业结构升级效应，通过研究视角的创新，可对财政竞争效应领域的文献进行必要的补充。

第二，有利于厘清地方财政竞争与产业结构升级的关系。

本书将产业结构升级问题置于中国式分权的框架下进行研究，从理论上深入分析地方竞争对产业结构升级的影响机理；运用空间计量经济学方法和门槛面板数据模型从实证上检验了地方财政竞争对产业结构升级的具体效应，从政策层面提出规范的有利于产业结构升级的地方财政竞争秩序。对地方财政竞争与产业结构升级关系的研究，一方面，有利于更全面地解释经济转型国家地方财政竞争促进（抑制）产业结构升级的正向（负向）效应，从而为提出在产业结构优化升级过程中进一步规范地方财政竞争秩序的政策建议提供理论基础；另一方面，通过把地方财政竞争这一特殊的政府行为引入产业结构升级影响因素的理论研究当中，使产业结构升级理论更接近于现实，因而也使其更加具有解释力和应用价值。

第三，有利于深化对财政在产业结构升级中地位的认识。

在现代市场经济体制下，市场机制在产业结构的优化升级中处于基础性地位。虽然市场机制起主导作用，但"市场失灵"现象不可避免。政府机制是解决"市场失灵"的关键，党的十九届五中全会提出，要充分发挥市场在资源配置中的决定性作用，更好发挥政府作用，推动有效市场和有为政府更好结合。政府可以运用财税、金融、规制等调控手段或政策来补充市场机制的作用，促进产业结构的优化升级。其中，关于财税手段或政策对产业结构升级的机理与效应，国内外学者已经进行了大量的研究，也取得了丰硕的成果。这些相关研究大多把政府作为一个整体研究财政与产业结构升级的关系，但是少有文献注意到了在影响产业结构升级的过程中，中国地方财政竞争背景下地方政府间财政收支行为与财税政策所特有的内生性和策略性互动，显然忽视这种重要的特征事实难以准确把握财政与产业结构升级的关系。因此，对地方财政竞争与产业结构升级关系的研究，有助于我们更全面地评判财政在产业结构升级过程中的作用。

2. 现实意义

第一，规范地方财政竞争秩序，引导地区间竞争朝着有利于产业结构升级的方向发展。

当前中国经济发展已进入新时代，正处在由高速增长阶段转向高质量发展阶段的特殊时期，更加强调推进产业结构的优化升级，构建现代化经济体系，以此推动全面深化改革。财政作为重要的宏观调控手段，对经济结构调整起着举足轻重的作用，地方政府间财政竞争势必影响地区产业结构的优化升级。基于此，本书选择研究地方财政竞争对产业结构升级的影响，排查非优的财政竞争行为，基于国家治理现代化框架下构建现代财政制度的需要探索规范地方财政竞争秩序以促进产业结构升级的制度设计，以期更好地为我国产业结构升级而服务。

第二，规范地方财政竞争秩序，促进产业结构升级有利于增强经济高质量发展的动力。

当前，中国特色社会主义进入新时代，中国经济已经由高速增长进入中高速增长时期，这一时期更加强调经济的高质量发展。从经济规律和各国经验来看，发展中经济体在经历了一个较长时期的高速增长阶段转入中速增长阶段后，都会遇到产业结构转型升级的历史性难题，能否顺利实现产业结构转型升级，打造出新的持续增长动力，实现经济的高质量发展，决定其能否最终跨越中等收入陷阱，成功迈向高收入社会。因此，通过规范地方财政竞争秩序，引导地方政府进行良性财政竞争，促进产业结构升级，走集约化、内涵式的发展道路，充分释放发展内生动力，才能主动适应经济发展新时代的需要，实现经济的高质量发展。

第三，规范地方财政竞争秩序，促进产业结构升级有利于增强我国的产业国际竞争力。

改革开放以来，以出口为导向的经济增长方式对拉动我国经济快速增长做出了巨大的贡献，我国也一跃成为世界第一出口大国。但与此同时，我们也应注意到我国的出口贸易主要来自低技术水平、低附加值的劳动密集型产业，由此导致我国在全球价值链中的分工地位仍然较低，在全球价值链的发展方向上尚未掌握主导权和话语权。特别是 2008 年全球金融危机以来，世界经济形势复杂多变，经济进程复苏缓慢，有些国家甚至陷入困境。为了重回快速发展的道路，美国等西方发达经济体纷纷开始了重振制造业，实行"再工业化"的战略性举措，意欲继续把持全球价值链的高端地位。这给我国产业国际竞争力带来了严峻的外部挑战，也进一步增加了我国推进产业结构优化升级的压力。因此，通过规范地方财政竞争秩序，引导地方政府进行良性财政竞争，促进产业结构升级，促进我国产业迈向全球价值链中高端，有利于增强我国的产业国际竞争力。

二、文献综述

"物竞天择，适者生存。"可以说，竞争不仅存在于自然界，而且也充斥于人类社会，甚至政府间也存在着激烈的竞争。从现代经济学的意义上来看，最早论及政府竞争问题的应当首推亚当·斯密[①]，而最早明确研究地方政府间财政竞争问题的则是蒂布特的经典论文《地方支出的纯理论》。在蒂布特的开创性研究之后，众多的经济学家基于不同视角从理论与实证两方面极大地推进了地方政府间财政竞争相关问题的研究。由于这方面的研究文献线索很多，内容也非常丰富，考虑到本书的研究主旨以及篇幅，本书对地方财政竞争与产业结构升级的文献梳理主要分为两个部分：第一部分侧重梳理地方财政竞争中的策略性行为与地方财政竞争的经济效应的研究成果，第二部分侧重梳理有关地方财政竞争与产业结构关系的研究成果，主要围绕财税政策与产业结构、地方财政竞争与产业结构调整、地方财政竞争与产业结构趋同等主线展开[②]。

（一）有关地方财政竞争的研究

1. 有关地方财政竞争中的策略性行为的研究

从理论上讲，地方财政竞争是客观存在的，而且可以通过地方政府财税政策选择中的策略性行为进行刻画。这可以用地区间的财税政策是相互影响的这一特征事实进行证明：一方面，地方公共产品具有外溢效应或正外部性，某一地方政府为当地提供的公共产品的收益有一部分可能会外溢到相邻地区，使得其他地区免费获得了本地提供公共产品的好处；另一方面，由于资本等生产要素的跨地区流动会使地区间生产要素的税后收益趋于相等，因此生产要素在地区间的空间分布不仅取决于本地税率和公共基础设施，还会受到周

---

① 亚当·斯密在《国富论》中提出，土地是不能移动的对象，而资本则容易迁移。土地所有人必然是他的地产所在的某一国的公民。资本的所有者很可能是一个世界公民，他不一定附着于哪一个特定国家。他会放弃这样一个国家，在那里他遭受令人苦恼的调查，以便对他课征重的赋税；他会把资本移往其他国家，在那里他能更加容易地进行营业，或者享受自己的财富。

② 在现有文献中，与财政竞争类似的概念还有政府竞争、税收竞争、支出竞争、辖区间竞争等。其中，国外学者较多使用财政竞争和税收竞争的概念，国内学者使用更多的则是政府竞争这一概念。事实上，政府竞争最主要的形式就是财政竞争，因此考察地方财政竞争与产业结构的关系可以上升到考察地方政府竞争与产业结构的关系上来。

边其他地区财税政策的影响（Wilson，1986）。也就是说，财税政策因素所引发的生产要素跨地区流动会改变地区间的税基，进而影响各地区的财税利益。随着地方财政竞争问题研究的兴起，已经涌现出了大量的关于地方政府财税政策选择中的策略性行为的文献。以下分别从税收竞争和财政支出竞争两个层面对地方财政竞争中的策略性行为的研究进行梳理。

（1）有关地方税收竞争中的策略性行为的研究。早期的理论研究文献一般假定各个地区的经济规模在整个经济体中所占比重很小，因此不可能通过设定税率影响资本的净回报，地区间不存在财税政策中的策略性博弈行为（Oates，1972；Boskin，1973）。而之后的文献开始放松地区同质的假设条件，进而探讨非同质地区的财政竞争中的博弈问题（Mintz & Tulkens，1986；Wildasin，1988；Bucovetsky，1991）。许多文献认为，规模小的辖区面临比规模大的辖区更具弹性的税基，这样规模小的辖区能够从低税率竞争策略中受益（Wilson，1991；Kanbur & Keen，1993；Hindriks & Myles，2006）。皮耶雷蒂和赞贾 Pieretti & Zanaj，2011）考察了辖区规模异质性条件下辖区间通过低税负策略和高公共投入策略吸引外国投资的财政竞争问题。其研究发现，在资本流动成本很低的情况下，规模大的辖区应当采取高公共投入竞争策略吸引资本；当资本流动成本处于适度范围内时，规模小的辖区也应当采取高公共投入竞争策略，而非低税负竞争策略吸引资本，但是当资本流动成本足够大时，规模小的辖区则应偏向于低税负竞争策略。

有关地方税收竞争中的策略性行为的实证研究十分丰富，这是因为实证研究更能反映理论推演的准确性与现实性。这方面的文献主要是考察地区间税收变量是否存在策略模仿性（互补性）或策略替代性（差异性）。

关于地方税收的策略性行为研究最早可见拉德（Ladd，1992）的研究。拉德利用1978年和1985年美国县级数据实证研究发现地区间在总税收负担和财产税税收负担上存在着相互模仿性，而销售税税收负担则不存在相互模仿性。贝斯利和凯斯（Besley & Case，1995）利用美国各州的销售税、所得税的数据，研究发现州之间的政府税收竞争存在策略互补性。除了美国以外，其他国家地方政府是否也存在税收方面的策略性行为呢？亨伊德斯和富赫伦（Heyndels & Vuchelen，1998）利用比利时的城市数据，首次检验了美国以外的其他国家地方政府间的税率模仿性行为。实证结果发现，比利时地方政府间在税率设定上存在相互模仿的竞争行为，这种模仿效应超越了相邻辖区的边界制约，延伸到了不相邻的辖区。雷韦利（Revelli，2001）利用20世纪80年代英国的地区面板数据，实证检验了辖区间财产税的策略性互动特征，结果发现相邻地区财产税税率提高10%，导致本地财产税税率提高4%~5%。这一结论说明辖区间在财产税上的竞争存在策略互补性。此外，不少学者（Brueckner & Saavedra，2001；Hayashi & Boadway，2001；Hernandez-Murillo，2003；Jacobs，2010；Eugster & Parchet，2011；Delgado，2011；Lyytikainen，2012）都研究发现政府间存在策略互补性的税收竞争行为。然而，也有少部分学者，如海蒂施和维纳（Hettich & Winer，1999）发现了税收策略替代的特征事实。此外，还有一些学者发现辖区间税收竞争中同时存在着策略互补与策略替代特征。洛克（Rork，2003）利用美国1967—1996年的州级数据，实证发现辖区间税收竞争中的策略性行为依税基的流动性强弱而存在异质性，对税基流动性强的税种，辖区间存在策略互补性，而对税基流动性弱的税种，辖区间存在策略替代性。弗雷德里克森等（Fredriksson等，2004）、奇瑞克和威尔逊（Chirinko & Wilson，2007）也得出了同样的研究结论。

随着空间计量经济学的引入，国内学者也开始结合中国实际的财税体制对中国地方政府间是否存在税收策略性行为进行实证检验。陈晓等（2003）通过对中国上市公司1996—1999年各年度分地区实际所得税税率的统计和方差分析，发现我国地区之间存在着在资本市场上争夺流动性资本的税收竞争行为。沈坤荣和付文林（2006）运用空间滞后模型，对中国省与省之间的税收竞争与博弈行为进行检验，研究显示省与省之间在税收竞争中采取的是差异化竞争策略。郭杰和李涛（2009）利用1999—2005年中国省级面板数据和空间计量模型实证研究发现各省份的增值税、企业所得税、财产税类的税负水平表现出显著的同期空间策略互补特征，而各省份的营业税、个人所得税的税负水平却表现出显著的同期空间策略替代特征。吴俊培和王宝顺（2012）的研究发现，中国省际总税负、营业税税负、个人所得税税负、城市维护建设税税负和房产税税负表现出策略替代性，而增值税税负、企业所得税税负表现出策略互补性。邓慧慧和虞义华（2017）利用省际面板数据实证发现地方宏观税负、增值税税负、所得税税负表现出显著的空间策略互补特征，而营业税税负表现出显著的空间策略替代特征。龙小宁等（2014）深入县级层面，考察县级政府之间的税收竞争问题。他们的研究发现，我国县级政府在其辖区内的企业所得税税率和营业税税率上都存在着显著的正向空间竞争行为；县级政府与地级市外邻县之间的空间竞争程度显著高于其与地级市内邻县的空间竞争程度；相对位于沿海省份的县，位于内陆省份的县对邻县的税收政策更加敏感，说明位于内陆省份的是在与邻县的竞争过程中更加注重税收上的竞争。杨龙见和尹恒（2014）的研究同样也发现中国县级政府间的税收竞争存在显著的策略互补性。此外，李永友和沈坤荣（2008）、王守坤和任保平（2008）、王美今等（2010）、杨晓丽和许垒（2011）、袁浩然和欧阳峣（2012）、马蔡琛和郑改改（2014）、潘孝珍和庞凤喜（2015）、徐超（2015）、彭薇（2016）、李一花和瞿玉雪（2017）等也都研究了中国地方政府间的税收竞争问题。大多数研究结果发现，中国地方政府间存在策略互补性的税收竞争。策略互补性的税收竞争只能说明地方政府间在税收负担方面进行相互模仿，难以说明是对提高税负的相互模仿还是对降低税负的相互模仿。有鉴于此，刘清杰和任德孝（2018）以地区企业所得税税负为研究对象，对地区间的"逐底"与"逐顶"竞争特征进行识别，研究发现中国东部地区税负表现为"高-高"集聚的"逐顶"竞争特征，而中部和西部地区则表现为"低-低"集聚的"逐底"竞争特征。值得注意的是，随着以克鲁格曼（Krugman）为代表的新经济地理学的兴起，学者们开始认识到生产要素和产业的空间集聚达到一定规模后会加快知识、技术等的传播和扩散，这种集聚产生的正外部性将会对更多生产要素产生流入的"集聚力"，并且进入经济集聚区的企业能够获得"集聚租"（Krugman，1991）。那么，具备经济集聚优势的地区政府因"集聚租"的存在而不必通过降低税负的方式就能吸引到流动性生产要素，这样就能避免地区间税负的"逐底"竞争。

（2）有关地方财政支出竞争中的策略性行为的研究。随着地方财政竞争问题研究的深入，国外学术界开始将目光由税收竞争转向财政支出竞争，涌现了大量有价值的研究成果。另外，从中国的财税体制变迁来看，随着国内税收秩序的不断规范，地方政府进行税收竞争的空间不断被压缩，因此开始更多地使用财政支出手段进行财政竞争。在此背景下，对财政支出竞争问题的研究也逐渐得到了国内学者的重视，国内学术界也取得了不少有影响力的研究成果。

在关于地方财政支出的策略性行为研究方面，国外学者早期的研究主要集中于财政支出总量方面的策略性行为。凯斯等（Case 等，1993）实证检验了处于相似地位的州之间在财政支出中的相互依赖关系，结果发现各州的财政支出呈显著的正相关性，也就是说各州在财政支出竞争中存在策略互补性。拜克尔（Baicker，2005）的实证研究也发现了州与州之间财政支出的策略互补关系。他还发现，人口在州与州之间的流动性直接影响州与州之间财政支出的策略互补关系。席尔瓦等（Silva 等，2011）利用 1986—2006 年 278 个葡萄牙大陆城市的动态面板数据，考察了辖区间财政支出水平的相互作用关系，结果表明辖区间在财政支出中存在显著的模仿性特征。除了对财政支出总量竞争策略的研究外，也有学者关注各辖区之间某一类型财政支出的策略互动关系问题。学者们对一种或几种类型的财政支出的研究得出了不同的结论。首先，一些研究认为，某种财政支出存在策略互补性。埃尔米尼和圣托利尼（Ermini & Santolini，2007）对意大利辖区间财政支出互动关系的实证检验发现，辖区间在警察支出、交通支出等不同类型的财政支出子类别中均采取的是模仿性竞争策略。克勒卡尔（Kelekar，2012）的实证研究发现，菲律宾地方政府在公共卫生支出和教育支出中也采取的是模仿性竞争策略。此外，萨维德拉（Saavedra，2000）对德国各州政府的家庭补助支出的实证研究、汉克维斯基和科米尔（Hankivsky & Cormier，2011）对法国昂热地区公共花园供给的实证研究以及马格瑞安和弗雷特（Maguain & Freret，2013）对法国辖区间社会福利支出的实证研究均表明辖区间在相应的财政支出中采取的是模仿性竞争策略。其次，有的学者认为，某种财政支出存在策略替代性。斯卡尔特格尔和曾普（Schaltegger & Zemp，2003）利用瑞士卢塞恩地区 20 世纪 90 年代的面板数据，研究了当地支出决策中的空间溢出效应。他们的实证结果发现，中心城区公共安全支出的增加会导致郊区公共安全支出的减少，这证实了郊区政府和中心城区政府在公共安全支出中存在替代性策略互动。伦德伯格（Lundberg，2006）研究了瑞典地方政府的娱乐和文化服务支出的空间溢出效应，结果发现地方政府之间在娱乐和文化服务支出中采取替代性竞争策略。再次，一些学者发现，策略互补性与策略替代性同时存在。朗格（Langer，2018）利用德国北威州（NRW）2009—2015 年的相关数据，采用两区制空间面板杜宾模型实证考察了辖区间财政支出的策略互动关系，结果发现不同类型的财政支出的策略互动关系存在异质性，辖区间在行政支出、教育支出等方面的策略互动不明显，在企业发展支出中采取模仿性策略，而在基础设施支出、文化体育支出和健康支出等方面采取的是替代性策略。最后，还有一些研究没有发现存在支出竞争行为的证据。伯克鲁夫（Birkelof，2009）实证检验了瑞典各地方政府对残疾人群体服务支出的策略互动关系，结果发现当控制了地区固定效应时，并没有发现该项支出存在空间相互作用的证据。

在国内学者针对中国地方财政支出竞争问题的研究方面，李永友和沈坤荣（2008）通过实证研究发现，在市场化初期辖区间的竞争手段主要是粗放式的税收竞争，随着时间的推移，辖区间的基本建设支出的策略互补性愈发明显，而文化、教育、卫生等社会性支出则表现出显著的策略替代性。李涛和周业安（2009）利用1999—2005年中国省级面板数据，采用空间计量模型实证研究发现，各省份人均实际本级财政支出总量和行政管理费支出表现出显著的策略替代特征，而各省份人均实际基本建设、教育、科学、卫生、预算外等支出都表现出显著的策略互补特征。郭庆旺和贾俊雪（2009）考察了1986—2006年我国地方政府在财政总支出（包括预算内和预算外支出）、各类支出项目（包括经济性、社会性和维持性支出）方面的策略互动行为，结果发现除维持性支出表现为策略替代性以外，其余所有支出均表现为策略互补性。张晨峰和鲍曙明（2014）利用省级空间面板数据对中国地方政府财政支出策略行为的研究发现，省级政府间存在财政支出的策略互补性竞争，竞争对象是经济发展水平相似和距离接近的省份。王美今等（2010）、李一花（2014）、梁河和西宝（2015）、王华春和刘清杰（2016）、李承怡（2019）等也研究得出了类似的结论。此外，还有部分学者单独考察了某项财政支出的地方策略互动行为。例如，尹恒和徐琰超（2011）考察了中国地市级地区间基本建设公共支出相互影响的机制和特征，周亚虹等（2013）对财政分权体制下地市级政府教育支出的标尺竞争行为进行了实证检验，陈思霞和卢洪友（2014）考察了我国地市一级环境公共支出的策略性互动行为，张树江（2015）考察了我国地方政府间医疗卫生支出的竞争行为，杜妍冬和刘一伟（2016）考察了中国省级政府间社会保障财政支出的空间竞争特征，张梁梁等（2016）考察了财政分权视角下地方政府科技支出的竞争策略，宗晓华等（2020）考察了县级政府间教育支出的策略互动，这些研究均发现地方政府间的财政支出竞争存在策略互补性特征。值得注意的是，也有学者研究发现我国地方政府间财政支出竞争具有异质性的特征。王丽娟（2011）运用空间自回归模型对我国的 29 个省（自治区、直辖市）1997—2009 年的财政支出面板数据进行了实证分析，结果发现经济发展程度不同的地区在财政支出竞争方面存在明显的异质性，东部地区之间总量支出和分类别支出竞争效应都很显著，并且在分类别支出中基本建设支出竞争程度明显比教育支出要高；而中、西部地区不论是总量支出还是分类别支出都缺乏显著的竞争效应。

2. 有关地方财政竞争的经济效应的研究

与本书相关的这方面的文献主要涉及地方财政竞争对公共支出效率与经济增长等的影响效应研究。

（1）地方财政竞争与公共支出效率。

一方面，一些学者认为，地方财政竞争有助于提高公共产品供给效率。地方财政竞争问题研究的开创者蒂布特（1956）提出的"用脚投票"理论实际上揭示了地方政府间通过财政竞争有助于提高公共支出和公共产品供给效率，进而满足不同社会群体对公共产品的需求偏好。布伦南和布坎南（Brennan & Buchanan，1980）、威尔逊和戈登（Wilson & Gordon，1998）等学者从政府"经济人"的假设出发，认为税收竞争能够有效抑制政府规模的无限扩张，减少官员的浪费行为，并提高了政府预算的效率水平。里克特和韦利什（Richter & Wellisch，1996）提出，对流动性的劳动力和资本，政府间的税收竞争是有效的，会激励地方政府更好地提供公共产品和服务。布雷德（Braid，1996）构建了允许资本和劳动力均可以自由流动的理论模型，并指出因为公共产品的规模经济特性而使税收竞争变得更有效。

另一方面，一些学者认为，地方财政竞争会降低公共支出效率。奥茨（Oates，1972）认为，地方辖区间的税收竞争会产生外部性问题，辖区间的税收竞争非但不能提高地方公共产品和服务的支出效率，反而会削减其供给水平。之后，佐德罗和明佐科斯基（Zodrow & Mieszkowski，1986）建立了著名的标准税收竞争模型并证实了奥茨（Oates）的观点。他们指出，一个地区提高税率会使资本流向其他低税率地区，资本流动最终将形成非最优化的低资本税率，导致无效的低税率，使公共支出水平和公共产品的供给严重不足。

威尔逊（Wilson，1999）对佐德罗和明佐科斯基（Zodrow & Mieszkowski，1986）建立的标准税收竞争模型进行了进一步的拓展，认为税收竞争的有效性问题必须从整体上来考察。他指出，各地区之间税收竞争最终的博弈结果是所有地区的资本税率都很低，税收收入锐减，公共产品供给不足，从而造成整个经济体的福利水平下降。胡贝尔（Huber，1999）的研究表明，税收竞争会产生一定的负外部性，如会削减整个辖区的税收收入，进而迫使政府不得不降低公共支出水平，或者提高其他税收或非税收费来弥补整体的税收水平。在国内学术界，亓寿伟和王丽蓉（2013）基于1998—2011年中国省级面板数据的实证研究发现，税收竞争总体上会降低地方政府的公共支出水平；政府间增值税、企业所得税与财产税竞争有助于提高公共服务供给水平，而营业税、个人所得税与城市维护建设税对公共支出水平的提升有副作用。郭矜等（2016）同样利用中国省际数据，分析了我国地方政府间税收竞争的程度和地域范围，发现税收竞争具有减少整体财政收入、加大地区间贫富差距等负效应。

如果说上述研究讨论的是财政支出规模的无效率，那么还有大量的文献关注到了财政支出结构的无效率。凯恩和马钱德（Keen & Marchand，1997）的研究表明，地方政府为了争夺流动资本会把过多的支出向有利于企业的公共投入倾斜，而花费在改善居民福利的公共服务支出却很少。这种由于财政竞争导致的财政支出结构扭曲被称为财政支出结构无效率。国内学者们结合中国式分权体制，基于不同视角对财政竞争背景下的地方财政支出结构效率问题也进行了大量的研究（乔宝云，2005；张恒龙和陈宪，2006；平新乔和白洁，2006；傅勇和张晏，2007；龚锋和卢洪友，2009；吕炜和郑尚植，2012；张宇，2013；冷毅和杨琦，2014；刘小勇和丁焕峰，2015；刘江会和王功宇，2017），均认为中国地方财政竞争致使地方政府更偏向于经济性支出，而忽视民生性支出，由此引发了财政支出结构的无效率。

（2）地方财政竞争与经济增长。有关地方财政竞争与经济增长的研究文献十分丰富，学者们也基本认同财政竞争并不直接影响经济增长，而是通过争夺流动性生产要素、调整资源配置、影响地方政府行为等路径作用于经济增长（陈博和倪志良，2016）。但关于地方财政竞争是否有利于经济增长的问题，学术界的看法不一。

第一，一些学者认为，地方财政竞争有利于经济增长。钱和罗兰德（Qian & Roland，1998）认为，在要素流动的条件下，地方财政竞争增加了地方政府扮演救济者的机会成本，从而有助于提高企业的生产效率，并促进经济增长。勒儒尔和维尔博（Lejour & Verbon，1997）、哈特菲尔德（Hatfield，2015）在内生增长框架下分析指出，税收竞争能够降低资本税负，因此有利于提高储蓄报酬率，进而促进经济增长。沈坤荣和付文林（2006）的研究发现，单纯的税率竞争手段已不能促进地区经济增长，而公共服务竞争对经济增长所起的作用日益明显。李涛等（2011）基于中国省级面板数据的空间计量经济学研究发现，地区之间的税收竞争促进了经济增长，进一步研究发现与企业实际税负密切相关的增值税、企业所得税以及地方费类收入间的竞争具有显著的正增长效应。黄阳平（2011）运用空间计量经济学的 SEM 模型验证了地方财政支出竞争对区域经济增长的正面效应。刘穷志（2017）建立了包括税收竞争、资本外流、投资环境改善、经济增长与收入不平衡等变量在内的理论模型，通过推理发现低税负和高税负基础上的投资环境改善均有利于资本流入，进而可以提高经济增速并降低收入不平等。肖叶（2019）使用2008—2016 年中国 286 个地级市的面板数据，运用面板分位数模型实证分析了财政支出竞争对城市经济增长的影响，研究发现财政支出竞争显著促进了城市经济增长，且这种促进作用在发达地区和特大城市更为明显。

第二，一些学者认为，地方财政竞争不利于经济增长。贾德（Judd，1985）构建了资本形成的跨期最大化模型并考察了资本税的再分配潜力，研究发现辖区间采取的任何一种追求社会利益最大化的再分配税收政策均是趋于相同的，最后辖区间的资本所得税税率均将趋近于零税率，从而形成资本所得税的"逐底"竞争，对经济增长产生负面影响。勒儒尔和维尔德（Lejour & Verbon，1997）的研究也表明，"逐底"的税收竞争抑制了外资流入进而不利于经济增长。斯图德曼和库马尔（Stauvermann & Kumar，2014）利用存在内生增长和公共资本的 OLG 模型研究发现，资本税收竞争导致低效率的低税率，并因此降低福利水平和经济增长率。一些学者结合中国式分权体制的背景，认为地方财政竞争会导致地方政府行为扭曲，引发地区间资源错配，造成地区间产业同构和重复建设，进一步加剧市场分割，甚至引发地方债务危机（周黎安，2004；付文林，2005；桂琦寒等，2006；王永钦等，2007；傅勇和张晏，2007；王燕武和王俊海，2009；孙晓华和郭旭，2015；缪小林和史倩茹，2016；宋美喆和徐鸣鹤，2017；余泳泽和刘大勇，2018；张宇，2018），这些都会给经济增长带来不利影响。李永友和沈坤荣（2008）利用省际数据实证研究发现，辖区间财政竞争使辖区吸收外国直接投资（FDI）溢出效应的能力下降，降低了外国直接投资（FDI）的增长绩效。郭庆旺和贾俊雪（2009）的实证研究表明，地方政府预算内支出、经济性和维持性支出竞争不利于地区经济增长，并且1994年的分税制改革有效遏制了地区间过度竞争态势，对地区经济增长产生积极促进作用，但同时也过度削弱了地方政府在经济性支出方面的竞争性行为，加剧了经济性支出对地区经济增长的不利影响。伍文中（2011）认为，政府间财政支出竞争行为借助经济资源市场化配置机制的传导势必导致地区经济发展差距。王华春和刘清杰（2016）利用省际空间杜宾模型研究发现，经济性支出表现出显著的空间策略互补特征，且在短期内对经济增长具有显著的刺激作用，但长期内则不显著；社会性支出也存在显著的支出竞争态势，且对本地区的经济增长影响模糊，短期内显著抑制竞争地区的经济发展。

第三，还有一些学者认为，地方财政竞争对经济增长的影响不确定。劳舍尔（Rauscher，2005）构建了一个包括"利维坦"政府在内的经济增长模型考察税收竞争对经济增长的影响，研究发现税收竞争对经济增长的影响是不明确的。贾斯特曼等（Justman等，2005）、科滕伯格和罗克伍德（Koethenbuerger & Lockwood，2010）的研究也得出了类似的结论。林建浩（2011）研究发现，1994年分税制改革以来，中国宏观税负和科教文卫支出的当期增长绩效明显改善，基本建设支出的经济增长绩效则出现下降。部分学者研究发现，地方财政竞争对经济增长的影响不确定源自财政竞争对经济增长的非线性效应（邓明，2013；张福进等，2014；张铭洪等，2015；陈博和倪志良，2016；刘清杰和任德孝，2017）。例如，刘清杰和任德孝（2017）认为，税收竞争对经济的刺激效应随着经济水平的提高而减弱，在经济发展进入发达水平后甚至有可能转变为抑制效应。他们基于动态门槛面板模型的实证分析也验证了这一观点，并且发现当前地区间依靠税收竞争刺激经济增长的阶段已经过去，"逐底"的税收竞争对中部地区、西部地区的经济增长作用模糊，且显著抑制了东部地区的经济增长。赵秋银和余升国（2020）的实证研究发现，税收竞争通过改变要素的空间配置显著抑制经济增长，通过集聚机制和公共支出机制显著促进经济增长。

（二）有关财政竞争与产业结构关系的研究

尽管产业结构升级问题很早就得到了国内外学术界的高度重视，相关的国内外学术成果也颇为丰富，但主要集中于产业经济学领域（赤松要，1936，1957，1965；Clark，1940；Kuznets，1941，1970；Lewis，1954；Hirschman，1958；Rostow，1960；Chenery，1989；关满博，1993）。而且学者们从外商直接投资、人力资本、技术进步、国际贸易、固定资产投资、消费需求、就业结构、资源禀赋条件、产业政策、金融发展等视角对产业结构升级的影响因素进行了大量的研究（黄日福和陈晓红，2007；孙军，2008；耿修林，2010；林毅夫，2011；张抗私和高东方，2013；王健和李佳，2013；邓于君和李美云，2014；易信和刘凤良，2015；蔡海亚和徐盈之，2017；王柏杰和郭鑫，2017；韩永辉等，2017；聂高辉等，2018；袁航和朱承亮，2019；何小钢等，2020），但直接从财政竞争视角研究产业结构升级的文献尚不多见。笔者通过对既有文献的梳理可知，与本书相关的文献主要集中在财税政策与产业结构、地方财政竞争与产业结构调整等方面。

1. 财税政策与产业结构

地方政府间展开的财政竞争必然表现为地区间财税收支行为的策略性互动，因此考察地方财政竞争对产业结构升级的影响需要认真把握财税政策与产业结构的关系。从现有关于财税政策与产业结构的文献来看，学者们对两者的关系基本上可以归纳为三种。

第一种观点认为，财税政策有利于产业结构调整与升级。持此观点的学者一般认为，市场机制在产业结构调整中存在一定的失灵，需要政府通过财税政策进行干预并发挥支撑作用。利希滕贝格（Lichtenberg，1987）认为，财政支出可以从需求侧通过影响需求总量及结构进而间接作用于产业结构优化升级。塔伊马兹和乌多鲁克（Taymaz & Ucdogruk，2013）利用 1993—2001 年土耳其制造业企业层面的面板数据实证研究发现，研发（R&D）活动的公共支持增加了企业对研发人员的需求以求开展更多的研发活动，进而有利于产业发展和结构升级。杜蒙特（Dumont，2013）利用比利时 2001—2009 年的微观企业面板数据实证发现财政补贴等激励措施有助于企业开展更多的研发活动，从而有利于产业结构的优化升级。盖莱克和波特莱斯伯赫（Guellec & Pottelsberghe，2003）的一项跨国面板实证研究发现，税收激励能显著促进企业的研发活动，从而有利于产业发展和升级。此外，达拉特（Darrat，1999）、瓦哈布（Wahab，2011）等均认为，倾斜性的财税政策有利于实现产业结构的优化升级。张同斌和高铁梅（2012）通过一般均衡（CGE）模型的模拟分析发现，财政激励政策比税收优惠政策能够更加有效地促进高新技术产业的产出增长。任爱华和郭净（2017）构建了带有时变转换概率的因子扩展马尔科夫区制转换向量自回归模型，并采用两步骤 MLE 估计方法研究了不同时期我国财政政策对产业结构优化的动态效应。他们的研究发现，在经济萧条时期，以减少财政支出为主要操作工具、增加税收为辅的紧缩型财政政策，结合提高教育支出占比、降低投资性支出占比、降低营业税占比、提高增值税占比的财政政策操作组合，更利于产业结构优化；在经济繁荣时期，以减少税收为主要操作工具、增加财政支出为辅的宽松型财政政策，结合提高科技支出占比、降低投资性支出占比、提高增值税占比、降低消费税占比的财政政策操作组合，更利于产业结构优化。

第二种观点认为，财税政策不利于产业结构调整与升级。持此观点的学者一般认为，由于财税政策的不完善以及政府对产业结构调整的过多干预使得财税政策不仅没能促进产业结构调整与升级，反而起到了阻碍作用。金特里和哈伯德（Gentry & Hubbard，2000）的一项实证研究发现，累进的个人所得税制抑制了企业家的冒险精神和创新动力，从而不利于产业结构升级。阿诺德和施韦尔努斯（Arnold & Schwellnus，2008）基于经济合作与发展组织（OECD）国家的企业层面数据，利用 DID 方法实证分析发现，企业所得税对技术进步行业的生产力和投资的抑制作用最为显著，因而阻碍了产业结构的优化升级。尚晓贺和陶江（2015）利用 1995—2013 年我国 30 个省（自治区、直辖市）的面板数据实证研究发现，地方财政支出总体上不利于第三产业和高技术产业的发展。孙海波等（2016）基于中国省级面板数据的实证研究发现降低第三产业税负会抑制产业结构变迁。张璋和周新旺（2017）构建了一个包含工业、服务业和政府的三部门效率模型，分析城市用地出让价格对产业结构的影响。进一步的实证分析表明，土地出让价格结构不合理是导致产业结构失调的原因之一，其中在重工业较发达、经济发展较快的地区，工业用地出让价格偏低对产业结构优化的负面影响相对更大。

第三种观点认为，财税政策对产业结构调整与升级的影响不明确。持此观点的学者一般认为，财税政策类型比较丰富，不同政策工具的特性差异决定了其对产业结构调整与升级的影响并非一致，甚至可能存在相反的作用效果。此外，财税政策也易受到地域、经济、人文、政治等其他因素的影响与制约，因此财税政策对产业结构调整与升级的影响是不确定的。加勒里和萨尔曼（Ganley & Salmon，1997）基于英国 24 个行业的研究、哈约和乌伦布罗克（Hayo & Uhlenbrock，1999）基于德国制造业和采矿业的研究、阿拉姆和瓦希德（Alam & Waheed，2006）基于巴基斯坦 7 个行业的研究均表明，财税政策对不同行业的发展存在非对称的影响。弗雷塔斯等（Freitas 等，2015）针对挪威、意大利和法国三个国家的一项研究发现，在高研发导向的行业和市场集中度较高的行业中，企业对研发的财政激励的响应更为积极，因而这种响应的异质性必然影响产业结构的调整与升级。宋来（2017）基于省级面板数据回归模型，测算了财政政策调整产业结构的总量效应、区域效应、结构效应。其研究发现，我国财政政策在总量上对产业结构调整的效应显著，且在东部地区具有最大的正效应；财政收入结构政策对短期和长期产业结构调整都具有显著的直接效应，但是财政支出结构政策对产业结构调整的直接影响不够显著；财政投资政策没有发挥出优化产业结构的作用。白积洋（2017）研究发现，财政收入、财政支出对产业结构升级具有非线性影响效应；在不同的财政收入和财政支出水平上，财政收入和财政支出对产业结构升级的促进作用不同，具体表现为先上升后下降的倒 U 形发展；从经济发展水平和产业层次划分的不同区域来看，财政收入和财政支出对产业结构升级的促进作用程度也不同。

2. 地方财政竞争与产业结构调整

笔者通过对现有相关文献的查阅和梳理发现，学术界对地方政府竞争影响产业结构调整的研究成果较少，而且关于地方财政竞争与产业结构调整关系的文献更是少见。

少部分学者探讨了地方政府竞争对产业结构调整的影响。程臻宇（2004）认为，同级地方政府间展开的"政绩性竞争"和"公共性竞争"会激励地方政府优先发展那些可以在竞争中取得优势的禀赋，因此会对其辖区内的产业结构产生影响。同时他认为，地方政府竞争会让地方政府天然产生对速度的追求，最终使得代表性指标的增长发展趋同，而创新的需求则使得代表性禀赋的发展趋异。傅利平和李永辉（2014）从地方政府官员晋升竞争的角度考察了地方政府官员晋升竞争、个人特征对区域产业结构升级的影响机理和作用效果。他们利用2004—2012年中国237个地级市的非平衡面板数据实证研究发现，地方政府官员晋升竞争会抑制区域产业结构升级；在官员考核机制中持续增加环境、民生两个方面的指标的权重能够有效降低晋升竞争对区域产业结构升级的抑制作用，并最终使其对区域产业结构升级产生促进作用。杨坚（2011）运用中部地区1995—2008年的省级面板数据，基于金融发展的角度，实证研究了地方政府竞争对产业结构调整的影响。其研究结果显示，中部地区地方政府为了赢得"GDP竞赛"，需要通过金融部门的发展来调动区域内的资源，这直接或间接地推动了各省份金融业的发展。金融体系的不断完善和发展，使其产业结构调整效应得到有效发挥，从而有助于地区产业结构的升级。但是，地方政府对金融部门干预的负面影响已越来越大，这可能会影响到金融部门服务地区经济的发展。崔志坤和李菁菁（2015）基于2005—2012年省级面板数据，探讨了财政分权以及由此引发的政府竞争对产业结构升级的影响。其研究结果表明，从总体上看，政府竞争有利于产业结构升级，但是其影响具有地区差异性，即东部地区政府竞争促进产业结构升级而中西部地区政府竞争阻碍产业结构升级。

另有个别学者探讨了地方财政竞争对产业结构调整的影响。肖叶（2016）采用2001—2014年的省级面板数据，考察了我国地方政府间税收竞争对产业结构的影响效应。其研究结果表明，全国范围内地方政府间税收竞争显著地阻碍了产业结构高级化进程，但加快了产业结构合理化进程。从分地区产业结构高级化模型结果来看，东部地区、西部地区政府间税收竞争显著阻碍了产业结构高级化进程，中部地区政府间税收竞争对产业结构高级化产生了促进作用。从分地区产业结构合理化模型结果来看，东部地区政府间税收竞争显著加快了产业结构合理化进程，而中部地区、西部地区政府间税收竞争对产业结构合理化进程产生了显著的阻碍作用。孔令池等（2017）利用中国省级面板数据实证检验了市场开放与地方财税竞争对产业结构调整的实际效应。其研究结果显示，地方财税竞争一方面有利于产业结构高级化，另一方面抑制了产业结构合理化；进一步考察发现产业结构转型过程中存在"拉弗效应"，结构性减税只要与产业结构调整方向保持一致，就能在增加财税收入的同时优化产业结构；地方财政支出在一定程度上推动了产业结构高级化，但是经济建设性支出会扭曲资源配置，抑制产业结构合理化；地方税收政策对产业结构调整存在显著的结构效应，所得税相比商品税更趋于优化产业结构。王玮和曾智涵（2020）基于全国省级面板数据，实证探讨了地方政府税收竞争对我国制造业升级的影响。他们的研究发现，无论是总量税收竞争还是细分的增值税竞争和企业所得税竞争都不利于制造业的升级，抑制了制造业的高端化进程。

（三）总结性评述

第一，财政竞争历来就是学术界研究的热点问题，学者们立足于不同的视角对财政竞争问题进行了深入的研究。从与本书的研究相关的财政竞争文献来看，众多学者考察了财政竞争对公共支出效率、经济增长等的影响效应以及地方政府在财政竞争中的策略性互动。从有关财政竞争对公共支出效率、经济增长等的影响效应的文献来看，学者们由于研究视角、假设前提、样本对象、实证方法等的不同，得出的结论也不尽相同。此外，从有关地方政府在财政竞争中的策略性互动的文献来看，随着财政竞争理论的不断发展，越来越多的学者开始从实证角度考察地方财政竞争的策略性互动行为。在方法上最鲜明的特点是在对财政竞争策略进行实证分析时，大都采用空间计量分析方法来考察地方政府财政竞争的策略选择。这些有关政府财政竞争的文献为后续进一步的深入研究提供了有较强参考价值和借鉴意义的思路与启示。

第二，在对地方财政竞争效应的分析上，现有文献揭露了由地方政府间税收"逐底"竞争而导致的政府财政支出结构扭曲，为现实中许多非规范的政府竞争敲响了警钟，也让我们看到了构建规范的政府行为激励约束机制的必要性和紧迫性。

第三，产业结构升级是未来中国经济发展的推动力，产业结构升级的影响因素也引起了学术界的广泛关注，学者们主要从外商直接投资、人力资本、技术水平、进出口贸易、固定资产投资、消费需求、就业结构、资源禀赋条件、产业政策、金融发展等视角进行研究。然而，既有研究基本忽视了我国经济改革发展过程中的以"财政分权、政治集权"为重要特征的分权体制引发的地方政府竞争这一重要事实。本书认为，忽略地方财政竞争可能难以全面评估我国产业结构升级的影响机理及效应。仅有的几篇关于政府竞争对产业结构影响的文献并没有系统阐释政府竞争尤其是财政竞争对产业结构升级的影响机理，而且在实证方法上主要采用引资竞争等代理变量间接测度政府竞争或财政竞争，缺乏对财政竞争直接测量的运用，从而可能影响研究结果的准确性和可靠性。

第四，既有的文献对地方政府竞争的结构效应缺乏具体的分析和研究。中国的财政竞争有着其特殊的制度背景，中国式分权体制让地方政府形成了以争夺资本尤其是外国直接投资（FDI）为核心的竞争策略。国内学者研究财政竞争多从它的经济增长效应出发，"为增长而竞争"是国内研究的统一结论。在经济增长的产业结构效应方面，既有的研究焦点主要集中于财税政策与产业结构调整的关系层面，但对地方财政竞争与产业结构升级的关系问题，学术界尚缺乏足够的重视。在当前中国经济发展步入新时代及构建现代财政制度背景下，有关地方财政竞争对产业结构升级的影响机理及效应问题应该是地方财政竞争问题的一大研究方向。

三、研究思路及技术路线图

财政作为重要的宏观调控手段，对推进产业结构升级、促进经济结构战略性调整起着举足轻重的作用，地方财政竞争导致地区间财政收支行为与财税政策出现策略性互动，进而势必影响地区产业结构的优化升级。那么地方财政竞争如何影响产业结构升级，其内在机理是什么？我国地方财政竞争对产业结构升级的实际效应如何，是有利于产业结构升级还是不利于产业结构升级？这种实际效应是否因地方财政竞争手段的不同而体现出差异性？这种实际效应存不存在区域异质性？地方财政竞争影响产业结构升级存在什么样的困境？如何规范有利于产业结构升级的地方财政竞争秩序？本书主要针对上述问题展开系统研究。

本书遵循经济学问题研究的主流研究范式，按照理论分析支撑实证检验、实证检验佐证理论分析的双重关系展开研究。本书基本的研究思路可以归结如下：研究背景和研究意义阐述→相关研究文献梳理与总结→地方财政竞争对产业结构升级的影响机理分析→地方财政竞争对产业结构升级效应的实证检验→政策建议。本书技术路线图如图 0-1 所示。

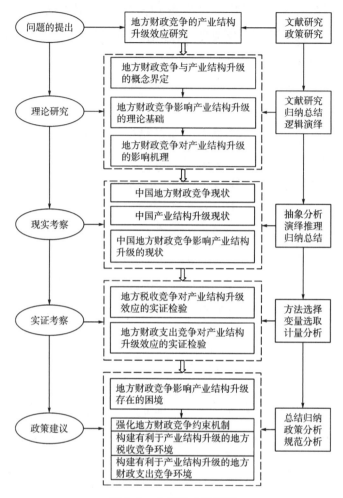

图 0-1　本书技术路线图

四、研究方法

本书采用规范分析与实证分析相结合的方法系统研究地方财政竞争与产业结构升级的问题。本书的具体研究方法如下：

（一）历史分析与理论分析相统一的方法

本书从地方财政竞争理论出发，判别地方财政竞争与产业结构升级的内在影响机理；将我国地方财政竞争与产业结构变迁现状进行梳理，把握两者的演变特征。

（二）定量分析与定性分析相结合的方法

一方面，本书对地方竞争与产业结构的现状进行概括性描述；另一方面，本书选取相应的测度方法，从税收竞争与财政支出竞争两个层面对地方财政竞争以及产业结构升级进行定量测度，并在此基础之上，通过空间计量模型及门槛回归模型，实证检验地方财政竞争对产业结构升级的实际效应，并运用定性分析方法对实证分析的输出结果进行诠释与说明。

（三）文献研究法

本书研究了众多学者在经济学领域、产业经济学领域、财政分权领域、公共选择领域、公共产品领域的大量文献资料，通过对文献的归纳与总结以及对所选研究对象的深入思考和探究，在吸取与本书研究内容相关的理论精髓及借鉴与本书的研究对象相适应的重要研究方法的基础上，探寻地方财政竞争对产业结构升级的作用机理，考察地方财政竞争对产业结构升级的实际效应及存在的困境，进而提出规范地方政府财政竞争秩序、助推产业结构升级的政策建议。

五、研究创新与不足之处

（一）研究创新

1. 视角的创新

本书的视角具有一定的新颖性和现实性。国内学者对地方财政竞争的经济结构效应研究还比较少，立足于产业结构效应的研究更是较为少见。本书选取的特定研究视角是对现有关于财政竞争经济效应研究文献的有益补充，更是响应了经济发展新时代要求转变经济发展方式，建立现代化产业体系和现代化经济体系的战略目标，因此具有较强的理论与现实意义。

2. 研究内容创新

本书关于地方财政竞争与产业结构升级之间的关系研究主要解决以下两个核心问题：第一，地方财政竞争对产业结构升级的影响机理是什么（理论机制探讨）；第二，我国地方财政竞争促进或抑制产业结构升级（绩效实证）。本书紧紧围绕这两个核心问题展开，希望在此方面进行有益的尝试。其中，在影响机理分析部分，本书基于中国式分权体制背景，从税收竞争与财政支出竞争的二维层面细致地阐释地方财政竞争对产业结构升级的影响机理；在实际效应的实证检验部分，本书同样从税收竞争与财政支出竞争的二维层面考察地方财政竞争对产业结构升级的实际效应，这在既有的关于财政与产业结构升级问题的研究中是不多见的。

3. 研究方法体系创新

现有关于财政与产业结构升级问题的研究文献大多采用普通最小二乘法（OLS）回归，忽略了相关变量的空间相关性，从而导致回归结果可能存在偏误。此外，现有关于政府竞争或财政竞争影响产业结构升级的研究文献大多从线性关系角度考察两者之间的关系，忽视了两者可能存在的非线性效应。区别于现有文献，本书运用空间计量分析方法及门限回归技术就地方财政竞争对产业结构升级的实际效应进行了全面的实证检验，以求全面、准确地评估地方财政竞争对产业结构升级的实际作用。

（二）不足之处

由于 2007 年起中国财政支出科目统计口径发生变化，本书对地方经济性支出与民生性支出的界定主要参考现有学者的研究，可能在一定程度上影响实证结果的可靠性。同时，财政支出科目统计口径的变化也使得本书的实证样本设定期未能进一步延伸到 2007 年之前，从而无法发现 2007 年之前财政支出竞争影响产业结构升级的效果，也无法实现 2007 年之前与之后的效应对比。此外，因省级财政补贴数据及行政管理支出数据难以获取，本书没有从实证层面考察财政补贴竞争及行政管理支出竞争对产业结构升级的实际效应，从而在一定程度上影响到了研究的完整性。

因市（县）一级详细的财税数据可获得性受限，本书主要从省级层面实证考察地方财政竞争对产业结构升级的实际效应，未能深入更基层的市（县）层面，这不能不说是一大遗憾。

第一章

地方财政竞争与产业结构升级的理论机理

第一节　地方财政竞争与产业结构升级的相关概念

一、地方财政竞争的相关概念

（一）地方政府竞争的概念

首先需要说明的是，本书所谓的"地方"，是指地方政府，是一个与"中央"，即中央政府相对的概念，一般指由中央政府设置的行使部分国家权力，管理某一地区社会经济事务的政府机构。

竞争是自然界和人类社会普遍存在的现象。可以说，竞争是稀缺资源分配的一种常态。纵观世界发展和变迁史，作为人类社会活动的一个重要组织——政府之间的竞争也是客观存在的事实。关于政府竞争的最早论述可以追溯到亚当·斯密。布莱顿（Breton，1989）首次提出"竞争性政府"的概念①。何梦笔（1999）基于布莱顿（Breton）的"竞争性政府"分析范式构建了政府竞争的基本框架，并指出政府机构之间存在着纵向竞争和横向竞

---

① BRETON A. The growth of competitive governments ［J］. Canadian Journal of Economics，1989，22（4）：717-750.

争①。根据何梦笔的观点，地方政府与中央政府之间的竞争属于纵向竞争，而同一层级地方政府之间的竞争属于横向竞争。本书无意分析地方政府与中央政府之间的纵向竞争，而将焦点集中于横向的地方政府竞争。

刘汉屏和刘锡田（2003）认为，地方政府竞争是一个国家内部不同行政区域地方政府之间为提供公共物品，吸引资本、技术等生产要素而在投资环境、法律制度、政府效率等方面开展的跨区域政府间的竞争②。

冯兴元（2010）认为，地方政府竞争是指市场经济各地方经济体中的政府和其他行为主体设计竞争战略（包括制度环境、政策、区位、营销等），围绕吸引具有流动性的要素、促进提高本地产品的竞争力和外销市场份额而展开竞争，以增强各地方经济体的总体竞争力和当地的福利、人均收入③。实际上，冯兴元（2010）对"地方政府竞争"的定义属于广义的概念④，但他同时指出，狭义的地方政府竞争主要指地方政府间竞争。

黄纯纯和周业安（2011）认为，地方政府竞争或辖区竞争是指各辖区为了本地的利益最大化，采取相应的公共政策来争夺资源的竞争过程⑤。

根据以上学者对地方政府竞争的定义并结合竞争的内涵和本书的研究目的，本书拟从狭义的视角（地方政府间竞争的视角）给出地方政府竞争的定义：地方政府竞争是指各地方政府间为了实现某些目标，在法律制度、政府管理、财政收支、规制执行等方面所展开的争夺各种资源（如资本、劳动力等）的竞争活动⑥。

（二）地方财政竞争的概念

冯兴元（2010）认为，地方政府竞争在很大程度上表现为制度竞争和财

---

① 纵向竞争描述的是任一政府机构都与上级机构在资源和控制权的分配上处于互相竞争的状况，而横向竞争描述的是任一政府机构都与类似机构在横向的层面上展开竞争。

② 刘汉屏，刘锡田. 地方政府竞争：分权、公共物品与制度创新 [J]. 改革，2003 (6)：23-28.

③ 冯兴元. 地方政府竞争：理论范式、分析框架与实证研究 [M]. 南京：译林出版社，2010.

④ 正如冯兴元（2010）所言，地方政府竞争的参与者除了地方政府本身以外，许多其他行为主体，包括中央政府都可以参与其中，也就是说地方政府与中央政府之间的竞争也属于地方政府竞争范畴。

⑤ 黄纯纯，周业安. 地方政府竞争理论的起源、发展及其局限 [J]. 中国人民大学学报，2011，25 (3)：97-103.

⑥ 虽然政府竞争或地方政府竞争的存在是不争的事实，但到目前为止，学术界尚无政府竞争、地方政府竞争以及本书所关注的财政竞争的公认定义。

政竞争这两种形式①。事实上，如果考虑到财政是政府履行其职能的重要政策工具，那么竞争性的地方政府必然推导出竞争性的财政行为。也就是说，地方政府间也存在着财政竞争。从政府竞争与财政竞争的关系来看，政府竞争的范畴更广，不仅包括财政竞争，还包括制度竞争、产业竞争等，财政竞争是政府竞争的重要组成部分并涵盖了政府竞争的主要内容。基于上述分析并结合对地方政府竞争的界定，本书将地方财政竞争（本书特指地方政府间财政竞争）定义如下：地方财政竞争是指各地方政府为了实现某些目标，利用财政手段所展开的争夺各种资源（如资本、劳动力等）的竞争活动②。

以上定义从竞争主体、竞争目标、竞争对象和竞争手段四个层面对地方财政竞争进行了简单而又全面的阐释。首先，任何竞争活动都涉及多个竞争主体，其既是竞争活动的参与者，又是竞争结果的承受者，单一主体参与的活动不可能称为竞争活动。就地方财政竞争而言，竞争主体应该是众多地方政府，不包括中央政府，既可以是省级地方政府，也可以是市级地方政府，还可以是县级地方政府，甚至包括基层地方政府。其次，任何竞争主体参与竞争活动都是为了实现某一竞争目标或某些竞争目标。就地方财政竞争而言，地方政府参与财政竞争的目标无外乎以下几种：增加财政收入，推动经济增长、提高经济绩效，增进本地区社会福祉，最大化地方政府官员的个人利益。当然，从现实来看，地方政府参与财政竞争的目标很难说只有一种，通常是多种目标的组合，但在目标组合中一般也有重点目标与一般目标之分。再次，就任何竞争主体而言，竞争目标一般需要通过争夺某些竞争对象才能达成。从这个角度来看，争夺竞争对象是竞争主体进行竞争的直接目标，而竞争目标应该看成竞争主体进行竞争的终极目标。现代经济学理论告诉我们，当一种资源处于稀缺状态时，对这种资源的争夺将无法避免。显然，地方政府欲实现其竞争目标，必须获取并投入尽可能多的稀缺资源。这表明，稀缺资源尤其是稀缺的流动性生产要素成为各地方政府争夺的重要对象。流动性生产要素通常包括资本、劳动力和技术等，虽然技术对政府竞争目标的取得是十

① 冯兴元. 地方政府竞争：理论范式、分析框架与实证研究 [M]. 南京：译林出版社，2010.
② 学术界（钟晓敏，2004；杨志勇，2005；葛夕良，2005；郭庆旺和赵志耘，2006；付文林，2011；等等）对财政竞争的定义与对政府竞争的定义有很大的相似之处，这也是本书为何先从政府竞争的定义进行分析的原因之一。

分重要的，但技术更多是与资本和劳动力（特别是高素质劳动力或人才）结合在一起的，这意味着地方政府财政竞争的对象主要就是资本和劳动力（尤其是高素质劳动力或人才）。最后，地方政府必须通过某些财政竞争手段才能争夺流动性生产要素，并最终实现竞争目标。资本都是"逐利"的，劳动力也是理性的"经济人"，这意味着地方政府可以通过某些财政竞争手段给予资本或劳动力一定的利益，吸引其流入本地区。地方政府可以借以发力的财政竞争手段一般包括财政收入方面的税费优惠或低税负政策以及财政支出方面的提高公共产品和公共服务的供给水平与供给质量等。

按照参与财政竞争的地方政府层级，地方财政竞争可以划分为地方纵向财政竞争与地方横向财政竞争。

地方纵向财政竞争发生在具有行政隶属关系的上下级地方政府之间，是指上下级地方政府间为了实现某些目标，利用财政手段所展开的争夺各种资源的竞争活动。地方纵向财政竞争通常又可以划分为以下两种类型：第一种类型的地方纵向财政竞争表现为上下级地方政府对财税管理权限的争夺。第二种类型的地方纵向财政竞争表现为在既定的财税体制及财税管理权限下，上下级地方政府同时对同一税基进行征税而产生的竞争。从当前我国省级及以下地方政府的财政关系来看，地方财政竞争属于第一种类型的竞争形式，特别是"省直管县"改革的深入推进进一步加剧了这种类型的纵向财政竞争的激烈程度。

地方横向财政竞争主要发生在不具有行政隶属关系的同一层级的地方政府之间，如不同省份之间、不同县（市）之间，是指处于同一层级的地方政府间为了实现某些目标，利用财政手段所展开的争夺各种资源的竞争活动。地方横向财政竞争可能导致一地政府的财政政策对周边产生正外部性或负外部性。也就是说，当地政府实施财政政策所产生的收益或成本超出了当地居民的范围而外溢到其他周边地区。比如说，某地区提供的交通基础设施被周边地区居民无偿享用了，或者某地区大力发展高污染产业产生的污染物传播到周边地区，恶化了这些地区的生态环境，并增加了这些地区居民为治污买单的压力。本书中所谓的"地方财政竞争"，指的就是地方横向财政竞争。因此，对地方财政竞争的产业结构升级效应的分析是基于地方横向财政竞争的视角而展开的。

（三）地方税收竞争与地方财政支出竞争的概念

财政是政府履行其职能并满足社会公共需要的收支活动。地方政府进行财政竞争应该通过财政的这种收支活动而展开，因此基于财政收支的角度可以将地方财政竞争划分为地方税收竞争与地方财政支出竞争[1]。

地方税收竞争是指地方政府间为了实现某些目标，利用税收手段所展开的争夺各种资源的竞争活动，这可以被称为狭义的地方税收竞争。但考虑到地方财政收入除了包括税收这种主要形式外，还包括各类行政性收费、罚没收入等非税收入形式，并且从理论上讲，非税收入都具有与税收相类似的性质，也构成了纳税人的负担，因此地方政府间利用财政收入手段所展开的竞争可以被称为广义的地方税收竞争。地方税收竞争按照税收的基础要素可以划分为税种竞争、税率竞争和税收征管竞争。税种竞争包括商品税竞争、所得税竞争等类型。其中，商品税竞争是指地方政府利用商品税所展开的竞争活动，所得税竞争是指地方政府利用企业所得税或个人所得税所展开的竞争活动。由于降低税负是吸引各类资本、劳动力等流动性生产要素时最常用的方法，因此税率竞争可以被看成地方税收竞争最基本的形式。税收征管竞争是指地方政府在既定的税收制度下以税收的自由裁量权为基础所展开的竞争活动。此外，地方税收竞争还有制度内地方税收竞争与制度外地方税收竞争之分。我国的制度内地方税收竞争通常表现为地方税收优惠竞争。其常见的形式有两种：一种是由国家制定的区域性税收优惠政策引起的区域之间的税收竞争[2]；另一种是各地根据自身情况，在国家税法规定的地方税权范围内，为吸引流动性生产要素而制定差别税收政策引起的税收竞争，主要包括差别税率（额）、减免税、差别税目、不同的纳税期限等[3]。如果地方政府的税收职能划分不清，则很容易出现游离于税收制度之外的竞争形式，这在发展中国家或转型国家中十分常见。从中国的制度外税收竞争历史来看，地方政府

---

[1] 按照收支对应的原则，财政竞争应该分为财政收入竞争和财政支出竞争，但由于财政收入的主要形式是税收，因此学术界更多地使用"税收竞争"这一术语，本书也遵循这种称呼方式。

[2] 事实上，区域性税收优惠政策的出台，一方面是中央政府高瞻远瞩地提出区域发展战略的结果，另一方面是地方政府为了自身利益，通过"游说"中央政府争取优惠政策的结果。地方政府间普遍都有较强烈的攀比心理，在其他地区获得优惠政策后，本地区也会向中央"索要"好处，从而形成了地方向中央要政策的竞争格局。

[3] 陆军. 税收竞争与区域城镇化［M］. 北京：商务印书馆，2011.

间的制度外税收竞争十分复杂，表现形式多种多样，竞争手段具有多样化、隐蔽性，甚至不合法性的特点，虽经中央多次纠正和规范，但竞争手段仍不断"推陈出新"①，致使这种竞争方式难以预见和控制。

地方财政支出竞争是指地方政府间为了实现某些目标，利用财政支出手段所展开的争夺各种资源的竞争活动。一般来说，地方政府在财政竞争中可以利用的财政支出手段主要是扩大财政支出规模和调整支出结构②③。地方政府通过扩大财政支出规模或调整支出结构，可以为社会提供更高水平和更优质量的交通基础设施、通信、电力、自来水、治安、教育、医疗、社会保障等公共产品和公共服务，有利于吸引更多的优质流动性生产要素流入，进而实现本地区政府参与财政竞争的目标。当然，由于各地区经济社会发展所处的阶段不同、资源禀赋不同、区位优势不同以及更重要的是地方政府执政理念不同，因此从财政支出的结构视角区分不同性质的财政支出并考察其竞争状况便显得非常有必要了。参照既有学术研究把财政支出划分为经济性支出、民生性支出和行政管理支出这三类的惯常做法，本书将地方财政支出竞争划分为地方财政经济性支出竞争、地方财政民生性支出竞争和地方财政行政管理支出竞争④。地方财政经济性支出竞争是地方政府通过支持基础产业发展、加大基础设施建设投入力度等方式，弥补私人资本投资的基础产业供给瓶颈及所需的硬件设施供给失灵，进而吸引资本等流动性生产要素流入的竞争活动。可以说，地方财政经济性支出竞争最主要的目标是实现地区经济的快速增长。地方财政民生性支出竞争是地方政府通过加大对教育、科学技术、医疗服务、社会保障等方面的投入力度，有助于提高劳动力的人力资本水平和增进地区的社会福祉，进而吸引劳动力等流动性生产要素流入的竞争活动。可以说，地方财政民生性支出竞争最主要的目标是改善地区的民生状况。地

---

① 黄春蕾（2004）列举了九种具有代表性的制度外税收竞争形式：擅自减免税、有意放松税收征管力度、包税、买税、税收"先征后返"、税收奖励、减免费、开设自立经济园区或各类市场对区内企业和个人制定整套税费优惠政策、提高办税效率与服务水平吸引投资。

② WILSON J D, GORDON R H. Expenditure competition [J]. Journal of Public Economic Theory, 2003, 5 (2): 399-417.

③ WILDASIN D E. Fiscal competition: An introduction [J]. Journal of Public Economic Theory, 2003, 5 (2): 169-176.

④ 伍文中（2010）将经济性支出竞争称为"物本竞争"，将民生性支出竞争称为"民本竞争"，将行政管理支出竞争称为"官本竞争"。

方财政行政管理支出竞争既可以表现为地方政府通过提高政府机构运作效率并改善公共服务软环境的方式为吸引流动性生产要素而展开竞争，也可以表现为地方政府为谋求政府官员个人福利或自身利益最大化而竞相增加行政管理支出的行为方式。

值得注意的是，在地方财政竞争的这两种类型中，税收竞争与财政支出竞争并非是各自分立、互不相关的，实际上两者是相互促进、相互加强的。一方面，地方政府通过提供税收优惠等手段进行税收竞争有助于吸引外部流动性生产要素流入，这将扩大当地税基，进而增加当地税收收入。而当地税收收入的增加又为地方政府扩大财政支出规模并进行支出竞争提供了强大的物质基础支撑。因此，地方政府进行税收竞争是有利于该地区在财政支出竞争中占据优势地位的。另一方面，地方政府通过提高公共产品和公共服务的供给水平与质量的方式进行财政支出竞争也有助于吸引外部流动性生产要素流入，这也会扩大当地税基和促进当地经济增长，进而有利于当地税收收入的增加。当地税收收入的增加又为地方政府进行低税负竞争创造了更为广阔的可操作空间。因此，从这个角度来看，地方政府进行财政支出竞争是有利于增强该地区的税收竞争优势的。

地方财政竞争的实质是处于不断变化演进中的地区间财政行为的博弈和反应。伴随区域一体化进程的加快和深入，地方财政竞争越来越成为普遍存在的现象。从中国地方财政竞争历史变迁来看，以 1994 年分税制改革为分界点，地方财政竞争经历了从财政包干制时期单一的税收竞争向分税制改革之后税收竞争与财政支出竞争并存的转变过程。在财政包干制时期，中央向地方的分权使得地方政府成为具有独立财政经济利益的主体，拥有对地方财政收入的"剩余索取权"。这种"财政包干，分灶吃饭"的财政体制使得地方政府具有强烈的财税利益激励。财政包干制时期的税收优惠管理权限相当分散，地方政府在财税利益的激励下，竞相出台各类税收优惠政策，致使地方税收优惠过多过滥，再加上国家在实施差异化的区域发展战略过程中制定的区域性税收优惠政策，使得地方政府间展开了激励的税收竞争。而 1994 年的分税制改革强化了税收法律制度，税收优惠、税收减免等相关权限收归中央。之后的一系列税制改革，如 2002 年的企业所得税征管权改革、"营改增"试点等都不断地压缩地方政府实施税收优惠的空间，从而极大地限制了地方政府间的税收竞争。随着经济的不断发展和社会的不断进步，优质公共产品和公共服务的吸引资本、劳动力等流动性要素的重要性日益凸显，迫使地方政府开始从税收竞争转向财政支出竞争，逐渐形成了税收竞争与财政支出并存的格局。中国地方财政竞争的历史变迁过程给了我们相应的启示：在分析和考察中国地方财政竞争时不能仅仅考虑税收竞争或财政支出竞争，或者说不能仅考虑财政竞争的一个方面，而是必须同时兼顾税收竞争和财政支出竞争，这样才能得出更为全面的结论。

二、产业结构升级的相关概念

(一) 产业与产业结构的概念

经济结构战略性调整是新时代中国提升经济发展质量的重要推动力，而产业结构升级是经济结构战略性调整的关键环节。虽然产业结构升级很早就是一个被理论界和社会广泛热议的话题，但关于什么是产业结构升级，当前学术界尚未达成共识。谈到产业结构升级，我们不得不提及几个相关的先导性概念，一是产业，二是产业结构。

纵观世界经济发展史，我们不难发现，产业是伴随着社会分工的出现而出现的。一般认为，产业是因社会分工而在生产技术、生产过程、产品特征等方面具有相似属性的经济活动组成的集合或系统①。从国民经济的宏微观层次来看，产业经济活动是介于微观经济和宏观经济之间的中观层次。虽然学者们对产业的概念界定存在差异，但学者们还是在产业应具有的部分内涵上形成了一致的观点：第一，产业是社会分工出现和深化的产物；第二，同一产业内的经济活动具有某些相同或相似的属性；第三，所有的经济活动都可以划归到相应的行业中去。

现实中不可能所有的产业经济活动都具有相同的属性，那么为了区别不同产业经济活动之间的属性差异，就有必要对产业进行划分。产业可以按照不同的标准进行不同类型的划分，其中在经济研究和经济管理中使用较多的

---

① 苏东水. 产业经济学 [M]. 3 版. 北京：高等教育出版社，2010.

是三次产业分类法①，即把国民经济部门划分为第一产业、第二产业和第三产业②。对产业进行分类为后续的产业结构研究奠定了坚实的基础。可以说，在产业分类的基础上，从结构主义视角研究产业问题就成了产业结构问题。产业结构的概念始于 20 世纪 40 年代，又被称为国民经济的部门结构，是国民经济结构的核心与基础。一般来讲，产业结构是指在一定条件下、一定空间范围内国民经济中不同产业之间的数量关系结构及其相互依存和制约的生产、技术、经济联系。产业结构最直观的外在表现为各产业之间量的比例关系。这种各产业之间量的比例关系既包括宏观经济总量在不同产业之间的分布状况，也包括各类生产要素或资源在不同产业之间的配置状态。

（二）产业结构升级的概念

产业结构并非是单一层次、一成不变的，而是随着经济的发展和社会的进步表现出从低层次向高层次逐步演化的动态性特征的。这实际上就是产业结构升级问题。产业结构升级的概念最早可追溯到罗斯托（1960）的经济成长阶段理论③。然而，关于产业结构升级的定义，当前学术界尚未形成明确的定论。结合一些学者（Porter，1990；Gereffi & Tam，1999；周振华，1995；刘志彪，2000；郭克莎，2000；姜泽华和白艳，2006；周昌林和魏建良，2007；卢福财，2013；李子伦，2014）对产业结构升级概念的阐释，本书将产业结构升级的概念界定如下：产业结构升级是指产业结构从低级形态向高级形态演化或变迁的过程，其内在机理是通过优化资源要素在不同产业间的配置实现产业结构的高级化。

从核心内涵来看，产业结构升级至少应包括以下四个方面的内容：第一，基于三次产业结构的视角，产业结构依次由第一产业在国民经济中占主导优势向第二产业、第三产业占主导优势的顺序演化；第二，基于生产要素的集

---

① 除此之外，在经济研究和经济管理中，经常使用的分类方法还包括马克思的两大部类分类法、三次产业分类法、生产要素集约分类法、产业地位分类法以及国际标准产业分类。

② 按照《国民经济行业分类》（GB/T 4754—2017），第一产业是指农、林、牧、渔业（不含农、林、牧、渔服务业）；第二产业是指采矿业（不含开采辅助活动），制造业（不含金属制品、机械和设备修理业），电力、热力、燃气及水生产和供应业，建筑业；第三产业，即服务业，是指除第一产业、第二产业以外的其他行业。

③ 罗斯托（1960）把一个国家的经济发展分为六个阶段，经济发展的六个阶段依次是：传统社会阶段、为起飞创造前提阶段、起飞阶段、向成熟推进阶段、高额群众消费阶段和追求生活质量阶段。罗斯托认为，产业结构的调整升级是经济社会发展不同阶段跨越的关键。

约程度视角，产业结构依次由劳动密集型产业在国民经济中占主导优势向资本密集型产业、知识技术密集型产业占主导优势的顺序演化；第三，基于产品结构的视角，产业结构由生产低技术含量、低附加值产品的产业向生产高技术含量、高附加值产品的产业转变；第四，基于生态环境的视角，产业结构由污染型产业向生态型产业转变。限于对产业结构升级进行综合测度较为困难，本书与大多数文献的做法一样，主要基于三次产业结构的视角考察中国的产业结构升级状况。

第二节　地方财政竞争影响产业结构升级的理论基础

一、市场失灵理论

世界经济发展史与经济学理论一致表明，市场机制是经济活动中最有效率的资源配置方式。然而，要想仅通过市场机制来实现资源配置的帕累托效率，必须满足完美的完全竞争市场这一前提。在具备一系列苛刻的特征或条件的完全竞争市场中①，私人经济主体的一切经济活动均可通过市场机制的高效作用实现个人利益最大化。由于外部性、公共产品、信息不对称等诸多因素制约，现实的市场显然并不具备或不完全具备完全竞争市场的特征或条件。因此，在现实的市场经济活动中，市场机制并不总是能高效地配置资源，也就是说"市场失灵"是不可避免的，这也正是政府干预经济活动的重要原因。在政府对经济活动进行相应干预的客观局面下，现实的市场经济成为一种包括私人经济活动与公共部门经济活动的混合经济。其中，市场机制在资源配置中起基础性作用，政府机制主要作用于弥补"市场失灵"，通过市场机制与政府机制的有机结合，实现资源的优化配置。

就产业结构升级而言，产业结构变迁实质上是资源配置的演化过程，涉及各类稀缺资源如何在各产业部门之间的配置与动态再配置。从私人经济主体的逐利动机来看，各类稀缺资源在各产业部门之间的配置应该由市场机制这只"看不见的手"进行引导或指挥。一方面，市场的价格机制引导各类稀

---

① 完全竞争市场应具备的假设条件包括买者和卖者的众多性、产品的同质性、资源的充分流动性、信息的完全性。

缺资源由收益率低的产业向收益率高的产业进行转移。如果某一产业市场前景广阔，所生产的产品供不应求，能够获取相对其他产业更高的收益，那么资本、劳动力等各类稀缺资源将会流入该产业，推动该产业进一步发展壮大，然而大量稀缺资源要素的流入也会降低该产业的收益率，同时其他产业因资源要素的流出导致收益率上升。因此，资源要素的跨产业部门转移虽然最终的结果是平衡了各产业部门的收益率，但是市场前景广阔的相关产业获得了发展，这是有利于产业结构调整与升级的。另一方面，市场的竞争机制使得企业作为微观经济的活动主体面临优胜劣汰的竞争压力，各类产业部门中的企业将不断进行管理创新、技术创新等创新活动，以求提高生产经营效率，获取竞争优势，这同样有利于促进产业结构的调整与升级。

然而，由于现实的市场并非是完美的，外部性、公共产品、信息不对称等问题广泛存在，尤其在不发达国家或地区以及转型国家更为普遍和严重。在存在诸多失灵问题的市场中，仅靠市场机制不可能实现各类稀缺资源要素在各产业部门之间的合理高效配置，推动产业结构优化升级的目的必然难以实现，甚至有可能引起产业结构"逆升级"。换句话说，市场机制在调整产业结构时也存在着"市场失灵"，这一论断仅从市场机制在解决外部性与公共产品供给问题中的失灵就可以加以证明。

一方面，市场机制在解决外部性问题中存在着失灵。在现实社会经济生活中，外部性问题是普遍存在的。事实上，经济学理论研究在古典经济学时代就注意到了的外部性问题，约翰·穆勒、亨利·西奇威克等古典经济学家虽然没有提出"外部性"的概念，但他们均研究了外部性问题，并且发现市场机制难以解决外部性问题。外部性的概念最早由马歇尔和庇古在 20 世纪初提出，是指某一经济行为主体的相关活动给其他经济行为主体带来了受益或受损的外部影响。外部性分为正外部性和负外部性①。正外部性的例子包括教育、科技创新等，因为正外部性的存在，相关受益者从受教育者或科技创新者的相关活动中获得了好处，并且不用为此支付代价，这将影响受教育者接受教育的积极性或科技创新者开展科技创新活动的积极性，致使从全社会资

---

① 正外部性是某一经济行为主体的相关活动使其他经济行为主体受益，而受益者无须为此支付代价；负外部性是某一经济行为主体的相关活动使其他经济行为主体受损，而造成负外部性的该经济行为主体却没有为此承担相应的成本。

源配置的帕累托效率角度来看，受教育者接受教育的水平或科技创新者的科技创新支出水平均低于理想的帕累托最优数量，而教育与科技创新正是产业结构升级的重要支撑因素。因此，仅在市场机制的自由调节下，正外部性导致教育与科技创新的低水平会抑制产业结构升级。负外部性的典型例子是企业的排污行为。技术进步水平较低的污染型企业在生产过程中向外界的排污行为对社会公众的健康以及其他企业的生产经营产生了负面影响，但是市场机制不可能解决与企业排污行为有关的成本补偿问题。在这种情况下，企业因不用承担排污成本而在利益驱使下自主决策的产量规模超过了从社会角度而言的帕累托最优规模。也就是说，仅在市场机制的自由调节下，低技术水平的污染型企业或产业会过度扩张，这显然不利于资源的合理配置以及产业结构的优化升级。

另一方面，市场机制在解决公共产品供给问题中也存在着失灵。公共产品是具有非竞争性与非排他性的产品，典型的公共产品包括公共安全、环境保护、基础设施、教育等。公共产品的非排他性特征决定了公共产品供给中存在着"搭便车"问题。也就是说，一个人在提供公共产品的同时让其他人免费获得了好处，但是通过收费的方式来限制其他人对公共产品的消费是不可能的，这也就决定了私人经济主体缺乏提供公共产品的动力，致使公共产品供给不足。因此，市场机制难以有效解决公共产品的供给问题。实际上，诸如公共安全、基础设施、教育等公共产品均是支撑产业结构优化升级的重要因素，相关公共产品的市场缺失必将抑制或阻碍产业结构的优化升级进程。

由于市场机制在调整产业结构时存在着"市场失灵"，因此需要政府通过适当方式对产业结构调整与升级进行有效干预。从现实来看，政府可以通过行政、法律、经济等手段干预产业结构调整与升级。但现有的理论研究与政府干预实践均表明法律与经济手段因其影响具有间接性，对市场机制的正常发挥影响较小，相对于行政手段干预效果更好，也可避免利用行政手段进行直接干预容易导致的"政府失灵"问题。在经济手段中，财政作为国家治理的基础和重要支柱，具有作用手段多、影响范围广、运用灵活等特点，能够通过其收支活动及制度安排影响各类资源要素在产业间的动态配置，进而间接影响产业结构升级，并能够很好地适应产业结构升级的需要，因此成为政府干预产业结构升级的重要手段。

二、财政分权理论

自 20 世纪 70 年代以来，西方国家兴起了各式各样的政府改革浪潮。对不同国家的政府改革模式、进程等进行仔细观察和对比可以发现，尽管西方国家总体上都是根据本国实情制定相应的政府改革模式和程序，尽管政府改革的模式、程序、成效等方面存在着一定的差异，但西方国家总体上都是围绕分权化和市场化的大方向进行政府改革。其中，分权化改革主要强调要求分散中央政府权力并妥善处理不同层级政府间的权力配置问题，而市场化改革主要强调要求审慎处理政府与市场的关系并在经济活动中更好地发挥市场机制的作用。从中国的体制转轨和改革进程来看，与西方国家一样，中国也是围绕分权化和市场化的大方向而展开。那么什么是分权呢，分权的作用何在呢？此外，就本书的研究主旨来看，分权在地方财政竞争中扮演了什么样的角色呢？

首先，关于什么是分权的问题。分权是集权的对称，是指上级权力机关按照既定规则把一定的权力和责任转移给下级权力机关。分权是一个复杂的概念范畴，在整个分权体系中，财政分权无疑是其中一种重要的分权形式[①]。财政分权是中央政府向下级政府的权力转移（奥茨，1972），一般是指中央政府赋予地方政府一定的财（税）权和事权，允许地方政府在既定的财税权限范围内自主决定其预算收支规模和结构，以求实现提高政府治理能力和公共产品供给效率、增进地区社会福祉的目的[②]。

其次，关于为什么要分权的问题。公共产品，特别是纯公共产品具有的非竞争性和非排他性的特点决定了市场机制在公共产品供给中存在着失灵，这就必然要求具有公共权力的政府在公共产品的供给中承担主体责任。但是，就包含中央政府和地方政府在内的多级政府体系而言，哪一级政府提供公共产品具有更高的效率是政府和纳税人或居民非常关切的问题。换句话说，公共产品是应该由中央政府提供，还是由地方政府提供，抑或由中央政府与地

[①]　通常而言，分权可以划分为政治分权、行政分权、财政分权和市场分权。政治分权包括两方面的含义：一方面，地方政府有权做出政治决策而不受更高一级政府的约束；另一方面，地方政府官员由当地居民选出而非由上级任命。行政分权是指地方政府拥有日常事务的决定权，并能够通过改进现有的法律、法规，建立符合市场的新制度。市场分权是指地方政府拥有自主投资等权利，如决定基础建设投资及其相关的政策支持等（丁菊红，2008；乔俊峰，2010）。

[②]　"财政分权"与"财政联邦主义"这两个术语在西方经济学文献中具有大致相同的含义（Oates，1999），因此"财政分权"有时也被称为"财政联邦主义"。

方政府合作提供，是一个具有重要理论与实践价值的命题。蒂布特在《地方支出的纯理论》中提出的"用脚投票"理论描述了这样一种理想状态：为数众多的地方政府给消费者提供不同类型的税收-公共产品组合，具有完全流动性的消费者根据自己的偏好在提供不同类型的税收-公共产品组合的地区中选择使其效用最大化的地区居住。在"用脚投票"机制下，如果地方政府提供的税收-公共产品组合不能让消费者实现效用最大化，那么消费者将不会迁移到该地区。也就是说，"用脚投票"机制会迫使地方政府不断优化税收-公共产品组合，以此迎合消费者偏好。这表明"用脚投票"机制有利于提高公共产品的供给效率并改善地区居民的福利水平。"用脚投票"机制揭示了地方政府在公共产品高效供给中的重要地位以及地方政府存在的必要性。显然，如果将公共产品的供给重任交由中央政府承担，那么在信息不对称的情况下，中央政府很难掌握不同地区居民对公共产品的偏好，这样也就很难实现公共产品的高效供给和社会福利最大化。虽然"用脚投票"机制的有效发挥需要满足一系列苛刻的现实世界难以实现的假设前提①，但实际上该机制具有十分重要的理论与实际价值，即适度的财政分权可以提高公共产品的供给效率和改善社会的福利状况。

从有关财政分权研究的发展脉络来看，可以说，蒂布特的《地方支出的纯理论》开创了财政分权理论研究的先河。在蒂布特（1956）之后，施蒂格勒（1957）、马斯格雷夫（1959）、奥茨（1972）等第一代财政分权理论的代表性学者一致认为，相比中央政府，地方政府更清楚本地居民对公共产品的偏好，那么地方政府在地方公共产品供给方面的效率更高。因此，在中央政府和地方政府之间进行适当的分权能够提高公共资源的配置效率，使公共产品的供给更好地符合当地居民的偏好和需求，进而有助于改善地区居民的福利状况。

---

① "用脚投票"理论建立在如下假设基础之上：第一，双重身份者（既是投票者，又是公共产品消费者的居民）是完全流动的，其将流向能够最好地满足他们既定的偏好模式的社区；第二，双重身份者对每个社区的税收-公共服务组合情况了如指掌；第三，存在着足够多的不同社区，使得每个人都能找到满足其公共服务需要的社区；第四，所有人都依靠股利收益生活，因此不存在诸如就业机会之类的限制；第五，社区提供的公共服务不存在外部经济性或非经济性；第六，就每一类社区服务而言，都存在着一个社区最佳规模，即对一定的居民而言，其可以以最小平均成本提供一组服务；第七，低于最佳规模的社区会寻求吸引新居民来降低平均成本，高于最佳规模的社区的做法则与此相反，而刚好处于最佳规模的社区会维持现有人口数量不变（TIEBOUT C M. A pure theory of local expenditures [J]. Journal of Political Economy, 1956, 64 (5): 416-424）。

20 世纪 80 年代以来，以钱颖一、温格斯特等为代表的学者提出的第二代财政分权理论将信息经济学和契约理论的分析框架引入财政分权中，从不同层级政府间信息不对称的角度出发，强调建立有效的地方政府激励机制在提高社会福利水平中的重要作用。钱颖一和温格斯特（1996，1997）通过对中国分权改革实践的考察后指出，分权明确了中央政府和地方政府之间的责、权、利，在保护市场或维护市场中起到了关键性的支撑作用①。因此，第二代财政分权理论又被称为"保护市场型财政联邦主义"或"市场维护型财政联邦主义"。

总之，不管是第一代财政分权理论还是第二代财政分权理论均一致认为，适度的财政分权有利于减少各级政府之间以及政府和居民之间的信息成本，有利于提高地方政府的积极性，有助于提高资源配置效率，进而增进社会福利。就产业结构升级而言，由于产业结构调整实质上属于资源配置问题，地区间资源禀赋、经济发展水平、人文社会环境等各方面的差异决定了地区间的产业结构调整与升级路径应有所差异，如果采取集权制下的"一刀切"的升级干预方式，必然有损效率。因此，通过分权，给予地方政府独立自主的产业结构升级干预决策权，有利于优化地区资源在不同产业之间的配置，从而推进地区产业结构升级。

最后，关于分权与地方财政竞争的关系问题。在财政分权体制下，地方政府被赋予一定的财政收支权限，地方政府的责、权、利也进一步得到确认，这样地方政府就成为相对独立的经济利益主体，不仅拥有了对地方财政收入的剩余控制权，在财政支出方面也被赋予了相应的决策权。地方政府能够结合自身实际为谋求既定的执政目标而在拥有的财政收支权限范围内独立自主地制定税收政策和财政支出政策。从各类资源或生产要素可以跨区流动的角度来看，在财政分权体制下，某一地方政府制定的财政收支政策必然影响其他地区的利益，对其他地区或者存在正向溢出效应，或者存在负向溢出效应，这样必将引起其他受影响的地方政府的策略性反应。以上分析表明，财政分权体制为地方政府开展财政竞争奠定了必要的制度基础，或者也可以说，地方财政竞争是财政分权的经济后果②。1978 年改革开放以来，在由计划经济

---

① QIAN Y，WEINGAST B R. China's transition to markets：Market-preserving federalism，chinese style [J]. Journal of Economic Policy Reform，1996，1（2）：149-185.

② BRENNAN H G，BUCHANAN J M. The Power to tax：Analytical foundations of a fiscal constitution [M]. Cambridge：Cambridge University Press，1980.

向市场经济转轨的过程中，中国经济体制改革的重要内容之一就是不断调整和规范中央与地方之间的财政收支关系，财政分权体制经历了从"包干制"到"分税制"的重大变革，即便是 1994 年分税制改革以来，中央和地方的财政关系总体也在不断调整和规范的过程中。其目的毫无疑义是寻找最佳的财政分权程度，营造良性的地方政府竞争环境，以求最大限度激发地方政府的积极性和主动性。

三、政府行为及激励理论

政府行为是一个初看起来很简单的概念，但是当前学术界对其含义并未达成一致意见。结合行为学对"行为"的定义，我们可以把政府行为界定为政府对其所处环境的反应方式，是政府为了实现既定的经济、社会等目标而采取的一切行动的统称。政府行为既可以表现为政治行为，也可以表现为经济行为。从公共经济学的视角来看，规范化的政府行为应该是政府公共部门在"市场失灵"的情况下利用纳税人赋予的公共权力为满足其公共需要而提供相应公共产品的行为。因此，规范化的政府行为应以正确认识"政府"与"市场"的关系、合理界定政府职能为前提，并以优化资源配置、满足社会公共需要、实现社会福利最大化为宗旨。

在政府行为理论中，不少学者认为，对作为行为主体的政府的行为特征进行分析是非常重要的。传统经济学和政治学研究一般假设政府是"仁慈的"，并为追求社会福利最大化而努力。实际上，第一代财政分权理论的代表性学者，如蒂布特（1956）、施蒂格勒（1957）、马斯格雷夫（1959）、奥茨（1972）等认为，分权比集权重要均是基于"仁慈型政府"的假设。随着公共选择理论的兴起，以布坎南为代表的公共选择学派将新古典经济学的分析范式运用到政治学中，以政治市场为研究对象，假定政治市场中的参与者均是追求个人利益最大化的"经济人"，他们在政治市场上为最大化个人利益而进行利益交换，并得出了诸如公共决策失误、政府机构低效率、寻租、政府规模扩张等一系列"政府失灵"的结论。公共选择理论告诉我们，政府并非是"万能"的，也并非总是社会利益的代表，政府公共部门及政府官员也有追求自身利益的强烈动机。换句话说，与私人部门经济主体一样，政府公共部门及政府官员也是具有自利性的。因此，众多学者提出"政府即厂商""政权经营者"等概念来概括地方政府行为。正是因为意识到政府自利性的特征，第二代财政分权理论更加注重对地方政府行为的研究，强调设计出合理的机制或制度对地方政府及官员进行有效的激励，以求实现地方政府及官员自身利益与社会利益激励相容的良性局面。

改革开放以来中国经济取得的巨大成功吸引了国内外学者的广泛关注。虽然市场化改革是中国经济成功的一个重要因素，但不容置疑的是中国通过政府间分权改革成功调动了地方政府的积极性（做对了对地方政府的激励）更是中国经济取得成功的关键性因素①。从这一角度来看，地方政府的行为选择虽说与其所处的外界环境有关，但最为关键的还是与其所受到的激励有密切关系。从现有以中国为研究对象的文献来看，有两类激励——财税激励和政治晋升激励在解释中国地方政府激励中最为成功。第一，关于财税激励。钱颖一、温格斯特等第二代财政分权理论的代表性学者对中国 20 世纪 80 年代中期财政包干制改革进行考察后提出了"中国特色的保护市场型财政联邦主义"假说。他们认为，中国的分权改革一方面由中央政府向地方政府下放大量的地方经济社会管理权力，另一方面承认地方政府独立的经济利益主体地位。地方政府拥有地方财政收入的剩余控制权，这意味着地方政府创造的财政收入越高，地方政府的留存也就越多，那么地方政府可能的潜在利益也就越多。在中国类似于 M 形的政府层级制组织结构下（钱颖一等，1993）②，这种分权改革有利于激励地方政府为实现更大的财税利益而在行为策略上竞相选择以维护市场、提高地方经济绩效为目的的"标尺竞争"（Maskin 等，2000）③。第二，关于政治晋升激励。"中国特色的保护市场型财政联邦主义"假说在解释财政包干制时期地方政府的行为激励确实非常成功。但以下几个重要问题却是"中国特色的保护市场型财政联邦主义"假说难以解释的：一是如何理解1994 年分税制改革之后税收收入与宏观经济均保持同步高速增长的重要事实；

---

① 威廉·伊斯特利（William Easterly，2005）认为，所有的经济主体（个人、企业、政府官员等）都会对激励做出反应，没有"把激励搞对"是发展中国家经济增长的最大障碍。以钱颖一为代表的学者认为，"把激励搞对"既是我国经济改革成功的经验，没有"把激励搞对"也是目前许多问题的症结所在。

② 钱颖一，许成钢，董彦彬. 中国的经济改革为什么与众不同：M 型的层级制和非国有部门的进入与扩张［J］. 经济社会体制比较，1993（1）：31-42.

③ MASKIN E，QIAN Y，XU C. Incentives，information，and organizational form［J］. Review of Economic Studies，2000，67（2）：359-378.

二是如何看待"地方保护主义"与地区间"重复建设"长期存在的特征性问题;三是如何说明中国地方政府间的非合作竞争这一客观事实。上述问题实际上告诉我们,过于强调财税激励显然难以全面解释中国地方政府的行为选择及特征,这又引起了学术界的进一步思考。布兰查德和施莱弗(Blanchard & Shleifer,2001)、周黎安(2004,2007)、张军和周黎安(2008)等提出的政治晋升理论强调地方政府面临着强烈的政治晋升激励。客观来讲,地方政府确实非常关心其政治晋升利益,在"地区分权的威权体制"(Xu,2011)下,中央政府制定对地方政府的政绩考核与晋升机制和标准,地方政府为获得政治晋升而展开激励的"晋升锦标赛"①。事实上,自改革开放以来,中国地方政府官员的考核与晋升标准经历了由强调政治表现向看重经济增长绩效,尤其是国内生产总值增长率的转变过程,这样地方政府间展开的"晋升锦标赛"就演变为"为增长而竞争"(张军和周黎安,2008)。因此,不难想象,如果中央政府对地方政府的政绩考核与晋升标准进行了调整,如在经济增长中更加强调产业结构升级及绿色发展理念,那么地方政府必然会跟进这种调整,其行为必然也会发生相应的变化。

第三节　地方财政竞争对产业结构升级的影响机理

一、地方财政竞争影响产业结构升级的基本逻辑

大量的文献已经证实改革开放以来中国政府,特别是地方政府在经济的长期高速增长中扮演了非常重要的角色。在以财政分权和政治集权为重要特征的"中国式分权"体制下,无论是第二代财政分权理论的代表性人物——钱颖一、温格斯特等提出的"中国特色的保护市场型财政联邦主义"所强调的财税激励,还是布兰查德和施莱弗 Blanchard & Shleifer,2001)、周黎安(2004,2007)、张军和周黎安(2008)等提出的政治晋升理论所强调的政治晋升激励,都促使中国的地方政府关心和推动地区经济增长。也就是说,在"中国式分权"体制下,一方面,财政分权承认了地方政府独立的经济利益主体地位并赋予了地方政府对地方财政收入的剩余控制权,这给地方政府提供

① 周黎安. 中国地方官员的晋升锦标赛模式研究 [J]. 经济研究,2007 (7): 36-50.

了强大的财税激励；另一方面，政治集权决定了由中央政府对地方政府进行政绩考核和人事任免，这给地方政府带来了强大的政治晋升激励，因此中央政府可以以政治晋升为"诱饵"激励地方政府之间为实现中央政府的既定战略目标展开"晋升锦标赛"（周黎安，2007）。在"以经济建设为中心"的长期战略指引下，地方政府的政绩考核与选拔标准着重强调经济增长，因此地方政府之间所展开的"晋升锦标赛"就表现为地方政府之间为"增长而竞争"。可以说，在"中国式分权"体制下，地方政府因财税规模扩大和政治晋升的双重激励成为地方发展型政府（Blecher，1991；郁建兴和徐越倩，2004）[①]，致力于推动地方经济持续快速增长（Xu，2011）。

显然，在地方政府可以用于地方经济社会事务治理的众多手段中，财税工具无疑在其中占有非常重要的地位。换句话说，地方政府之间为"增长而竞争"在较大程度上表现为地方政府之间为增长而展开财政竞争。当然，在社会生产性要素及资源是有限的或稀缺的前提下，地方政府之间必然利用财税工具为争夺资本、劳动力等各类稀缺的流动性生产要素而展开财政竞争，进而实现本地区经济快速增长的目标。从地方政府之间通过财政竞争吸引各类生产要素流入从而推动当地经济增长的路径来看，地方政府既可以通过财政竞争吸引各类生产要素流入并采取以增加资本等要素投入为主的粗放式增长模式推动当地经济增长，也可以通过财政竞争吸引各类生产要素流入并采取以调整产业结构、促进产业结构转型升级为主的增长模式释放结构红利来推动当地经济可持续增长。显然，相对于调结构、促转型升级为主的增长模式，以增加资本等要素投入为主的粗放式增长模式虽然在长期可持续性较差，但在短期内实施成本和面临的风险相对更低，而且短期经济增长成效也相对更明显。因此，在以官员有限任期制为重要特征的干部人事管理制度下，地方政府官员自然更倾向于选择以增加资本等要素投入为主的粗放式增长模式，以期在有限的任期内快速推动当地的经济增长。

在中国改革开放以来长期的经济发展实践中，地方政府主导的这种以增加资本等要素投入为主的粗放式增长模式虽然极大地推动了中国经济的快速

---

① 郁建兴和徐越倩（2004）将"地方发展型政府"定义为发展中国家在向现代工业社会转变的过程中，以推动经济发展为主要目标，以长期担当经济发展的主体力量为主要方式，以经济增长作为政治合法性主要来源的政府模式。

增长，但同时也带来了诸如可持续发展动力不足、资源环境破坏严重等一系列问题。显然，传统的粗放式增长模式积弊越来越多、越来越严重，在很大程度上已经威胁到了经济的可持续健康增长。因此，转变经济增长方式迫在眉睫，《中华人民共和国国民经济和社会发展第十个五年计划纲要》首次提出经济结构战略性调整的重要战略任务，而经济结构战略性调整的重点在于推动产业结构升级①。值得注意的是，自党的十六大以来，历届中央政府反复强调并要求加快推进产业结构转型升级。在这一战略的引领下，在以相对绩效考核为主的政绩考核机制下，地方政府自然会纵向跟进并积极响应，希望能在产业结构转型升级方面有所突破创新并取得突出的政绩，为自身积累晋升资本（黄亮雄等，2015）。因此，如果某些地区跟随中央产业政策的指引，以增长速度较快的重点产业为突破口推进产业结构升级来加快经济可持续增长，其他地区必然也会纷纷效仿，由此形成了地方政府之间在产业结构升级中的区域互动与横向竞争（黄亮雄等，2015）。

事实上，地区间在产业结构升级中的区际互动与横向竞争不仅因地方政府面临的政治晋升激励而存在，也因地方政府具备了相应的权力、政策工具、信息等客观事实而存在。首先，经过长期的经济发展，中国各地区的经济结构包括产业结构具有较大的可比性和相似性。其次，中国实行的是分权治理体制，地方政府拥有较大的地方经济社会事务治理权力和相应的资源、手段，这意味着地方政府可以动用其拥有的财税、信贷等政策工具或手段影响当地的产业结构。再次，在分权治理体制下，相对于中央政府，地方政府对本地区的资源禀赋、经济社会环境等影响产业结构升级的因素或条件更为了解。最后，随着市场化、信息化以及区际政治、经济、社会交往等的日益深入，各地方政府获取其他地区产业结构调整信息的途径越来越便利，获取的信息量也越来越充分。基于以上客观事实，各地方政府在政治晋升的激励下，能够独立地基于自己所掌握的各类信息，运用财税工具等手段推进地区产业结构升级和经济增长，以期取得突出的政绩。这样，从财税政策与工具作为政府干预经济增长的重要手段来看，地方政府之间为经济增长而进行财政竞争在政治晋升的激励下就表现为地方政府之间为产业结构升级而进行财政竞争。

---

① 国务院原总理朱镕基在第九届全国人民代表大会第四次会议上所作的《关于国民经济和社会发展第十个五年计划纲要的报告》中强调：产业结构调整和升级，是经济结构战略性调整的重点。

从表现形式来看，地方财政竞争是地方政府之间在税收与财政支出方面的横向策略互动，即地区间的财政收支行为是相互影响的，一个地区的财政收支总量或结构发生变动可能会导致其他地区的财政收支总量或结构也发生相应的变动。基于这一推断，一个地区利用财政收支手段与政策推进产业结构升级也会导致其他地区也采取相应手段与政策推进产业结构升级。但由于地区间可能在财政竞争实力上存在差距，因此处于财政竞争优势的地区更容易通过财税政策与工具引导生产要素跨产业部门、跨区域再配置，进而推进该地区的产业结构升级。

因此，本书从以上基本逻辑思路出发，考察地方财政竞争对产业结构升级的影响机理。为了更形象地说明"中国式分权"体制下财政竞争对产业结构升级的影响机理的基本逻辑与思路，本书绘制了相关的基本逻辑框架图，如图1-1所示。

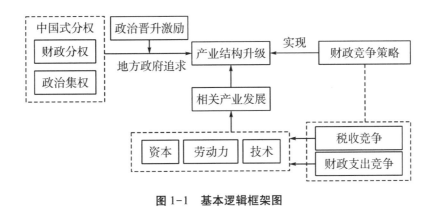

图1-1　基本逻辑框架图

二、地方税收竞争对产业结构升级的影响机理

地方政府之间为推进产业结构升级、促进经济增长，纷纷以谋求并实施各类税收优惠政策的方式展开税收竞争，降低相关产业部门的实际税收负担，影响资本、劳动力等各类生产要素在各产业部门间和区域间的再配置，进而刺激需要鼓励发展的产业或需要重点发展的产业扩张，促进产业结构的调整。结合相关产业税收理论，地方税收竞争使地方出台的相关产业税收优惠政策能够改变行业间的相对收益率并通过规模效应和替代效应促进产业结构升级（储德银和建克成，2014）。地方政府进行税收竞争的直接目的是吸引各类流

动性生产要素，但从中国地方税收竞争的历史演变来看，地方政府进行税收
竞争最主要的目的是争夺流动性资本。基于这一考虑，本书主要从资本投资
与产业产出（产量）的规模效应和替代效应两个层面阐释地方税收竞争对产
业结构升级的影响机理。

（一）地方税收竞争对产业结构升级的影响：规模效应

在地方税收竞争格局下，地方政府出于扶持相关产业的需要而相应实施
的税收优惠政策有利于受扶持产业的资本投资增加以及产出规模扩张，进而
影响产业结构升级。也就是说，地方税收竞争能够通过税收对资本投资以及
产业产出（产量）的规模效应对产业结构升级施加影响。

图 1-2 显示的是地方政府在地方税收竞争中对某一需要鼓励发展的产业
或需要重点发展的产业实施资本投资的税收优惠影响该产业资本投资规模，
进而影响该产业发展的演变过程。

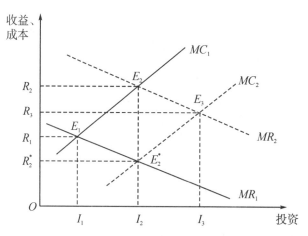

图 1-2　地方税收竞争的产业资本投资规模效应

对于追逐私人利益最大化的资本所有者来说，其选择对某一产业进行投
资的最优投资水平由资本投资的边际收益与资本投资的边际成本相等的原则
来决定。一般而言，假设资本所有者对某一产业进行投资的边际收益曲线为
MR，且向右下方倾斜，反映了该产业的投资规模越大（小），资本所有者从
新增投资中获得的收益越低（高）。此外，假设资本所有者对该产业进行投资
的边际成本曲线为 MC，且向右上方倾斜，反映了该产业的投资规模越大
（小），资本所有者为新增投资所支付的成本越高（低）。

假设某一产业为代表产业转型升级方向，并且是受到中央政府鼓励和支持的重点产业。在地方政府不利用税收优惠方式干预该产业发展的初始状态下，资本所有者对该产业进行投资时面对的边际收益曲线为 MR_1、边际成本曲线为 MC_1，两者的交点 E_1 点为资本所有者按照边际收益与边际成本相等原则对该产业进行投资决策时所实现的均衡水平。其对应的边际收益与边际成本均为 R_1，均衡投资规模为 I_1。

在中国式分权体制下，地方政府均面对着调整产业结构、推进产业结构升级的政治晋升激励。现假设某一地方政府对投资该产业的资本给予税收优惠（既可以是降低资本承担的整体税负，也可以是降低资本承担的某种税的税负），从税收优惠的直接目的看，既可以采取提高资本投资收益的税收优惠方式，也可以采取降低资本投资成本的税收优惠方式，甚至还可以同时采取提高资本投资收益以及降低资本投资成本的综合税收优惠方式。首先，分析该地方政府采取提高资本投资收益的税收优惠方式促进该产业发展的机理。提高资本投资收益的税收优惠方式会使各地区资本或外部经济体的资本（如FDI）在逐利动机的驱使下增加对该地区该产业的投资规模。图 1-2 可以清楚地呈现这一点。提高资本投资收益的税收优惠方式会使资本投资的边际收益曲线 MR_1 向右上方移动到 MR_2，而边际成本曲线位置不变，仍为 MC_1。现在实施税收优惠后的资本投资的边际收益曲线 MR_2 与边际成本曲线 MC_1 的交点为新的均衡点 E_2。其对应的边际收益与边际成本均为 R_2，均衡投资规模为 I_2，显然 I_2 大于 I_1。这说明地方政府采取提高资本投资收益的税收优惠方式使得该产业的资本投资规模扩大，进而促进了该产业发展。其次，分析该地方政府采取降低资本投资成本的税收优惠方式促进该产业发展的机理。从图 1-2 可以看出，降低资本投资成本的税收优惠方式会使资本投资的边际成本曲线 MC_1 向右下方移动到 MC_2，而边际收益曲线位置不变，仍为 MR_1。现在资本投资的边际收益曲线 MR_1 与边际成本曲线 MC_2 的交点为新的均衡点 E_2^*。其对应的边际收益与边际成本均为 R_2^*，均衡投资规模为 I_2，显然 I_2 大于 I_1。这说明地方政府采取降低资本投资成本的税收优惠方式也使得该产业的资本投资规模扩大，进而促进了该产业发展。最后，分析该地方政府同时采取提高资本投资收益及降低资本投资成本的综合税收优惠方式促进该产业发展的机理。从图 1-2 中可以看出，提高资本投资收益的税收优惠方式会使资本投

资的边际收益曲线 MR_1 向右上方移动到 MR_2，而降低资本投资成本的税收优惠方式会使资本投资的边际成本曲线 MC_1 向右下方移动到 MC_2。现在资本投资的边际收益曲线 MR_2 与边际成本曲线 MC_2 的交点为新的均衡点 E_3。其对应的边际收益与边际成本均为 R_3，均衡投资规模为 I_3，显然 I_3 大于 I_1。这说明地方政府同时采取提高资本投资收益以及降低资本投资成本的综合税收优惠方式同样也使得该产业的资本投资规模扩大，进而促进了该产业发展。

　　图 1-3 显示的是某一地方政府在地方税收竞争中对某一需要鼓励发展的产业或需要重点发展的产业实施税收优惠影响该产业产出规模，进而影响该产业发展的演变过程。

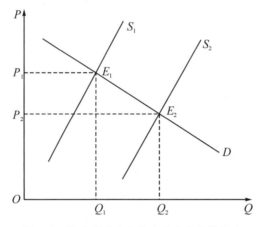

图 1-3　地方税收竞争的产业产出规模效应

　　假设消费者面对的该产业的需求曲线为 D，向右下方倾斜；假设该产业的供给曲线为 S，向右上方倾斜，如图 1-3 中的 S_1 和 S_2。在地方政府不干预该产业发展的初始状态下，行业供求平衡的均衡点为 E_1 点。其对应的均衡价格为 P_1，均衡数量为 Q_1。现假设某地方政府对该产业的生产者给予税收优惠（既可以是降低产业承担的整体税负，也可以是降低产业承担的某种税的税负），这样将降低该产业生产者的产品供给成本，促使其他地区的资本或外部经济体的资本（如 FDI）等生产要素向该地区该产业转移。生产要素的增加将推动该产业的供给曲线由初始状态下的 S_1 右移至 S_2，与需求曲线的交点为新的均衡点 E_2 点，其对应的均衡价格为 P_2，均衡数量为 Q_2。该产业的产出规模由 Q_1 扩大到 Q_2。也就是说，该地方政府通过实施相应的产业税收优惠，促进了该地区该产业的发展。

（二）地方税收竞争对产业结构升级的影响：替代效应

地方政府之间的产业税收竞争激励地方政府实施相关产业税收优惠将改变不同产业之间资本等生产要素的相对收益，引起其他产业的资本等生产要素向需要鼓励发展或需要重点发展的受扶持产业转移，进而影响产业结构升级。也就是说，地方税收竞争能够通过税收对资本投资以及产业产出（产量）的产业替代效应，对产业结构升级施加影响。

图1-4显示的是地方政府在地方税收竞争中对某一需要鼓励发展的产业或需要重点发展的产业实施资本投资的税收优惠影响不同产业间资本投资的替代或转移，进而影响产业发展的演变过程。

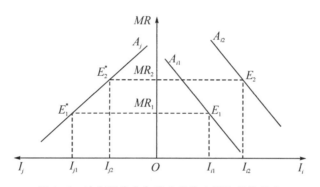

图1-4　地方税收竞争的产业资本投资替代效应

首先，假设经济体中只有两个产业，分别是产业i和产业j，资本所有者将其所有的有限资本在两个产业之间进行投资配置，对产业i的投资规模为I_i，对产业j的投资规模为I_j。在图1-4中，A_{i1}和A_{i2}为资本对产业i投资的边际收益曲线，A_j为资本对产业j投资的边际收益曲线，并且三条投资的边际收益曲线的倾斜方向符合投资的边际收益递减规律。其次，假设产业j属于低附加值、低技术水平的粗放型产业，不符合经济转型方向，而产业i属于高附加值、高技术水平的集约型产业，符合经济转型方向，是需要鼓励发展和重点发展的产业。最后，假设资本在各产业之间的流动不受限制且流动成本为零。这意味着资本所有者只需根据各产业投资的相对收益率自主确定投资于哪些产业及相应的投资规模。

在以上假设条件下，我们可以自然推断出资本在各产业之间流动和配置达到均衡状态时，资本对各产业进行投资的边际收益率相等。在图 1-4 中，当各地方政府不对产业发展进行财政干预时，在均衡状态下，资本所有者对产业 i 的投资规模为 I_{i1}，对产业 j 的投资规模为 I_{j1}，此时两个产业的资本投资边际收益率均为 MR_1。

假设在政治晋升利益的激励下，某一地方政府响应中央产业结构调整号召，在中央产业政策及产业发展战略指引下，对产业 i 的资本投资收益给予税收优惠，而对产业 j 的资本投资收益正常征税。那么产业 i 的资本投资边际收益率将会提高。在图 1-4 中，产业 i 的资本投资边际收益曲线将由 A_{i1} 向右上方移动到 A_{i2}，而产业 j 的资本投资边际收益率保持不变。在图 1-4 中，产业 j 的资本投资边际收益曲线仍为 A_j。由于该地方政府实施差异化的产业资本投资税收优惠，因此产业 i 的资本投资边际收益率高于产业 j，这样资本所有者将减少对产业 j 的投资，并增加对产业 i 的投资。这种产业间资本配置的调整一直持续到两个产业的资本投资边际收益率再次相等为止。在图 1-4 中，地方政府实施差异化的产业资本投资税收优惠后，产业 i 的资本投资规模由 I_{i1} 增加到 I_{i2}，产业 j 的资本投资规模由 I_{j1} 减少到 I_{j2}，这样就形成了产业 i 的资本投资对产业 j 的替代，进而实现了产业 i 的规模扩张和产业 j 的规模萎缩，从而有利于当地产业结构升级。

图 1-5 显示的是地方政府在地方税收竞争中对某一需要鼓励发展的产业或需要重点发展的产业实施税收优惠影响不同产业间产出需求的替代，进而影响产业发展的演变过程。

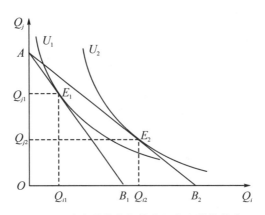

图 1-5 地方税收竞争的产业产出替代效应

首先，仍然假设经济中只有两个产业，分别是产业 i 和产业 j，产业 i 生产的商品为商品 i，产业 j 生产的商品为商品 j，这样消费者面对的商品消费集就仅包含商品 i 和商品 j。其次，仍然假设产业 j 属于低附加值、低技术水平的粗放型产业，不符合经济转型方向，而产业 i 属于高附加值、高技术水平的集约型产业，符合经济转型方向，是需要鼓励发展和重点发展的产业。在图 1-5 中，横轴表示消费者对商品 i 的需求量，纵轴表示消费者对商品 j 的需求量；AB_1、AB_2 为消费者面对不同价格集时的预算约束线；U_1、U_2 是一束代表消费者消费两种商品的效用相同的无差异曲线，显然存在 $U_1 < U_2$。假设在初始状态下，地方政府不实施产业税收优惠，此时消费者的预算约束线为 AB_1，与无差异曲线 U_1 相切于 E_1 点，E_1 点所代表的消费者对商品 i 和商品 j 的消费组合（Q_{i1}，Q_{j1}）让消费者实现了个人效用最大化。现在假设某地方政府为了响应国家产业政策，对产业 i 实施税收优惠，而对产业 j 正常征税。这样，商品 i 的价格将会下降，商品 j 的价格保持不变。此时，因为商品 i 的价格相对商品 j 的价格更便宜，那么消费者的预算约束线将由 AB_1 旋转至 AB_2，且与无差异曲线 U_2 相切于 E_2 点。E_2 点所代表的消费者对商品 i 和商品 j 的消费组合（Q_{i2}，Q_{j2}）让消费者实现了个人效用最大化。对比 Q_{i1} 和 Q_{i2} 可以发现，由于受产业 i 税收优惠政策的影响，消费者会用相对价格更便宜的商品 i 来替代商品 j，增加对商品 i 的消费，减少对商品 j 的消费，由此诱导各类生产要素从产业 j 向产业 i 转移，进而改变两个产业之间的产量比重，促使该地区产业结构的调整。

综合上述分析可知，当某一地方政府实施税收优惠而其他地区不采取相似行动时，资本等生产要素将会跨区域、跨产业向该地区的该产业转移和再配置，并在资本投资、产业产出等方面的规模效应与替代效应的共同促进作用下，推动当地相关产业的发展以及产业结构的调整与升级。

由于地方政府之间存在着政治晋升利益的影响与竞争，该地区为推进当地产业结构升级而实施相关的产业税收优惠改变了不同地区间资本等生产要素的相对收益，使得该地区的资本等生产要素相对于其他地区能够获取更高的收益，进而可能会导致其他地区的资本等生产要素向该地区转移。这种流动性生产要素的跨区域转移或流动不仅给其他地区经济增长带来了负面影响，此外也给其他地区带来了产业结构调整的压力，因此会损害其他地区的利益，引起其他地区的横向跟进。其他地区也将实施相似的或力度更大的产业税收优惠，进而也促进了当地相关产业的资本投资规模以及产出规模的扩大，进一步推动了当地的产业结构调整。

这种地方政府之间相似的产业税收优惠的区际横向互动，即区际产业税收竞争，即使不能改变区域间资本等生产要素的相对收益并吸引区外生产要素的流入，但至少改变了各地区内部不同产业间生产要素的相对收益，从而导致各地区内部生产要素从一般产业向能享受税收优惠的产业转移，促进了各地区相关受支持产业的发展。因此，这种资本等流动性生产要素因区域间产业税收竞争而在不同区域之间、不同产业之间的流动和再配置必然推动各地区产业结构的调整与升级。

与此同时，地区间为本地利益而展开争夺资本等流动性生产要素的税收竞争可能会因地区间实际税率"奔向底部"而致使地方财政收入或税收收入减少。大量的理论研究与实证考察均发现，产业结构升级不仅受税收优惠政策的影响，同时也受政府提供公共产品能力的影响。在中国分税制财政体制下，地方政府的财政支出规模主要由地方财政收入水平或税收收入水平决定。由于地方税收竞争可能会使地方财政收入或税收收入减少，因此迫于财政压力，地方财政支出的规模也可能相应缩小，这样会影响地方政府提供公共产品的能力，进而对地区产业结构调整与升级产生不利影响。尤其是当前以国内生产总值增长为核心的政绩考核机制更可能导致地方政府执政目标为实现短期经济增长，而非推进产业结构升级，那么地方政府为短期经济利益必然展开招商引资竞争，并重点发展投资规模大、短期见效快却不一定符合经济转型要求的产业，这种看似"理性"的竞争行为同样也不利于产业结构升级。

三、财政支出竞争对产业结构升级的影响机理

在财税激励和政治晋升激励的双重激励导向下，地方政府之间为推进产业结构升级，促进经济增长，除了可以选择实施税收竞争手段外，还可以利用财政支出工具展开财政支出竞争。具体来说，地方政府可以通过调控财政支出总量（规模）和结构，引导各类生产要素向着需要鼓励发展和重点发展的产业转移和再配置，为当地产业结构升级提供财政支持。

产业结构升级实质上是资本、劳动力等各类生产要素在产业发展过程中不断积累并在不同产业之间得到优化配置，进而推动产业层次和产业经济效

率不断提升的过程。因此，产业发展和产业结构升级首先就需要资本等生产要素的支撑。从地方财政支出竞争导致地方政府扩大财政支出总量或规模来看，地方政府出于扶持需要鼓励发展和重点发展的产业的考虑，增加对这些产业发展的资金支持。在财政支出乘数的作用下和财政支出对民间投资的"挤入效应"的作用下，这些需要鼓励发展和重点发展的产业将得以实现快速成长和扩张，从而促进产业结构向着优化升级的方向演进。但是，基于财政支出总量或规模的视角只能从整体层面说明地方财政支出竞争（总支出竞争）能够促进产业结构升级，却难以从财政支出结构视角明晰不同类型的地方财政支出竞争对产业结构升级的影响机理。因此，为了更全面地分析地方财政支出竞争对产业结构升级的影响，本书按照财政支出与政府职能的关系对财政支出进行分类。在此基础上，本书将地方财政支出竞争划分为经济性支出竞争、民生性支出竞争和行政管理支出竞争三类，分别考察不同类型的财政支出竞争对产业结构升级的影响机理。

（一）经济性支出竞争对产业结构升级的影响机理

经济性支出是指政府为弥补市场失灵，提高资源配置效率和促进经济增长而用于同社会生产直接相关的支出，主要包括基础设施投资支出、对经济活动的补贴支出等。

从经济性支出的特性来看，经济性支出，尤其是其中的基础设施投资支出不仅可以直接通过投资乘数效应拉动经济增长，而且还可以作为生产要素直接进入企业的生产函数并表现出生产性的特征，因此其带来的经济效应远大于社会效应（Aschauer，1989；Qian & Roland，1998）。正因为如此，在地方政府之间以基础设施投资支出为重要工具的经济性支出竞争中，地方政府扩大经济性支出规模能够弥补一些投资规模大、投资周期长的基础产业和基础设施由私人部门投资出现市场失灵的问题，提高了当地的资本存量水平，缓解或消除了有利于其他产业发展的基础产业和基础设施供给不足的瓶颈，而且这种硬件设施和投资环境的改善进一步增强了对资本、劳动力等各类生产要素的吸引力，从而能有力地促进当地相关产业的发展并支撑当地产业结构的升级。

此外，经济性支出中的财政补贴支出也是各级政府用于支持相关产业发展、推进产业结构升级的重要手段。因此，地方财政补贴支出竞争对产业结构升级也具有重要影响。

在中央政府制定的产业政策与产业发展规划指引下，地方政府可以竞相对需要扶持的产业，如高新技术制造业、生产性服务业等进行补贴，形成所谓的财政补贴支出竞争。当然，财政补贴支出的受益对象既可以是生产者，也可以是消费者。从财政竞争的直接目的是争夺和吸引资本等流动性生产要素这一角度来看，地方政府在财政补贴支出竞争中更倾向于，同时也更常见的是对生产者进行补贴。因此，这里以对高新技术产业进行补贴为例，主要分析地方政府对高新技术产业的生产者进行补贴而形成的地区间财政补贴支出竞争的产业效应。地方政府对产业生产者进行财政补贴与实施税收优惠这两种方式对受扶持产业的影响机理相似，关于税收优惠对受扶持产业的影响机理前文已有详细分析，为了避免重复，这里仅从产业资本投资规模扩张影响产业发展的视角分析财政补贴支出竞争对高新技术产业的资本投资规模效应以及从消费者对产业产出需求增加影响产业发展的视角分析财政补贴支出竞争对高新技术产业的产出需求的增加效应。

图 1-6 呈现了财政补贴支出竞争如何影响高新技术产业的资本投资规模。在图 1-6 中，E_1 点表示地方政府不干预产业发展的初始状态下高新技术产业投资按照私人边际收益与边际成本相等原则所实现的均衡水平，其对应的边际收益为 MR_1，均衡投资数量为 I_1。现假设某一地方政府对高新技术产业的生产者进行补贴，这样该产业的私人边际收益将会增加，此时私人边际收益曲线将会由 MPR_1 向上移动到 MPR_2。按照私人边际收益与边际成本相等原则所确定的最优投资水平提高到 I_2。上述分析说明，地方政府进行产业补贴竞争能够加快被补贴产业的投资规模扩大，进而促进受扶持产业的产出增加。

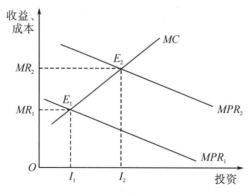

图 1-6 财政补贴支出竞争下高新技术产业资本投资规模扩大

图 1-7 呈现了财政补贴支出竞争如何影响高新技术产业的产出需求增加。首先，假设经济中只有两个产业，分别是产业 i 和产业 j，产业 i 生产的商品为商品 i，产业 j 生产的商品为商品 j，这样消费者面对的商品消费集就仅包含商品 i 和商品 j。其次，仍然假设产业 j 为一般产业，而产业 i 为高新技术产业，符合经济转型方向，是需要鼓励发展和重点发展的产业。在图 1-7 中，横轴表示消费者对商品 i 的需求量，纵轴表示消费者对商品 j 的需求量；AB_1、AB_2 为消费者面对不同价格集时的预算约束线；U_1、U_2 为消费者消费两种商品的效用相同的无差异曲线。假设在初始状态下，地方政府不干预产业发展，此时消费者的预算约束线为 AB_1，与无差异曲线 U_1 相切于 E_1 点，E_1 点所代表的消费者对商品 i 和商品 j 的消费组合（Q_{i1}，Q_{j1}）让消费者实现了个人效用最大化。现在假设某一地方政府为了响应国家产业政策，对高新技术产业 i 的生产者进行财政补贴，而对产业 j 不进行补贴，这样高新技术产业所生产的商品 i 因补贴带来的成本降低而导致价格下降，商品 j 的价格保持不变。此时，因为商品 i 的价格相对商品 j 的价格更便宜，那么消费者的预算约束线将由 AB_1 旋转至 AB_2，且与无差异曲线 U_2 相切于 E_2 点，E_2 点所代表的消费者对商品 i 和商品 j 的消费组合（Q_{i2}，Q_{j2}）让消费者实现了个人效用最大化。对比 Q_{i1} 和 Q_{i2} 可以发现，由于受地方政府财政补贴的影响，消费者增加对商品 i 的消费，减少对商品 j 的消费。因此，消费者对高新技术产业产出需求的增加带动了高新技术产业的发展，并促使该地区产业结构进一步调整。

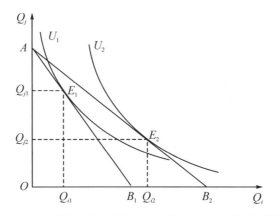

图 1-7　财政补贴支出竞争下高新技术产业产出需求增加

这样，当某一地方政府对高新技术产业进行补贴而其他地区不采取相似行动时，资本等生产要素将会跨区域、跨产业向该地区的高新技术产业转移，推动当地高新技术产业的发展以及产业结构的调整与升级。由于地方政府之间存在着政治晋升利益的影响与竞争，该地区为推进当地产业结构升级而对高新技术产业生产者进行补贴会引起其他地区的横向跟进，进而也促进了其他地区高新技术产业的发展以及产业结构调整。

以上从基础设施投资支出竞争与财政补贴支出竞争两个方面分析了地方财政经济性支出竞争有助于推进产业结构升级。但是，在地方政府间展开支出竞争的过程中，如果经济性支出超过了合理的规模也会产生诸多严重问题。一是过多的经济性支出意味着地方政府提高了对经济活动的干预广度和深度，不利于发挥市场机制在资源配置中的基础性决定作用，进而可能造成资源配置的扭曲，比如不少文献发现财政补贴支出往往缺乏效率，可能会产生逆向激励，因而在很多情形下并不能提高企业绩效和促进企业发展（Feldstein，2009；安同良等，2009；Russo 等，2011；邵敏和包群，2012；任曙明和张静，2013）；二是过多的政府投资可能会对私人投资产生"挤出效应"，影响到了私人投资的积极性；三是过多的经济性支出挤压了教科文卫等民生性支出，降低了地区人力资本积累，抑制了科技创新的步伐；四是过多的经济性支出会导致地区间基础设施与相关产业的同构，出现重复建设与产能过剩问题，甚至加重地方政府的财政压力，可能会使地方政府产生严重的债务危机，并威胁到金融稳定和经济稳定。因此，过度的经济性支出竞争会产生一系列严重问题，进而会阻碍地区产业结构升级。

（二）民生性支出竞争对产业结构升级的影响机理

财政民生性支出一般是指政府用于教科文卫以及社会保障等方面的支出，主要功能在于保障和改善民生，增进社会福祉。随着时代的发展和中央对民生问题的高度关切，地方政府在民生性支出方面也存在着竞争，而且这种民生性支出竞争在惠及民生的同时，也能从供给侧通过提高人力资本水平、促进技术进步以及从需求侧通过提高民众可支配收入水平共同推进产业结构升级，有助于产业结构向高端化、高附加值、知识技术密集型的方向迈进。

首先，民生性支出竞争有利于提高人力资本水平或劳动力综合素质，而人力资本水平或劳动力综合素质的提高有助于打破产业结构升级的高素质劳动力供给约束，为推进产业结构升级提供了坚实的高素质劳动力供给支撑。

具体来看，一方面，地方政府在民生性支出竞争中加大对各级各类教育的支出力度有助于提高人们的教育水平和教育普及率，进而有利于增加全社会的人力资本存量以及提高劳动力的综合素质，极大地增强了产业结构升级的内在动力（Hausmann 等，2007；靳卫东，2010；王健和李佳，2013；张阳和姜学民，2016）。另一方面，地方政府在民生性支出竞争中增加医疗卫生方面的支出有利于改善劳动力的健康状况，提高全社会的健康人力资本水平，这也为产业结构升级提供了坚实的支撑。

其次，民生性支出竞争，尤其是科技支出竞争有利于提升私人部门的科技创新能力并促进社会技术进步。虽然私人部门应该是科技创新的主体，但是由于科技创新活动具有较高的风险性，并且科技创新成果具有较强的正外部性，因此科技创新如果完全交由市场来解决，将无法调动私人部门经济主体的积极性。这是无法实现科技资源的配置达到帕累托最优状态的。然而，科技创新与社会技术进步是推进产业结构升级的核心动力。因此，如果地方政府进行以增加科技支出为形式的支出竞争，有助于打破产业结构升级的技术瓶颈制约，为推进产业结构升级提供了坚实的技术要素支撑。

最后，民生性支出竞争有利于提高居民的实际收入水平，而实际收入水平的提高提升了居民的消费结构层次，居民对高层次商品与服务的需求又进一步引导了产业结构升级。具体而言，一方面，如前所述，用于改善民生的教育、医疗卫生等支出竞争有利于提高人力资本水平，而人力资本水平与收入水平呈正相关关系（Mincer，1958；吕娜和邹薇，2015）。另一方面，民生性支出中的社会保障支出竞争通过养老金、社会救济、各种政策性生活补贴等形式增加了居民的实际可支配收入。此外，教育、医疗卫生、文体传媒等民生性支出竞争降低了居民对科教文卫等公共服务的消费成本，变相增加了居民对其他私人产品的实际购买力。因此，民生性支出竞争通过提高居民的实际收入水平增加了他们对高层次商品与服务的需求，由此推动产业结构向高层次迈进。

（三）行政管理支出竞争对产业结构升级的影响机理

一方面，行政管理支出竞争有利于产业结构升级。行政管理支出是财政用于政府正常行使其职能，为私人部门提供一般公共服务的必要支出。在适度的行政管理支出竞争中，地方政府将行政管理支出控制在较为合理的增长范围内，有利于提高政府运作效率，弥补市场失灵，维护市场公平正义，为私人部门经济活动创造良好的制度环境，进而激发市场主体活力，促进资源的高效配置，推动企业和产业的快速发展，为产业结构升级营造了优良的市场环境。

另一方面，行政管理支出竞争对产业结构升级也具有抑制效应。行政管理支出是一种非生产性的纯消耗支出，在过度的行政管理支出竞争中，地方政府将过多的财力用于行政管理支出意味着政府规模的过快膨胀和对市场的过多干预。其负面效应体现在以下几个方面：一是扭曲市场机制正常发挥作用，降低社会资源的配置效率；二是容易增加市场经济主体的税费负担，降低其进行生产投资和技术创新的积极性；三是扭曲财政支出结构，挤占了本应该用于经济建设的经济性支出或改善民生的民生性支出。因此，过度的行政管理支出竞争会抑制或阻碍产业结构升级。

第二章 | **中国地方财政竞争与产业结构的现状**

对中国地方财政竞争与产业结构升级关系的现状描述既是对理论机理分析的应答，又是支撑实证检验地方财政竞争对产业结构升级实际效应的前提，因此本章以地方财政竞争与产业结构升级的关系为切入点，系统解决以下几个问题：一是从税收竞争和财政支出竞争的二维层面以及总量与结构的双重视角系统描述中国区域间财政竞争强度，以求更清晰地了解中国区域间财政竞争的激烈状况；二是分析中国产业结构的演进及升级状况，以求对中国产业结构的整体变迁有一个较为清晰的认识；三是分析中国地方财政竞争影响产业结构升级的现状，以进一步支撑后文的实证检验。

第一节　中国地方财政竞争的现状

为了较为全面地衡量和描述地方财政竞争现状，本书将财政收入与支出相结合，分别从税收竞争和财政支出竞争两个层面构建反映地方财政竞争强度的测算指标，并据此描述地方税收竞争以及地方财政支出竞争的现状。

一、地方税收竞争的现状

（一）地方税收竞争强度的测度

当前学术界对如何测度税收竞争强度尚未达成一致。一些学者直接利用地方税收负担（包括广义角度的财政负担、狭义角度的税收负担、所得税负担、流转税负担、增值税负担、营业税负担、非税负担等）来衡量税收竞争。代表性学者包括沈坤荣和付文林（2006）、付文林和耿强（2011）、王凤荣和苗妙（2015）、刘清杰和任德孝（2017）、刘穷志（2017）等。傅勇和张晏（2007）以外资企业实际税负与各省外资企业实际税负的均值之比的倒数衡量地方税收竞争强度。在傅勇和张晏（2007）之后，大量的学者借鉴他们的相对值方法构建税收竞争强度指数，如方红生和张军（2009）、谢欣和李建军（2011）、张福进等（2014）、肖叶和贾鸿（2016）、陈博和倪志良（2016）、刘江会和王功宇（2017）、孔令池等（2017）均利用地区宏观税负（或企业所得税税负、增值税税负、营业税税负、资本有效税负等）与全国平均税负之比的倒数衡量地方税收竞争强度。本书也遵循这种思路，并参考谢欣和李建军（2011）的做法，基于税收总量与结构双重维度构建反映地方税收竞争强度的测度指标。其中，基于税收总量视角构建广义税收竞争强度指标、总税收竞争强度指标以及非税收入竞争强度指标，基于税收结构视角选择商品税的主体税种——增值税以及所得税的主体税种——企业所得税，构建增值税竞争强度指标和企业所得税竞争强度指标。下面给出了各类地方税收竞争强度指标的测度公式。

广义税收竞争强度指标的公式为 $GTCOMP_{it} = \dfrac{\dfrac{GT_t}{GDP_t}}{\dfrac{GT_{it}}{GDP_{it}}}$。其中，$GTCOMP_{it}$ 表

示地区 i 第 t 年的广义税收竞争强度，$\dfrac{GT_{it}}{GDP_{it}}$ 表示地区 i 第 t 年的实际广义税收

负担（用地区 i 第 t 年的一般预算收入与地区 i 第 t 年的地区生产总值的比值

表示），$\dfrac{GT_t}{GDP_t}$ 表示所有地区第 t 年的实际平均广义税收负担（用所有地区第 t

年的一般预算收入之和与所有地区第 t 年的地区生产总值之和的比值表示）。

总税收竞争强度指标的公式为 $TTCOMP_{it} = \dfrac{\dfrac{TT_t}{GDP_t}}{\dfrac{TT_{it}}{GDP_{it}}}$。其中，$TTCOMP_{it}$ 表示

地区 i 第 t 年的总税收竞争强度，$\dfrac{TT_{it}}{GDP_{it}}$ 表示地区 i 第 t 年的实际总税收负担（用地区 i 第 t 年的税收收入与地区 i 第 t 年的地区生产总值的比值表示），$\dfrac{TT_t}{GDP_t}$ 表示所有地区第 t 年的实际平均总税收负担（用所有地区第 t 年的税收收入之和与所有地区第 t 年的地区生产总值之和的比值表示）。

非税收入竞争强度指标的公式为 $NTCOMP_{it} = \dfrac{\dfrac{NT_t}{GDP_t}}{\dfrac{NT_{it}}{GDP_{it}}}$。其中，$NTCOMP_{it}$ 表

示地区 i 第 t 年的非税收入竞争强度，$\dfrac{NT_{it}}{GDP_{it}}$ 表示地区 i 第 t 年的实际非税收入负担（用地区 i 第 t 年的非税收入与地区 i 第 t 年的地区生产总值的比值表示），$\dfrac{NT_t}{GDP_t}$ 表示所有地区第 t 年的实际平均非税收入负担（用所有地区第 t 年的非税收入之和与所有地区第 t 年的地区生产总值之和的比值表示）。

增值税竞争强度指标的公式为 $VATCOMP_{it} = \dfrac{\dfrac{VAT_t}{GDP_t}}{\dfrac{VAT_{it}}{GDP_{it}}}$。其中，$VATCOMP_{it}$ 表

示地区 i 第 t 年的增值税竞争强度，$\dfrac{VAT_{it}}{GDP_{it}}$ 表示地区 i 第 t 年的实际增值税负担（用地区 i 第 t 年的增值税收入与地区 i 第 t 年的地区生产总值的比值表示），$\dfrac{VAT_t}{GDP_t}$ 表示所有地区第 t 年的实际平均增值税负担（用所有地区第 t 年的增值税收入之和与所有地区第 t 年的地区生产总值之和的比值表示）。

企业所得税竞争强度指标的公式为 $CITCOMP_{it} = \dfrac{\dfrac{CIT_t}{GDP_t}}{\dfrac{CIT_{it}}{GDP_{it}}}$。其中，

$CITCOMP_{it}$ 表示地区 i 第 t 年的企业所得税竞争强度，$\dfrac{CIT_{it}}{GDP_{it}}$ 表示地区 i 第 t 年

的实际企业所得税负担（用地区 i 第 t 年的企业所得税收入与地区 i 第 t 年的地区生产总值的比值表示），$\dfrac{CIT_t}{GDP_t}$ 表示所有地区第 t 年的实际平均企业所得税负担（用所有地区第 t 年的企业所得税收入之和与所有地区第 t 年的地区生产总值之和的比值表示）。

从上述各类税收竞争强度测度指标的公式可以看出，如果一个地区某类税的实际税负相对于所有地区该类税的实际平均税负越低，则该地区该类税的税收竞争强度越大，从而对相关流动性生产要素的吸引力也越大。反之，如果一个地区某类税的实际税负相对于所有地区该类税的实际平均税负越高，则该地区该类税的税收竞争强度越小，从而对相关流动性生产要素的吸引力也越小。

（二）地方税收竞争的现状描述

本书在上述构建的各类地方税收竞争强度测算指标的基础上，利用中国31 个省（自治区、直辖市）的各类财政收入和地区生产总值数据，测算了2003—2018 年地方税收竞争强度值[①]。其中，测算地方税收竞争强度值所使用的各类财政收入和地区生产总值数据来自历年《中国统计年鉴》以及《中国财政年鉴》。限于篇幅，本书仅呈现了上述地区部分年份的实际结果。

1. 地方广义税收竞争的现状描述

表 2-1 显示了基于地方一般预算收入占地区生产总值比值计算的 2003—2018 年地方广义税收竞争强度值。从表 2-1 中可以发现，不同省份、区域之间的地方广义税收竞争强度存在显著的差异，而且不同年份各地区的广义税收竞争强度也不一致。2003 年广义税收竞争强度较大的前五个省份分别为西藏（强度值为 1.60）、河北（强度值为 1.45）、河南（强度值为 1.43）、湖北（强度值为 1.29）、安徽（强度值为 1.25）。从区域角度来看[②]，广义税收竞

---

① 本书后续章节的实证分析均以 2003 年为起始年份，主要依据是 2002 年 11 月党的十六大报告首次明确指出：21 世纪头 20 年经济建设和改革的主要任务是完善社会主义市场经济体制，推动经济结构战略性调整，推进产业结构优化升级。这体现了中央政府考核目标的变化。因此，为了保持统一，这里对地方税收竞争强度以及财政支出竞争强度的测度也从 2003 年开始。

② 东部地区包括北京、天津、河北、辽宁、上海、江苏、浙江、福建、山东、广东和海南 11 个省级行政区。中部地区包括山西、吉林、黑龙江、安徽、江西、河南、湖北和湖南 8 个省级行政区。西部地区包括内蒙古、广西、重庆、四川、贵州、云南、西藏、陕西、甘肃、青海、宁夏和新疆 12 个省级行政区。

争强度前五强中，东部地区仅占据一席，中部地区占据三席、西部地区占据一席。2003年广义税收竞争强度较小的五个省份分别为上海（强度值为0.53）、北京（强度值为0.60）、云南（强度值为0.79）、贵州（强度值为0.81）、广东（强度值为0.85）。从区域角度来看，广义税收竞争强度后五名中，东部地区占据三席，西部地区占据两席。

2018年广义税收竞争强度较大的前五个省份分别为河南（强度值为1.42）、福建（强度值为1.38）、湖南（强度值为1.36）、湖北（强度值为1.36）、广西（强度值为1.25）。从区域角度来看，广义税收竞争强度前五强中，东部地区占据一席，中部地区占据三席，西部地区占据一席。2018年广义税收竞争强度较小的五个省份分别为上海（强度值为0.54）、北京（强度值为0.61）、天津（强度值为0.68）、海南（强度值为0.70）、西藏（强度值为0.72）。从区域角度来看，广义税收竞争强度后五名中，东部地区占据四席，西部地区仅占据一席。

表 2-1   2003—2018 年地方广义税收竞争强度值

地区	2003	2006	2009	2012	2013	2014	2015	2016	2017	2018
北京	0.60	0.57	0.54	0.57	0.59	0.59	0.56	0.56	0.56	0.61
天津	0.89	0.84	0.82	0.78	0.76	0.73	0.71	0.73	0.87	0.68
河北	1.45	1.45	1.44	1.35	1.35	1.33	1.29	1.26	1.14	0.99
山西	1.08	0.66	0.81	0.85	0.81	0.78	0.89	0.94	0.90	0.75
内蒙古	1.22	1.13	1.02	1.08	1.07	1.07	1.04	1.01	1.02	0.93
辽宁	0.95	0.89	0.85	0.85	0.89	0.99	1.55	1.13	1.06	0.96
吉林	1.22	1.37	1.33	1.21	1.23	1.27	1.31	1.31	1.33	0.97
黑龙江	1.15	1.26	1.19	1.25	1.23	1.28	1.49	1.50	1.38	1.07
上海	0.53	0.53	0.53	0.57	0.58	0.57	0.52	0.49	0.50	0.54
江苏	1.10	1.03	0.95	0.98	0.99	1.00	1.00	1.07	1.13	1.16
浙江	0.97	0.95	0.96	1.07	1.08	1.08	1.02	1.00	0.96	0.94
安徽	1.25	1.12	1.04	1.02	1.01	1.04	1.03	1.02	1.04	1.19
福建	1.15	1.10	1.17	1.18	1.12	1.13	1.17	1.21	1.24	1.38
江西	1.18	1.24	1.18	1.00	0.97	0.93	0.89	0.96	0.96	1.03
山东	1.19	1.27	1.38	1.31	1.32	1.31	1.31	1.30	1.29	1.10

表2-1（续）

地区	2003	2006	2009	2012	2013	2014	2015	2016	2017	2018
河南	1.43	1.43	1.54	1.54	1.45	1.41	1.41	1.44	1.41	1.42
湖北	1.29	1.26	1.42	1.29	1.23	1.18	1.13	1.18	1.18	1.36
湖南	1.22	1.26	1.38	1.32	1.32	1.32	1.32	1.31	1.33	1.36
广东	0.85	0.96	0.97	0.97	0.96	0.93	0.89	0.87	0.86	0.88
广西	0.98	1.09	1.12	1.18	1.19	1.22	1.27	1.32	1.24	1.25
海南	0.98	1.02	0.83	0.74	0.72	0.70	0.68	0.71	0.71	0.70
重庆	1.12	0.97	0.89	0.71	0.82	0.82	0.84	0.89	0.93	1.02
四川	1.12	1.12	1.08	1.04	1.03	1.03	1.03	1.09	1.12	1.17
贵州	0.81	0.81	0.84	0.72	0.73	0.75	0.80	0.84	0.91	0.95
云南	0.79	0.83	0.79	0.82	0.80	0.84	0.87	0.91	0.94	1.12
西藏	1.60	1.57	1.31	0.86	0.93	0.82	0.86	0.83	0.76	0.72
陕西	1.03	1.03	0.99	0.96	1.01	1.04	1.00	1.18	1.18	1.14
甘肃	1.13	1.27	1.05	1.15	1.13	1.13	1.05	1.02	0.99	1.00
青海	1.15	1.21	1.10	1.08	1.03	1.01	1.04	1.21	1.15	1.08
宁夏	1.05	0.93	1.08	0.94	0.91	0.90	0.90	0.91	0.89	0.86
新疆	1.04	1.09	0.98	0.87	0.81	0.80	0.80	0.83	0.80	0.90
平均	1.08	1.07	1.05	1.01	1.00	1.00	1.02	1.03	1.02	1.01

图 2-1 显示了 2003—2018 年全国广义税收竞争平均强度的变化趋势。从图 2-1 中可以看出，自 2003 年以来，广义税收竞争平均强度总体呈现出下降的趋势，反映了地区间的广义税收竞争强度不断减弱。其中，2003—2007 年，广义税收竞争平均强度变化趋势不明显，但 2007 年之后，广义税收竞争平均强度开始处于明显的下降过程，2015 年之后又出现了短暂的反弹，之后再次回落。

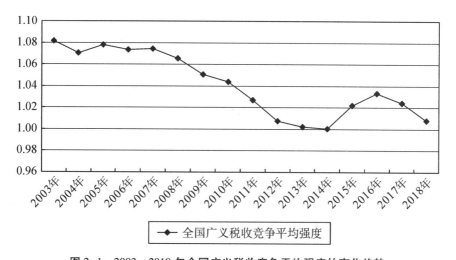

图 2-1　2003—2018 年全国广义税收竞争平均强度的变化趋势

注：每年的数值为该年 31 个省级行政区的广义税收竞争强度值的平均值。

2. 地方总税收竞争的现状描述

表 2-2 显示了基于地方税收收入总额占地区生产总值比值计算的 2003—2018 年地方总税收竞争强度值。从表 2-2 中可以发现，不同省份、区域之间的地方总税收竞争强度存在显著的差异，而且不同年份各地区的总税收竞争强度也不完全一致。2003 年总税收竞争强度较大的前五个省份分别为西藏（强度值为 1.68）、河北（强度值为 1.61）、河南（强度值为 1.54）、湖南（强度值为 1.48）、湖北（强度值为 1.37）。从区域角度来看，总税收竞争强度前五强中，东部地区占据一席，中部地区占据三席、西部地区占据一席。2003 年总税收竞争强度较小的五个省份分别为上海（强度值为 0.46）、北京（强度值为 0.50）、云南（强度值为 0.82）、广东（强度值为 0.85）、浙江（强度值为 0.85）。从区域角度来看，总税收竞争强度后五名中，东部地区占据四席，西部地区占据一席。

2018 年总税收竞争强度较大的前五个省份分别为河南（强度值为 1.56）、湖南（强度值为 1.54）、广西（强度值为 1.45）、福建（强度值为 1.44）、湖北（强度值为 1.42）。从区域角度来看，总税收竞争强度前五强中，东部地区占据一席，中部地区占据三席，西部地区占据一席。2018 年总税收竞争强度较小的五个省份分别为上海（强度值为 0.48）、北京（强度值为 0.55）、海南（强度值为 0.65）、天津（强度值为 0.68）、山西（强度值为 0.81）。从区域角度来看，总税收竞争强度后五名中，东部地区占据四席，中部地区占据一席。

表 2-2 2003—2018 年地方总税收竞争强度值

地区	2003	2006	2009	2012	2013	2014	2015	2016	2017	2018
北京	0.50	0.48	0.45	0.47	0.48	0.48	0.47	0.48	0.49	0.55
天津	0.86	0.82	0.88	0.96	0.94	0.91	0.91	0.91	0.93	0.68
河北	1.61	1.53	1.47	1.40	1.40	1.36	1.34	1.33	1.25	1.06
山西	1.15	0.93	0.91	0.95	0.95	0.97	1.05	1.04	0.90	0.81
内蒙古	1.33	1.20	1.21	1.16	1.18	1.23	1.17	1.13	1.01	0.96
辽宁	0.99	0.94	0.92	0.88	0.92	1.06	1.51	1.09	1.05	0.99
吉林	1.26	1.51	1.44	1.29	1.29	1.35	1.41	1.40	1.42	1.05
黑龙江	1.19	1.30	1.38	1.34	1.35	1.33	1.49	1.54	1.43	1.09
上海	0.46	0.45	0.45	0.48	0.49	0.48	0.45	0.42	0.42	0.48
江苏	1.07	0.99	0.93	0.93	0.94	0.94	0.92	0.98	1.07	1.07
浙江	0.85	0.84	0.83	0.88	0.90	0.90	0.89	0.86	0.85	0.86
安徽	1.32	1.24	1.14	1.08	1.07	1.06	1.06	1.09	1.11	1.30
福建	1.17	1.06	1.13	1.12	1.08	1.10	1.16	1.22	1.27	1.44
江西	1.35	1.46	1.27	1.09	1.04	0.98	0.96	1.04	1.07	1.13
山东	1.28	1.34	1.41	1.35	1.33	1.29	1.30	1.34	1.33	1.13
河南	1.54	1.67	1.70	1.65	1.55	1.55	1.53	1.55	1.55	1.56
湖北	1.37	1.39	1.51	1.38	1.31	1.26	1.23	1.28	1.28	1.42
湖南	1.48	1.52	1.65	1.64	1.61	1.62	1.64	1.69	1.56	1.54
广东	0.85	0.91	0.90	0.92	0.92	0.90	0.86	0.83	0.82	0.85
广西	1.14	1.33	1.33	1.40	1.40	1.38	1.41	1.47	1.42	1.45
海南	1.04	1.02	0.78	0.67	0.66	0.63	0.62	0.67	0.67	0.65
重庆	1.27	1.15	1.07	0.97	0.98	0.96	0.94	1.02	1.07	1.12
四川	1.24	1.19	1.14	1.07	1.07	1.07	1.11	1.17	1.23	1.26
贵州	0.91	0.91	0.90	0.83	0.82	0.78	0.81	0.87	0.93	1.01
云南	0.82	0.89	0.81	0.80	0.83	0.90	0.98	1.05	1.08	1.22
西藏	1.68	2.07	1.71	0.82	0.97	0.93	0.97	0.96	0.87	0.83
陕西	1.07	1.10	1.10	1.05	1.10	1.14	1.21	1.34	1.19	1.12
甘肃	1.15	1.30	1.38	1.33	1.29	1.21	1.11	1.14	1.11	1.10

表2-2（续）

地区	2003	2006	2009	2012	2013	2014	2015	2016	2017	2018
青海	1.18	1.24	1.10	1.06	1.03	1.00	1.02	1.21	1.16	1.11
宁夏	1.08	1.02	1.07	0.93	0.92	0.95	0.98	1.07	1.03	0.98
新疆	1.06	1.10	1.02	0.88	0.87	0.90	0.94	0.92	0.93	1.01
平均	1.14	1.16	1.13	1.06	1.05	1.05	1.08	1.10	1.08	1.06

图2-2 显示了2003—2018年全国总税收竞争平均强度的变化趋势。从图2-2中可以看出，自2003年以来，总税收竞争平均强度总体呈现出先上升后下降的趋势，反映了地区间的总税收竞争激烈程度并不稳定。其中，2003—2007年总税收竞争平均强度处于上升的趋势，说明这一时期地区间的总税收竞争越来越激烈。但2007年之后，总税收竞争平均强度开始表现出明显的下降，说明这一时期地区间的总税收竞争不断趋于缓和。2015年和2016年，地区间的总税收竞争激烈程度又开始上升。2017年之后，地区间的总税收竞争激烈程度又趋于下降。

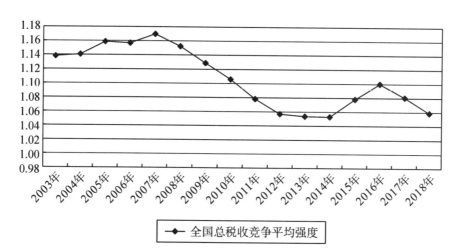

图2-2 2003—2018年全国总税收竞争平均强度的变化趋势

注：每年的数值为该年31个省级行政区的总税收竞争强度值的平均值。

3. 地方非税收入竞争强度的描述

表2-3显示了基于地方非税收入总额占地区生产总值比值计算的2003—2018年地方非税收入竞争强度值。从表2-3中可以发现，不同省份、区域之间的地方非税收入竞争强度同样存在显著的差异，而且不同年份各地区的非

税收入竞争强度也不完全一致。2003 年非税收入竞争强度较大的前五个省份分别为浙江（强度值为1.42）、上海（强度值为1.33）、江苏（强度值为1.29）、河南（强度值为1.19）、福建（强度值为1.15）。从区域角度来看，非税收入竞争强度前五强中，东部地区占据四席，中部地区占据一席。2003年非税收入竞争强度较小的五个省份分别为贵州（强度值为0.56）、云南（强度值为0.66）、广西（强度值为0.67）、湖南（强度值为0.67）、重庆（强度值为0.73）。从区域角度来看，非税收入竞争强度后五名中，中部地区占据一席，西部地区占据四席。

2018 年非税收入竞争强度较大的前五个省份分别为江苏（强度值为1.50）、福建（强度值为1.24）、湖北（强度值为1.23）、山东（强度值为1.22）、陕西（强度值为1.20）。从区域角度来看，非税收入竞争强度前五强中，东部地区占据三席，中部地区和西部地区各占据一席。2018 年非税收入竞争强度较小的前五个省份分别为天津（强度值为0.56）、新疆（强度值为0.64）、宁夏（强度值为0.65）、甘肃（强度值为0.72）、西藏（强度值为0.73）。从区域角度来看，非税收入竞争强度后五名中，东部地区占据一席，西部地区占据四席。

表 2-3 2003—2018 年地方非税收入竞争强度值

地区	2003	2006	2009	2012	2013	2014	2015	2016	2017	2018
北京	1.11	1.31	1.43	1.63	1.89	1.73	1.05	0.95	0.80	0.84
天津	1.02	0.81	0.69	0.61	0.49	0.53	0.54	0.51	0.55	0.56
河北	1.04	1.20	1.21	1.17	1.20	1.17	1.08	1.05	0.93	0.80
山西	0.85	0.27	0.44	0.47	0.42	0.34	0.48	0.82	0.97	0.85
内蒙古	1.04	1.05	0.69	0.84	0.82	0.77	0.95	1.08	0.94	0.79
辽宁	0.88	0.85	1.03	0.98	1.09	1.18	1.56	1.07	1.00	0.82
吉林	0.97	1.03	0.98	1.03	1.13	1.26	1.32	1.25	1.07	0.80
黑龙江	1.06	1.28	0.77	1.13	1.07	1.32	1.58	1.55	1.44	1.13
上海	1.33	1.44	1.12	1.20	1.36	1.40	1.01	0.91	1.02	1.01
江苏	1.29	1.29	1.31	1.31	1.34	1.36	1.33	1.27	1.27	1.50
浙江	1.42	1.39	1.55	2.45	2.41	2.45	1.41	1.31	1.34	1.17
安徽	1.04	0.76	0.77	0.91	0.93	0.97	0.96	1.00	0.96	1.02

表2-3(续)

地区	2003	2006	2009	2012	2013	2014	2015	2016	2017	2018
福建	1.15	1.30	1.50	1.48	1.42	1.49	1.40	1.32	1.25	1.24
江西	0.77	0.78	0.82	0.74	0.73	0.74	0.77	0.82	0.77	0.83
山东	1.01	1.14	1.26	1.36	1.47	1.59	1.57	1.42	1.47	1.22
河南	1.19	1.03	1.12	1.23	1.17	1.11	1.20	1.14	1.06	1.01
湖北	0.97	0.91	1.10	0.97	0.95	0.88	0.87	0.89	0.90	1.23
湖南	0.67	0.77	0.80	0.82	0.93	0.93	0.95	0.91	1.02	0.94
广东	0.99	1.25	1.34	1.07	1.04	0.93	0.92	0.85	0.87	0.95
广西	0.67	0.82	0.86	0.99	1.05	1.12	1.12	1.11	1.02	0.97
海南	0.93	1.24	1.27	1.37	1.27	1.18	1.05	0.91	0.89	1.07
重庆	0.73	0.61	0.48	0.39	0.45	0.51	0.63	0.68	0.79	0.75
四川	0.82	0.99	0.91	0.99	0.99	1.01	0.87	0.99	0.97	1.08
贵州	0.56	0.61	0.59	0.46	0.57	0.67	0.85	0.93	0.89	0.86
云南	0.66	0.74	0.63	0.75	0.58	0.55	0.57	0.64	0.71	0.89
西藏	0.88	0.70	0.64	0.93	0.84	0.69	0.95	0.75	0.55	0.73
陕西	1.14	1.15	0.84	0.70	0.71	0.77	0.69	0.98	1.12	1.20
甘肃	1.02	1.07	0.50	0.67	0.71	0.84	0.84	0.73	0.69	0.72
青海	1.14	1.02	0.92	0.91	0.90	1.01	1.04	1.28	1.30	1.07
宁夏	1.03	0.80	1.00	0.95	0.84	0.81	0.84	0.82	0.87	0.65
新疆	1.01	1.01	0.84	0.75	0.56	0.48	0.51	0.82	0.73	0.64
平均	0.98	0.99	0.95	1.01	1.01	1.03	1.00	0.99	0.97	0.95

　　图2-3显示了2003—2018年全国非税收入竞争平均强度的变化趋势。从图2-3中可以看出，自2003年以来，非税收入竞争平均强度表现出一定幅度的波动性，反映了地区间的非税收入竞争激烈程度并不稳定。2003—2009年，非税收入竞争平均强度大体处于震荡下行的趋势之中，说明这一时期地区间并未围绕非税收入展开激烈竞争。但是，2009—2011年，非税收入竞争平均强度出现了一个快速攀升的过程，显示该阶段地区间的非税收入竞争较为激烈。2011年之后，非税收入竞争平均强度总体维持震荡下行的趋势，特别是2014年之后，非税收入竞争强度出现了明显的快速下降的过程。

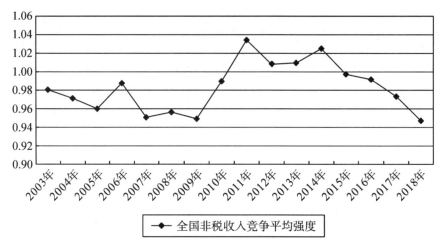

图 2-3　2003—2018 年全国非税收入竞争平均强度的变化趋势

注：每年的数值为该年 31 个省级行政区的非税收入竞争强度值的平均值。

4. 地方增值税竞争的现状描述

表 2-4 显示了基于地方增值税收入总额占地区生产总值比值计算的 2003—2018 年地方增值税竞争强度值。从表 2-4 中可以发现，不同省份、区域之间的地方增值税竞争强度同样存在显著的差异，而且不同年份各地区的增值税竞争强度也不完全一致。2003 年增值税竞争强度较大的前五个省份分别为西藏（强度值为 2.56）、湖南（强度值为 1.67）、江西（强度值为 1.58）、河南（强度值为 1.54）、海南（强度值为 1.46）。从区域角度来看，增值税竞争强度前五强中，东部地区占据一席，中部地区占据三席，西部地区占据一席。2003 年增值税竞争强度较小的五个省份分别为上海（强度值为 0.51）、山西（强度值为 0.72）、天津（强度值为 0.74）、浙江（强度值为 0.81）、云南（强度值为 0.85）。从区域角度来看，增值税竞争强度后五名中，东部地区占据三席，中部地区和西部地区各占据一席。

2018 年增值税竞争强度较大的前五个省份分别为河南（强度值为 1.67）、湖南（强度值为 1.57）、福建（强度值为 1.55）、湖北（强度值为 1.51）、广西（强度值为 1.41）。从区域角度来看，增值税竞争强度前五强中，东部地区占据一席，中部地区占据三席，西部地区占据一席。2018 年增值税竞争强度较小的五个省份分别为上海（强度值为 0.46）、西藏（强度值为 0.53）、北京（强度值为 0.62）、天津（强度值为 0.64）、山西（强度值为 0.77）。从区域角度来看，增值税竞争强度后五名中，东部地区占据三席，中部地区和西部地区各占据一席。

表 2-4 2003—2018 年地方增值税竞争强度值

地区	2003	2006	2009	2012	2013	2014	2015	2016	2017	2018
北京	0.86	0.95	0.85	0.67	0.45	0.47	0.45	0.51	0.56	0.62
天津	0.74	0.81	0.95	1.01	0.83	0.89	0.92	0.94	0.94	0.64
河北	1.31	1.10	1.13	1.24	1.45	1.35	1.32	1.30	1.24	1.08
山西	0.72	0.55	0.52	0.58	0.77	0.76	0.89	0.90	0.83	0.77
内蒙古	1.37	1.07	1.11	1.02	1.18	1.46	1.49	1.45	1.04	1.02
辽宁	0.91	0.94	1.16	1.34	1.43	1.40	1.40	1.00	0.99	0.95
吉林	1.13	1.22	1.37	1.36	1.42	1.41	1.46	1.33	1.34	1.04
黑龙江	0.90	0.86	1.03	1.10	1.24	1.27	1.63	1.63	1.48	1.13
上海	0.51	0.54	0.50	0.35	0.34	0.35	0.35	0.42	0.41	0.46
江苏	0.89	0.93	0.83	0.89	0.91	0.94	0.94	0.94	1.00	1.01
浙江	0.81	0.87	0.78	0.80	0.76	0.77	0.74	0.77	0.78	0.81
安徽	1.38	1.23	1.18	1.15	1.12	1.14	1.13	1.11	1.12	1.26
福建	1.19	1.19	1.18	1.21	1.22	1.30	1.34	1.27	1.42	1.55
江西	1.58	1.59	1.43	1.41	1.28	1.02	0.97	1.17	1.08	1.07
山东	1.24	1.26	1.31	1.33	1.47	1.42	1.48	1.45	1.42	1.18
河南	1.54	1.60	1.73	1.84	2.07	1.94	1.96	1.77	1.67	1.67
湖北	1.35	1.33	1.42	1.60	1.43	1.48	1.45	1.39	1.37	1.51
湖南	1.67	1.49	1.69	1.70	1.83	1.82	1.85	1.75	1.61	1.57
广东	0.88	0.93	0.85	0.84	0.77	0.78	0.76	0.75	0.81	0.86
广西	1.28	1.34	1.49	1.80	1.91	1.77	1.68	1.54	1.44	1.41
海南	1.46	1.25	1.54	1.61	1.31	0.91	0.84	0.80	0.74	0.83
重庆	1.35	1.37	1.32	1.54	1.56	1.33	1.25	1.16	1.20	1.24
四川	1.44	1.38	1.43	1.36	1.46	1.33	1.30	1.24	1.22	1.28
贵州	0.95	0.85	0.85	0.93	1.10	1.13	1.22	1.11	1.08	1.06
云南	0.85	0.82	0.79	0.81	0.98	0.98	1.00	0.96	1.03	1.15
西藏	2.56	2.80	1.94	1.07	0.99	0.82	0.83	0.57	0.55	0.53
陕西	1.06	0.94	0.92	0.89	1.05	1.01	1.08	1.18	1.06	1.04
甘肃	1.00	1.01	1.14	1.09	1.30	1.10	1.06	1.00	0.92	0.93

表2-4(续)

地区	2003	2006	2009	2012	2013	2014	2015	2016	2017	2018
青海	0.96	0.92	0.90	0.84	0.97	1.06	1.47	1.32	0.98	1.00
宁夏	1.15	0.93	1.01	1.04	1.05	1.02	1.14	0.91	0.91	0.88
新疆	0.97	0.80	0.93	0.87	0.92	0.85	0.93	0.89	0.89	1.01
平均	1.16	1.12	1.14	1.14	1.18	1.14	1.17	1.11	1.07	1.05

图 2-4 显示了 2003—2018 年全国增值税竞争平均强度的变化趋势。从图 2-4 中可以看出，自 2003 年以来，增值税竞争平均强度总体呈现出先下降后上升再下降的波动趋势，反映了地区间围绕增值税竞争的激烈程度表现出先缓和后增强再缓和的特征。其中，2003—2011 年，增值税竞争平均强度大体表现出震荡下行的过程，说明地区间围绕增值税的竞争有所缓和。2011—2013 年，增值税竞争平均强度开始出现明显的上升过程，说明地区间围绕增值税的竞争开始变得激烈起来。2015 年之后，增值税竞争平均强度再次出现了比较大幅度的连续下降态势。

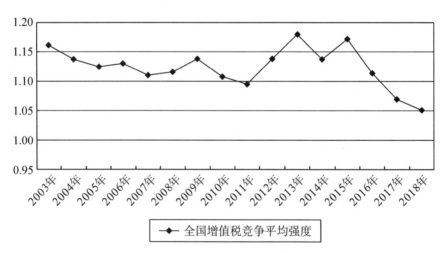

图 2-4　2003—2018 年全国增值税竞争平均强度的变化趋势

注：每年的数值为该年 31 个省级行政区的增值税竞争强度值的平均值。

5. 地方企业所得税竞争的现状描述

表 2-5 显示了基于地方企业所得税收入总额占地区生产总值比值计算的 2003—2018 年地方企业所得税竞争强度值。从表 2-5 中可以发现，不同省份、区域之间的地方企业所得税竞争强度同样存在显著的差异，而且不同年份各

地区的企业所得税竞争强度也不完全一致。2003 年企业所得税竞争强度较大的前五个省份分别为黑龙江（强度值为 2.81）、新疆（强度值为 2.70）、湖南（强度值为 2.59）、内蒙古（强度值为 2.49）、青海（强度值为 2.39）。从区域角度来看，企业所得税竞争强度前五强中，中部地区占据两席，西部地区占据三席。2003 年企业所得税竞争强度较小的五个省份分别为上海（强度值为 0.34）、北京（强度值为 0.40）、浙江（强度值为 0.68）、广东（强度值为 0.70）、天津（强度值为 0.81）。从区域角度来看，企业所得税竞争强度后五名全部为东部地区的省份。

2018 年企业所得税竞争强度较大的前五个省份分别为西藏（强度值为 4.49）、湖南（强度值为 2.21）、河南（强度值为 1.93）、广西（强度值为 1.86）、黑龙江（强度值为 1.72）。从区域角度来看，企业所得税竞争强度前五强中，中部地区占据三席，西部地区占据两席。2018 年企业所得税竞争强度较小的五个省份分别为上海（强度值为 0.34）、北京（强度值为 0.37）、海南（强度值为 0.59）、天津（强度值为 0.60）、广东（强度值为 0.76）。从区域角度来看，企业所得税竞争强度后五名全部为东部地区的省份。

表 2-5　2003—2018 年地方企业所得税竞争强度值

地区	2003	2006	2009	2012	2013	2014	2015	2016	2017	2018
北京	0.40	0.36	0.30	0.31	0.31	0.30	0.30	0.30	0.31	0.37
天津	0.81	0.78	0.84	0.90	0.89	0.86	0.84	0.83	0.83	0.60
河北	1.80	1.62	1.57	1.54	1.55	1.48	1.47	1.53	1.33	1.15
山西	1.50	0.87	0.78	0.74	0.79	0.98	1.17	1.45	1.23	1.01
内蒙古	2.49	1.70	1.40	1.16	1.37	2.09	2.30	2.43	1.72	1.40
辽宁	1.25	1.18	1.30	1.35	1.37	1.46	1.60	1.21	1.16	1.06
吉林	1.69	2.24	1.59	1.41	1.35	1.24	1.37	1.43	1.43	1.10
黑龙江	2.81	2.45	1.80	1.84	1.84	1.88	1.97	2.11	2.14	1.72
上海	0.34	0.37	0.34	0.33	0.33	0.32	0.30	0.27	0.30	0.34
江苏	1.00	0.92	0.91	0.95	0.98	1.02	1.00	1.03	1.04	1.02
浙江	0.68	0.72	0.84	0.85	0.84	0.82	0.85	0.87	0.87	0.85
安徽	1.54	1.39	1.36	1.23	1.27	1.23	1.23	1.36	1.36	1.45
福建	1.01	1.00	1.07	1.03	1.02	0.96	1.00	1.07	1.16	1.34

表2-5(续)

地区	2003	2006	2009	2012	2013	2014	2015	2016	2017	2018
江西	2.16	1.83	1.77	1.37	1.33	1.33	1.40	1.45	1.52	1.46
山东	1.36	1.38	1.65	1.49	1.56	1.59	1.66	1.76	1.62	1.41
河南	1.76	1.65	1.82	1.86	1.72	1.73	1.73	1.77	1.85	1.93
湖北	1.67	1.50	1.60	1.48	1.45	1.39	1.40	1.42	1.40	1.52
湖南	2.59	2.40	2.74	2.42	2.28	2.25	2.24	2.38	2.32	2.21
广东	0.70	0.84	0.81	0.84	0.81	0.77	0.73	0.70	0.70	0.76
广西	1.62	1.89	2.31	1.99	1.93	1.85	2.01	2.03	2.00	1.86
海南	2.05	1.75	0.92	0.81	0.72	0.67	0.76	0.81	0.74	0.59
重庆	2.18	2.13	1.69	1.25	1.18	1.17	1.15	1.23	1.32	1.31
四川	1.61	1.50	1.39	1.27	1.25	1.29	1.34	1.43	1.42	1.48
贵州	1.27	1.02	0.99	1.04	0.99	0.97	1.08	1.20	1.27	1.19
云南	0.89	0.91	1.01	1.00	1.02	1.04	1.21	1.29	1.40	1.65
西藏	1.92	3.13	2.25	0.84	0.82	0.65	1.17	3.22	3.82	4.49
陕西	1.51	1.30	1.37	1.18	1.30	1.46	1.61	1.93	1.71	1.50
甘肃	1.97	2.00	2.14	2.03	1.99	1.92	1.51	1.70	1.53	1.55
青海	2.39	1.68	1.31	1.55	1.23	1.50	1.57	1.96	1.56	1.57
宁夏	1.98	2.11	1.57	1.21	1.25	1.25	1.56	1.68	1.82	1.54
新疆	2.70	2.85	1.63	1.23	1.25	1.33	1.33	1.29	1.31	1.44
平均	1.60	1.53	1.39	1.24	1.22	1.25	1.32	1.46	1.43	1.38

　　图 2-5 显示了 2003—2018 年全国企业所得税竞争平均强度的变化趋势。从图 2-5 中可以看出，自 2003 年以来，企业所得税竞争平均强度总体呈现出缓慢下降的趋势，这一下降过程一直持续到 2013 年，反映了地区间围绕企业所得税的竞争逐步趋于缓和。2013 年之后企业所得税竞争平均强度开始显露出一定的上升态势，并不断向上攀升，说明地区间围绕企业所得税的竞争开始变得激烈起来。虽然自 2017 年开始，企业所得税竞争平均强度有所下降，但相对于 2013 年仍然处于较高的水平，说明当前地区间企业所得税竞争仍处于相对激烈的态势。

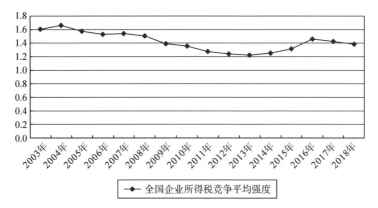

全国企业所得税竞争平均强度

图 2-5　2003—2018 年全国企业所得税竞争平均强度的变化趋势

注：每年的数值为该年 31 个省级行政区的企业所得税竞争强度值的平均值。

二、地方财政支出竞争的现状

（一）地方财政支出竞争强度的测度

与如何测度税收竞争强度一样，学术界对财政支出竞争强度的测度也未达成一致。为了与税收竞争强度的测度思路保持一致，这里同样借鉴傅勇和张晏（2007）的思路，利用地方财政支出规模偏离整体均值的相对程度来测度财政支出竞争强度。如果某一地区的财政支出越多，那么该地区的财政支出占全国财政支出平均值的比值越大，那么该地区的财政支出竞争强度也相应越高。张铭洪等（2015）的研究也采取了这种做法。但是，与张铭洪等（2015）不同的是，本书利用财政支出的相对规模而非人均绝对规模对财政支出竞争强度进行测度。这主要是考虑到财政支出的相对规模大小更能反映地方政府干预经济的程度。与前文测度税收竞争强度一样，这里也是从财政支出总量与结构双维度构建地方财政支出竞争强度指标，具体包括财政总支出竞争强度指标、经济性支出竞争强度指标和民生性支出竞争强度指标三种类型[①]。下面给出了这三类地方财政支出竞争强度测度指标的公式。

---

① 本书借鉴傅勇（2010）、李晓嘉和钟颖（2013）、梅冬州等（2014）、饶晓辉和刘方（2014）、范庆泉等（2015）以及罗富政（2016）等学者的做法，将经济性支出的统计口径界定为交通运输支出，农林水事务支出，环境保护支出，资源勘探、电力、信息等事务支出，商业、服务业等事务支出，金融监管支出，国土资源、气象等事务支出以及其他支出。本书参考李建强（2010）、赵安平和罗植（2012）、易行健等（2013）、陈思霞和卢盛峰（2014）、徐超（2015）以及洪源等（2017）等学者的做法，将民生性支出的统计口径界定为教育支出、科学技术支出、文化体育与传媒支出、医疗卫生支出、社会保障和就业支出。

财政总支出竞争强度指标的公式为 $FECOMP_{it} = \dfrac{\dfrac{FE_{it}}{GDP_{it}}}{\dfrac{FE_t}{GDP_t}}$。其中，$FECOMP_{it}$

表示地区 i 第 t 年的财政总支出竞争强度，$\dfrac{FE_{it}}{GDP_{it}}$ 表示地区 i 第 t 年的财政总支

出规模（用地区 i 第 t 年的一般预算支出与地区 i 第 t 年的地区生产总值的比

值表示），$\dfrac{FE_t}{GDP_t}$ 表示所有地区第 t 年的财政总支出的平均规模（用所有地区第

t 年的一般预算支出之和与所有地区第 t 年的地区生产总值之和的比值表示）。

经济性支出竞争强度指标的公式为 $FEECOMP_{it} = \dfrac{\dfrac{FEE_{it}}{FE_{it}}}{\dfrac{FEE_t}{FE_t}}$。其中，

$FEECOMP_{it}$ 表示地区 i 第 t 年的经济性支出竞争强度，$\dfrac{FEE_{it}}{FE_{it}}$ 表示地区 i 第 t 年

的经济性支出规模（用地区 i 第 t 年的经济性支出与地区 i 第 t 年的财政一般

预算支出的比值表示），$\dfrac{FEE_t}{FE_t}$ 表示所有地区第 t 年的经济性支出的平均规模

（用所有地区第 t 年的经济性支出之和与所有地区第 t 年的财政一般预算支出

之和的比值表示）。

民生性支出竞争强度指标的公式为 $FPECOMP_{it} = \dfrac{\dfrac{FPE_{it}}{FE_{it}}}{\dfrac{FPE_t}{FE_t}}$。其中，

$FPECOMP_{it}$ 表示地区 i 第 t 年的民生性支出竞争强度，$\dfrac{FPE_{it}}{FE_{it}}$ 表示地区 i 第 t 年

的民生性支出规模（用地区 i 第 t 年的民生性支出与地区 i 第 t 年的财政一般

预算支出的比值表示），$\dfrac{FPE_t}{FE_t}$ 表示所有地区第 t 年的民生性支出的平均规模

（用所有地区第 t 年的民生性支出之和与所有地区第 t 年的财政一般预算支出

之和的比值表示）。

从上述各类地方财政支出竞争强度测度指标的公式可以看出，如果一个地区某类支出的规模相对于所有地区该类支出的平均规模越高，则该地区该类支出的竞争强度越大。反之，如果一个地区某类支出的规模相对于所有地区该类支出的平均规模越低，则该地区该类支出的竞争强度越小。

（二）地方财政支出竞争的现状描述

本书在上述构建的各类地方财政支出竞争强度测度指标的基础上，利用中国 31 个省（自治区、直辖市）的各类财政支出和地区生产总值（GDP，下同）数据，测算了 2003—2018 年地方财政总支出竞争强度值及 2007—2018 年地方财政经济性支出竞争强度值和民生性支出竞争强度值[①]。其中，测算地方财政支出竞争强度值所使用的各类财政支出和 GDP 数据来自历年《中国统计年鉴》以及《中国财政年鉴》。限于篇幅，本书仅呈现了所有地区部分年份的实际结果。

1. 地方财政总支出竞争强度的描述

表 2-6 显示了基于地方财政支出总额占 GDP 比值计算的 2003—2018 年地方财政总支出竞争强度值。从表 2-6 中可以发现，不同省份、区域之间的地方财政总支出竞争强度同样存在显著的差异，而且不同年份各地区的财政总支出竞争强度也不完全一致。2003 年财政总支出竞争强度较大的前五个省份分别为西藏（强度值为 6.38）、青海（强度值为 2.53）、宁夏（强度值为 1.92）、贵州（强度值为 1.89）、云南（强度值为 1.86）。从区域角度来看，财政总支出竞争强度前五强全部为西部地区的省份。2003 年财政总支出竞争强度较小的五个省份分别为山东（强度值为 0.68）、江苏（强度值为 0.68）、福建（强度值为 0.73）、浙江（强度值为 0.75）、河北（强度值为 0.76）。从区域角度来看，财政总支出竞争强度后五名全部为东部地区的省份。

2018 年财政总支出竞争强度较大的前五个省份分别为西藏（强度值为 6.18）、青海（强度值为 2.91）、甘肃（强度值为 2.26）、宁夏（强度值为 1.96）、新疆（强度值为 1.90）。从区域角度来看，财政总支出竞争强度前五

---

① 国家统计部门从 2007 年开始对政府财政收支统计科目重新进行了调整，使得 2007 年前后年份收支统计科目的数据不易直接比较。为了避免人为按照某一先验标准调整前后年度统计科目形成统一口径导致的误差影响分析结果的可靠性，本书在对经济性支出竞争与民生性支出竞争现状进行描述及后文中进行相关实证分析时均将样本期固定为 2007—2015 年。

强也全都为西部地区的省份。2018 年财政总支出竞争强度较小的五个省份分别为福建（强度值为 0.61）、江苏（强度值为 0.61）、浙江（强度值为 0.72）、山东（强度值为 0.74）、广东（强度值为 0.76）。从区域角度来看，财政总支出竞争强度后五名也全都为东部地区的省份。

表 2-6　2003—2018 年地方财政总支出竞争强度值

地区	2003	2006	2009	2012	2013	2014	2015	2016	2017	2018
北京	1.19	1.22	1.14	1.11	1.12	1.12	1.20	1.21	1.19	1.10
天津	0.98	0.93	0.89	0.89	0.94	0.97	0.94	1.01	0.87	1.13
河北	0.76	0.79	0.82	0.83	0.82	0.84	0.91	0.92	0.95	1.15
山西	1.18	1.44	1.27	1.23	1.27	1.28	1.29	1.28	1.18	1.30
内蒙古	1.52	1.26	1.18	1.16	1.15	1.16	1.15	1.21	1.38	1.45
辽宁	1.06	1.17	1.06	0.99	1.01	0.94	0.75	1.00	1.02	1.10
吉林	1.24	1.29	1.22	1.11	1.11	1.12	1.10	1.18	1.22	1.64
黑龙江	1.13	1.19	1.31	1.25	1.23	1.21	1.28	1.34	1.43	1.77
上海	1.32	1.30	1.19	1.12	1.10	1.11	1.18	1.19	1.20	1.13
江苏	0.68	0.71	0.70	0.70	0.69	0.69	0.66	0.63	0.60	0.61
浙江	0.75	0.72	0.69	0.65	0.66	0.68	0.75	0.72	0.71	0.72
安徽	1.05	1.18	1.27	1.24	1.20	1.18	1.14	1.10	1.12	0.94
福建	0.73	0.74	0.69	0.71	0.74	0.73	0.74	0.72	0.71	0.61
江西	1.10	1.11	1.22	1.25	1.28	1.31	1.27	1.21	1.25	1.21
山东	0.68	0.64	0.58	0.64	0.64	0.64	0.63	0.63	0.62	0.74
河南	0.85	0.89	0.89	0.91	0.92	0.91	0.88	0.90	0.90	0.90
湖北	0.92	1.05	0.97	0.91	0.93	0.95	1.00	0.96	0.94	0.84
湖南	1.00	1.06	1.01	1.00	1.01	0.98	0.95	0.98	0.99	1.00
广东	0.87	0.73	0.66	0.70	0.71	0.71	0.85	0.81	0.82	0.76
广西	1.27	1.18	1.25	1.23	1.18	1.18	1.16	1.18	1.30	1.31
海南	1.20	1.25	1.76	1.72	1.69	1.66	1.61	1.65	1.58	1.67
重庆	1.08	1.16	1.18	1.44	1.27	1.23	1.16	1.10	1.09	1.02
四川	1.11	1.19	1.52	1.23	1.25	1.26	1.20	1.18	1.15	1.10
贵州	1.89	2.00	2.10	2.16	2.02	2.02	1.80	1.76	1.67	1.59

表2-6(续)

地区	2003	2006	2009	2012	2013	2014	2015	2016	2017	2018
云南	1.86	1.71	1.89	1.86	1.83	1.83	1.66	1.65	1.71	1.41
西藏	6.38	5.27	6.37	6.95	6.59	6.82	6.47	6.71	6.27	6.18
陕西	1.31	1.33	1.35	1.24	1.20	1.19	1.17	1.10	1.08	1.08
甘肃	1.74	1.78	2.20	1.96	1.93	1.97	2.09	2.13	2.17	2.26
青海	2.53	2.53	2.69	3.29	3.07	3.10	3.01	2.88	2.85	2.91
宁夏	1.92	2.04	1.91	1.99	1.90	1.93	1.88	1.93	1.95	1.96
新疆	1.58	1.70	1.88	1.95	1.92	1.89	1.96	2.09	2.08	1.90
平均	1.38	1.37	1.45	1.46	1.43	1.44	1.41	1.43	1.42	1.44

图 2-6 显示了 2003—2018 年全国财政总支出竞争平均强度的变化趋势。从图 2-6 中可以看出，自 2003 年以来，财政总支出竞争平均强度总体呈现出在波动中先上升再下降且之后又有重新上升苗头的动态变化趋势。其中，2003—2011 年，经历了 2004 年的短暂下降后，财政总支出竞争平均强度处于上升的趋势之中，反映了地区间的财政总支出竞争越来越激烈。2011—2015年，财政总支出竞争平均强度开始表现出震荡下降的过程，反映了地区间财政总支出竞争激烈程度有所缓和。2015 年之后，地区间财政总支出竞争激烈程度又重新出现增强的趋势。

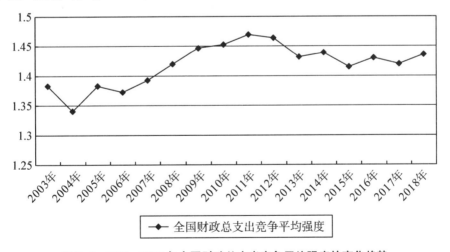

图 2-6　2003—2018 年全国财政总支出竞争平均强度的变化趋势

注：每年的数值为该年 31 个省级行政区的财政总支出竞争强度值的平均值。

2. 地方财政经济性支出竞争强度的描述

表 2-7 显示了基于地方财政经济性支出占财政总支出比值计算的 2007—2018 年地方财政经济性支出竞争强度值。从表 2-7 中可以发现，不同省份、区域之间的地方财政经济性支出竞争强度同样存在显著的差异，而且不同年份各地区的财政经济性支出竞争强度也不完全一致。2007 年财政经济性支出竞争强度较大的前五个省份分别为西藏（强度值为 1.49）、上海（强度值为 1.19）、贵州（强度值为 1.15）、宁夏（强度值为 1.14）、云南（强度值为 1.12）。从区域角度来看，财政经济性支出竞争强度前五强几乎全部为西部地区的省份，其中东部地区仅占据一席，而西部地区占据四席。2007 年财政经济性支出竞争强度较小的五个省份分别为天津（强度值为 0.71）、辽宁（强度值为 0.84）、山东（强度值为 0.85）、浙江（强度值为 0.86）、山西（强度值为 0.87）。从区域角度来看，财政经济性支出竞争强度后五名几乎全部为东部地区的省份，其中东部地区占据四席，中部地区仅占据一席。

2018 年财政经济性支出竞争强度较大的前五个省份分别为西藏（强度值为 1.86）、甘肃（强度值为 1.44）、内蒙古（强度值为 1.44）、青海（强度值为 1.38）、宁夏（强度值为 1.30）。从区域角度来看，财政经济性支出竞争强度前五强全部为西部地区的省份。2018 年财政经济性支出竞争强度较小的五个省份分别为广东（强度值为 0.72）、天津（强度值为 0.78）、辽宁（强度值为 0.82）、安徽（强度值为 0.83）、江苏（强度值为 0.85）。从区域角度来看，在财政经济性支出竞争强度后五名中，东部地区占据四席，中部地区占据一席。

表 2-7　2007—2018 年地方财政经济性支出竞争强度值

地区	2007	2009	2011	2013	2014	2015	2016	2017	2018
北京	0.99	0.87	0.99	0.98	0.96	0.89	0.97	1.06	1.03
天津	0.71	0.81	0.75	0.76	0.76	0.73	0.77	0.76	0.78
河北	1.00	0.99	0.95	0.97	0.98	0.96	1.01	1.11	1.13
山西	0.87	0.97	1.03	1.10	1.13	1.00	1.03	1.11	1.18
内蒙古	1.08	1.09	1.09	1.07	1.09	1.11	1.22	1.38	1.44
辽宁	0.84	0.90	0.89	0.96	0.88	0.80	0.81	0.83	0.82
吉林	1.08	1.01	0.96	0.99	1.02	0.97	1.17	1.23	1.17

表2-7(续)

地区	2007	2009	2011	2013	2014	2015	2016	2017	2018
黑龙江	1.11	1.12	1.09	1.03	1.00	1.06	1.17	1.23	1.20
上海	1.19	1.00	1.07	1.09	1.13	1.23	0.92	1.06	1.02
江苏	0.94	1.06	0.97	0.95	0.94	0.90	0.95	0.89	0.85
浙江	0.86	0.97	0.93	1.00	0.99	1.08	0.97	0.89	0.88
安徽	1.06	1.10	0.95	0.90	0.92	0.89	0.96	0.87	0.83
福建	0.98	1.09	1.11	1.16	1.14	1.10	1.10	1.05	1.00
江西	1.05	1.20	1.09	1.09	1.11	1.00	1.07	1.06	0.93
山东	0.85	0.95	0.94	0.96	0.90	0.90	0.91	0.89	0.90
河南	0.94	1.01	0.91	0.85	0.83	0.83	0.84	0.84	0.85
湖北	1.02	1.05	1.05	1.02	0.95	1.00	0.93	0.89	0.94
湖南	0.98	0.98	0.97	0.94	0.91	0.88	0.94	0.97	0.98
广东	1.02	0.88	0.91	0.89	0.92	1.15	0.91	0.75	0.72
广西	0.98	1.02	1.04	0.96	0.90	0.90	0.94	0.96	0.90
海南	1.08	1.13	1.08	1.09	1.09	1.01	1.08	1.25	1.26
重庆	0.93	0.88	0.99	0.94	0.92	0.92	0.94	0.94	0.92
四川	1.02	0.89	0.97	1.07	1.07	1.03	1.07	1.05	1.14
贵州	1.15	1.19	1.17	1.06	1.13	1.03	1.16	1.15	1.12
云南	1.12	1.11	1.06	1.17	1.25	1.19	1.18	1.10	1.07
西藏	1.49	1.37	1.42	1.30	1.42	1.30	1.37	1.43	1.86
陕西	1.09	0.96	1.05	0.94	0.99	0.91	0.93	1.03	1.03
甘肃	1.11	0.92	1.08	1.11	1.12	1.14	1.15	1.30	1.44
青海	1.09	1.10	1.21	1.42	1.45	1.34	1.43	1.30	1.38
宁夏	1.14	1.25	1.17	1.12	1.21	1.11	1.21	1.36	1.30
新疆	1.00	1.05	1.06	1.06	1.06	1.05	1.17	1.15	1.18
平均	1.03	1.03	1.03	1.03	1.04	1.01	1.04	1.06	1.07

图 2-7 显示了2007—2018 年全国财政经济性支出竞争平均强度的变化趋势。从图 2-7 中可以看出，自 2007 年以来，财政经济性支出竞争平均强度大致呈现出先小幅波动上升，再大幅下降，之后又急剧上升的趋势，反映了长

期以来地区间围绕经济性支出展开了激烈的竞争，这也进一步验证了学术界普遍认同的观点：地方政府"为增长而竞争"会扭曲财政支出结构，其更偏向于经济性支出。值得注意的是，与2014年相比，2015年的财政经济性支出竞争平均强度值出现了大幅下降，但之后财政经济性支出竞争平均强度开始出现了快速上升态势，进一步印证了地方财政支出结构偏向于经济性支出的论断。

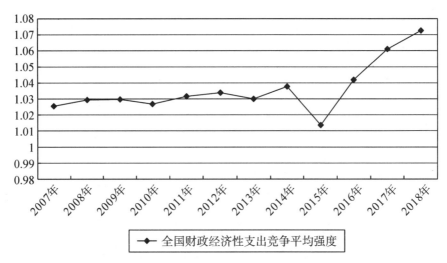

图2-7　2007—2018年全国财政经济性支出竞争平均强度的变化趋势

注：每年的数值为该年31个省级行政区的财政经济性支出竞争强度值的平均值。

3. 地方财政民生性支出竞争强度的描述

表2-8显示了基于地方财政民生性支出占财政总支出比值计算的2007—2018年地方财政民生性支出竞争强度值。从图2-8中可以发现，不同省份、区域之间的地方财政民生性支出竞争强度同样存在显著的差异，而且不同年份各地区的财政民生性支出竞争强度也不完全一致。2007年财政民生性支出竞争强度较大的前五个省份分别为辽宁（强度值为1.11）、山西（强度值为1.09）、甘肃（强度值为1.08）、黑龙江（强度值为1.07）、河南（强度值为1.07）。从区域角度来看，在财政民生性支出竞争强度前五强中，东部地区占据一席，中部地区占据三席，西部地区占据一席。2007年财政民生性支出竞争强度较小的五个省份分别为西藏（强度值为0.70）、内蒙古（强度值为0.89）、江苏（强度值为0.91）、上海（强度值为0.91）、广东（强度值为0.92）。从区域角度来看，在财政民生性支出竞争强度后五名中，东部地区占

据三席，西部地区占据两席。

2018 年财政民生性支出竞争强度较大的前五个省份分别为辽宁（强度值为 1.15）、安徽（强度值为 1.10）、江西（强度值为 1.09）、河南（强度值为 1.06）、广东（强度值为 1.05）。从区域角度来看，在财政民生性支出竞争强度前五强中，东部地区占据两席，中部地区占据三席。2018 年财政民生性支出竞争强度较小的五个省份分别为西藏（强度值为 0.60）、上海（强度值为 0.83）、新疆（强度值为 0.84）、宁夏（强度值为 0.84）、内蒙古（强度值为 0.84）。从区域角度来看，在财政民生性支出竞争强度后五名中，东部地区占据一席，西部地区占据四席。

表 2-8   2007—2018 年地方财政民生性支出竞争强度值

地区	2007	2009	2011	2013	2014	2015	2016	2017	2018
北京	1.06	1.05	1.09	1.09	1.10	1.03	0.93	0.94	0.95
天津	0.96	0.89	0.93	0.94	0.93	0.90	0.82	0.89	0.99
河北	1.02	1.07	1.07	1.06	1.07	1.08	1.06	1.07	1.04
山西	1.09	1.07	1.06	1.06	1.05	1.10	1.08	1.06	1.01
内蒙古	0.89	0.90	0.87	0.85	0.86	0.88	0.85	0.90	0.84
辽宁	1.11	1.09	1.01	0.93	0.96	1.12	1.16	1.18	1.15
吉林	1.05	1.06	0.97	0.96	0.93	0.99	0.92	0.91	0.95
黑龙江	1.07	1.07	0.93	0.98	1.02	1.01	0.94	0.96	0.98
上海	0.91	0.91	0.95	0.94	0.90	0.79	0.92	0.91	0.83
江苏	0.91	0.86	0.93	0.97	0.96	0.96	0.96	0.98	0.99
浙江	1.00	0.96	1.04	1.05	1.06	1.00	0.99	1.02	1.00
安徽	1.05	1.03	1.07	1.04	1.03	1.06	1.08	1.06	1.10
福建	1.00	1.00	0.97	0.94	0.98	0.99	0.94	0.92	0.99
江西	1.05	1.01	1.02	1.01	1.01	1.03	1.05	1.05	1.09
山东	0.98	0.99	1.08	1.06	1.06	1.07	1.07	1.06	1.05
河南	1.07	1.08	1.14	1.14	1.13	1.13	1.08	1.06	1.06
湖北	1.05	1.04	1.02	1.01	1.05	1.01	1.08	1.08	1.03
湖南	1.01	1.07	1.00	1.01	1.01	1.02	1.01	1.01	1.00
广东	0.92	1.01	0.99	1.05	1.03	0.92	0.99	1.00	1.05

表2-8(续)

地区	2007	2009	2011	2013	2014	2015	2016	2017	2018
广西	0.97	1.03	1.02	1.05	1.08	1.08	1.06	1.06	1.05
海南	0.97	1.04	0.98	0.98	0.99	1.03	0.96	0.93	0.92
重庆	1.02	1.05	0.86	0.93	0.96	0.98	0.98	0.97	1.01
四川	1.01	0.84	1.01	1.03	1.01	1.08	1.08	1.07	1.04
贵州	0.97	1.01	0.92	0.92	0.93	0.99	0.97	1.01	1.01
云南	1.03	1.05	1.04	0.97	0.95	1.01	1.02	0.99	1.02
西藏	0.70	0.71	0.66	0.61	0.66	0.66	0.73	0.74	0.60
陕西	1.01	1.08	1.04	1.09	1.05	1.08	1.09	1.05	1.03
甘肃	1.08	1.07	1.08	1.05	1.02	1.05	1.04	1.00	0.94
青海	1.01	1.08	0.95	0.78	0.78	0.80	0.81	0.87	0.88
宁夏	0.99	0.86	0.87	0.80	0.82	0.86	0.84	0.82	0.84
新疆	0.99	1.03	0.91	0.87	0.88	0.89	0.89	0.83	0.84
平均	1.00	1.00	0.98	0.97	0.98	0.99	0.98	0.98	0.98

图 2-8 显示了 2007—2018 年全国财政民生性支出竞争平均强度的变化趋势。从图 2-8 中可以看出，自 2007 年以来，财政民生性支出竞争平均强度经历了短暂的上升后，出现了较大幅度的下降趋势，一直持续到 2013 年，反映了长期以来地区间围绕经济性支出展开激烈的竞争而忽视民生性支出的典型事实。值得注意的是，2013 年之后，财政民生性支出竞争平均强度值出现了一定幅度的上升，这一现象在一定程度上说明地方政府开始重视和利用民生性支出进行竞争，进而在争夺流动性生产要素过程中获取竞争优势。然而，这一上升态势仅持续了两年，2015 年之后民生性支出竞争平均强度又开始出现了下降，未来如何演变还需要进一步追踪。

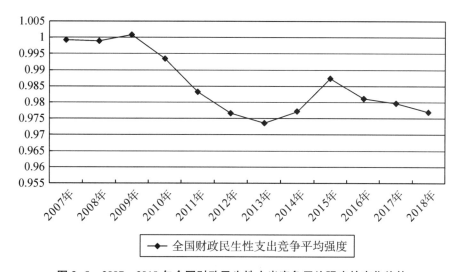

图2-8　2007—2018年全国财政民生性支出竞争平均强度的变化趋势

注：每年的数值为该年31个省级行政区的财政民生性支出竞争强度值的平均值。

第二节　中国产业结构升级现状

改革开放以来，伴随着国民经济的持续高速增长，中国的产业结构也发生了显著变化。为了较全面地呈现中国产业结构的变迁史与现状，本书拟从中国产业结构演进的趋势、中国产业结构升级水平的时空演进特征等层面描述与说明中国的产业结构升级现状。

一、中国产业结构演进的趋势

（一）三次产业增加值结构日趋合理

按照诸如配第-克拉克定理等经典的产业经济理论的观点，在一国或地区的产业结构调整过程中，第一产业在经济增长中的重要程度逐渐趋于下降，而第二产业和第三产业在经济增长中的重要程度不断提升。也就是说，伴随着经济增长，产业结构调整体现出第一产业为主的产业结构→以第二产业为主的产业结构→以第三产业为主的产业结构这样一种动态演变特征。

从产业产值构成角度来看，国民经济总量是由三次产业对应的经济规模决定的。三次产业经济规模的变化速度决定了国民经济规模的变化速度。一般来说，伴随着国民经济的增长和发展，消费者的需求结构将按照马斯洛需求层次理论所描述的那样依次从低层次需求向高层次需求转变①。这种消费者需求结构的升级意味着消费者会减少对农产品的需求，增加对工业产品和服务产品的需求，这将引导产业体系的调整和产业结构的优化升级，表现为第一产业在 GDP 中的占比趋于下降，第二产业和第三产业在 GDP 中的占比不断上升，而且随着经济增长到达某一阶段后，第三产业在 GDP 中的占比将超过第二产业在 GDP 中的占比，产业结构的优化升级过程将一直持续下去。

图 2-9 显示了 1978—2018 年中国三次产业增加值占 GDP 比重的变化趋势。从图 2-9 中可以看出，在考察期内，中国三次产业增加值占 GDP 比重显示出不一样的变化趋势。第一产业增加值在 GDP 中所占比重呈现出先小幅上升后长期趋于下降的趋势。改革开放初期，第一产业增加值在 GDP 中所占比重呈现出小幅上升的特征在很大程度上源于家庭联产承包责任制所释放的改革红利使第一产业生产力得到了极大解放。然而，随着改革开放的不断推进，不断释放的制度红利使第二产业和第三产业受益更多，突出表现在以下两方面：第一，第二产业在 GDP 中所占比重虽然经历了数轮上升下降的波动过程，但是仍然长期保持在较高水准。第二，第三产业在 GDP 中所占比重不断上升，并于 2013 年超过第二产业的 GDP 占比。2015 年，第三产业在 GDP 中所占比重首次超过 50%，表明当前第三产业已经成为推动中国经济增长的重要引擎。在考察期内，中国产业结构并非始终保持"二一三"或"二三一"等模式不变。根据国家统计局公布的统计数据，1978 年中国三次产业增加值在 GDP 中所占比重分别为 32.8%、44.6%、22.6%，产业结构模式表现出明显的"二一三"特征。这一特征一直持续到 1984 年为止。1985 年，中国三次产业增加值在 GDP 中所占比重分别为 27.9%、42.7%、29.4%，第三产业的 GDP 占比首次超过第一产业，产业结构模式由之前的"二一三"转变为"二三一"。这一特征一直持续了 28 年之久，直到 2012 年为止。2013 年，中国三次产业增加值在 GDP 中所占比重分别为 9.3%、44.0%、46.7%，第三产业的 GDP 占比首次超过第二产业，产业结构模式由之前的"二三一"转变为"三二一"，达到了后工业化社会的标准。

---

① 马斯洛需求层次理论由美国心理学家亚伯拉罕·马斯洛于 1943 年在《人类激励理论》论文中所提出。马斯洛在该书中将人类需求像阶梯一样从低到高按层次分为五种，分别是生理需求、安全需求、社交需求、尊重需求和自我实现需求。马斯洛认为，一个国家多数人的需求层次结构是同这个国家的经济发展水平、科技发展水平、文化和人民受教育的程度直接相关的。

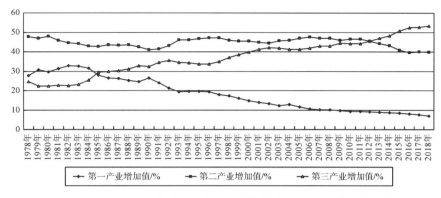

图 2-9　1978—2018 年中国三次产业增加值占 GDP 比重的变化趋势

（二）三次产业对经济增长的贡献度格局显著转变

经济稳定增长是宏观经济政策的四大基本目标之一，在很大程度上关系着一个国家的国际竞争力和国际地位，也是影响民众社会福祉的重要因素。要实现经济稳定增长，既可以从需求侧着手，如扩大内需、增加投资和实施出口导向型经济政策，也可以从供给侧发力，如调整和优化产业结构，通过产业结构升级增强经济的内生增长动力。构成产业结构的不同产业对经济增长的拉动作用和贡献程度不可能完全相同。一般而言，在政府引导和市场调节的共同作用下，资源总是流向扩张速度快、前景广阔的产业，而这些产业的发展对经济增长的拉动作用和贡献程度也是最大的。从三次产业的结构层面来看，随着时代的变迁，第一产业对经济增长的拉动作用和贡献程度总体趋于下降，而第二产业与第三产业对经济增长的拉动作用和贡献程度逐渐上升，而且这种趋势不断得到巩固和强化。图 2-10 和图 2-11 很好地印证了上述论断。

图 2-10 显示了 1978—2018 年中国三次产业对 GDP 增长的拉动作用的变化趋势，图 2-11 显示了 1978—2018 年中国三次产业对 GDP 增长的贡献率的变化趋势。从图 2-10 和图 2-11 可以清晰地发现如下特征：第一，三次产业对经济增长的拉动作用和贡献率并不一致。总体而言，在考察期内，第二产业对经济增长的拉动作用和贡献率最大，第三产业次之，第一产业最小。第二，三次产业对经济增长的拉动作用和贡献率同时表现出一定的波动性。在1992 年社会主义市场经济体制确立之前，三次产业对经济增长的拉动作用和贡献率的波动性较大，但基本表现出同向变动的特征，而且同期三次产业对

经济增长的拉动作用和贡献率存在着交替占据主导地位的现象。在 1992 年社会主义市场经济体制确立之后，三次产业对经济增长的拉动作用和贡献率的波动性有所减弱。第三，在 1992 年社会主义市场经济体制确立之后，第一产业和第二产业对经济增长的拉动作用与贡献率在波动中趋于下降，第三产业在 2012 年之后对经济增长的拉动作用与贡献率逐渐上升，并于 2014 年超过第二产业，成为拉动国内经济增长的主导产业和重要引擎。这一重要经济结构特征在近几年得到进一步强化。

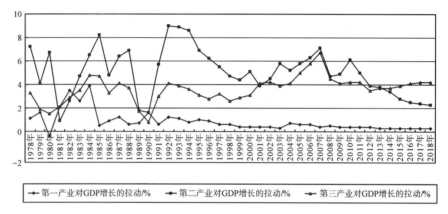

图 2-10　1978—2018 年中国三次产业对 GDP 增长的拉动作用的变化趋势

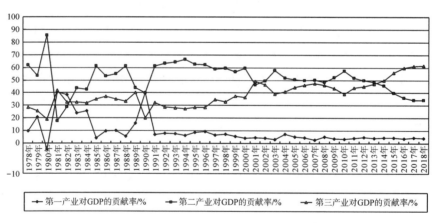

图 2-11　1978—2018 年中国三次产业对 GDP 增长的贡献率的变化趋势

二、中国产业结构升级水平的时空演进特征

(一) 中国产业结构升级水平的时间演进特征

借鉴付凌晖（2010）提出的反映三次产业结构演变的产业结构升级指数对我国产业结构升级水平进行测度①，本书基于历年《中国统计年鉴》公布的全国层面和31个省（自治区、直辖市）2003—2018年的三次产业增加值数据，分别计算得到全国层面和省际层面的产业结构升级指数值。

图2-12显示了2003—2018年全国产业结构升级水平的变化趋势。从图2-12中可以看出，自2003年以来，除2004年产业结构升级指数有明显下降以及2008年产业结构升级指数有轻微下降外，其余年份总体保持不断上升的态势，而且2011年以来产业结构升级指数呈明显的快速上升态势。图2-12总体反映了在中央调整和优化产业结构、推动产业结构升级的战略引领下，我国产业结构升级的效果正日益显现。

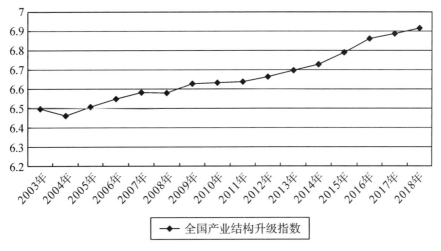

图2-12　2003—2018年全国产业结构升级水平的变化趋势

为了反映不同时期中国各地区产业结构升级水平的动态演变特征，本书采用基于Gaussian核函数的非参数估计方法分别估算并描绘出2003年、2008年、2013年和2018年四个年份中国各地区产业结构升级水平分布差异的核密

---

① 关于对产业结构升级水平测度的详细说明可见第三章的第一节。

度图①，具体如图 2-13 所示。从图 2-13 中可以看出，第一，2003—2018 年，中国各地区产业结构升级水平分布的核密度曲线总体上不断向右平移，这表明全国大多数地区产业结构升级水平呈不断提高的态势。第二，2003—2018 年，中国各地区产业结构升级水平分布的核密度曲线的左尾在向右移动过程中变窄，同时右尾在向右移动过程中变厚，这表明产业结构升级水平较低的地区数量逐渐减少，同时产业结构升级水平较高的地区数量逐渐增加。第三，2003—2018 年，中国各地区产业结构升级水平分布的核密度曲线的波峰高度上升，尤其是 2018 年上升非常明显，同时随着时间的推移，核密度曲线的宽度变窄，表明在此期间我国各地区产业结构升级水平的差距有缩小趋势。从代表性年份的核密度曲线的形状来看，总体表现为比较平滑的单峰结构，说明我国各地区产业结构升级水平并没有出现明显的两极分化或多极分化问题，基本延续着单极化特征。

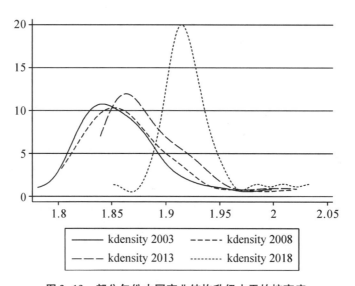

图 2-13　部分年份中国产业结构升级水平的核密度

———————

① Kernel 密度估计是一种非参数估计法，该方法基于核函数估计随机变量的概率密度函数，得到随机变量的概率分布曲线。其中，常见的核函数有 Gaussian 核函数、Epanechnikov 核函数、Triangular 核函数、Rectangular 核函数等 8 种类型。与直方图方法相比，Kernel 密度估计精确并且具有良好的光滑性。

（二）中国产业结构升级水平的空间演进特征

本书利用 Moran's I 指数度量中国产业结构升级水平的空间演进特征。本书首先选择全局 Moran's I 指数来检验中国产业结构升级水平的全域空间相关性。为了考察结果的稳健性，本书选择了 0-1 相邻矩阵、地理距离矩阵以及经济-地理距离嵌套矩阵三类空间权重矩阵用于计算全局 Moran's I 指数①。基于三类空间权重矩阵的 2003—2018 年中国产业结构升级水平的全局 Moran's I 指数计算结果如表 2-9 所示。

表 2-9 2003—2018 年中国产业结构升级水平的全局 Moran's I 指数计算结果

年份	0-1 相邻矩阵	地理距离矩阵	经济-地理距离嵌套矩阵
	Moran's I 指数值	Moran's I 指数值	Moran's I 指数值
2003	0.078 (0.998)	0.210*** (2.831)	0.209*** (2.829)
2004	0.060 (0.836)	0.200*** (2.706)	0.202*** (2.740)
2005	0.084 (1.055)	0.206*** (2.795)	0.211*** (2.862)
2006	0.081 (1.037)	0.205*** (2.797)	0.209*** (2.854)
2007	0.086 (1.077)	0.207*** (2.818)	0.218*** (2.952)
2008	0.108 (1.278)	0.214*** (2.900)	0.227*** (3.063)
2009	0.114* (1.337)	0.214*** (2.911)	0.230*** (3.095)
2010	0.142* (1.578)	0.223*** (3.000)	0.242*** (3.230)
2011	0.141* (1.571)	0.234*** (3.137)	0.255*** (3.383)
2012	0.156** (1.700)	0.233*** (3.113)	0.253*** (3.359)
2013	0.170** (1.827)	0.214*** (2.886)	0.232*** (3.106)

---

① 三种空间权重矩阵的具体形式可参见第三章第一节。

表2-9(续)

年份	0-1 相邻矩阵	地理距离矩阵	经济-地理距离嵌套矩阵
	Moran's I 指数值	Moran's I 指数值	Moran's I 指数值
2014	0.182** (1.943)	0.227*** (3.047)	0.244*** (3.259)
2015	0.193** (2.034)	0.225*** (3.024)	0.239*** (3.192)
2016	0.207** (2.152)	0.254*** (3.348)	0.266*** (3.498)
2017	0.226** (2.335)	0.282*** (3.686)	0.291*** (3.807)
2018	0.214** (2.259)	0.260*** (3.481)	0.272*** (3.628)

注：( ) 内为 Z 值，***、** 和 * 分别表示在 1%、5% 和 10% 水平通过显著性检验。

从表 2-9 可以看出，2003—2018 年，中国产业结构升级水平的全局 Moran's I 指数值均为正值，基于 0-1 相邻矩阵的部分年份（2003—2008 年）的全局 Moran's I 指数值未通过 10% 的显著性水平检验外，其余年份（2009—2018 年）的全局 Moran's I 指数值均至少通过了 10% 的显著性水平检验，而基于地理距离矩阵和经济-地理距离嵌套矩阵的全局 Moran's I 指数值均在 1% 的显著性水平下通过了显著性检验。这表明中国各地区的产业结构升级水平在空间上表现出显著的正相关性。也就是说，产业结构升级水平较高的地区一般集聚在一起，而产业结构升级水平较低的地区也集聚在一起。

接下来本书使用局部 Moran's I 指数计算并描绘出反映我国产业结构升级水平空间集聚格局的 Moran 散点图。由于经济-地理距离嵌套矩阵能够同时反映距离远近和经济差异对空间单元的非对称影响，更符合现实，再加上篇幅限制，因此本书仅基于经济-地理距离嵌套矩阵描绘出 2003 年和 2018 年我国产业结构升级水平的 Moran 散点图，如图 2-14 所示。

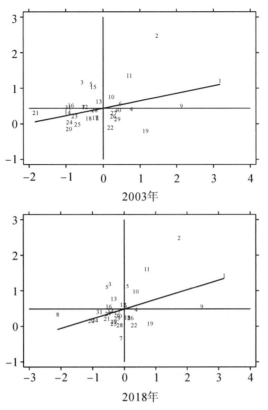

图 2-14　我国产业结构升级水平的 Moran 散点图

　　从图 2-14 中可以看出，2003 年和 2018 年我国产业结构升级水平在空间上表现出明显的空间集聚特征，大部分省份位于第一象限（高值-高值空间集聚区）和第三象限（低值-低值空间集聚区），这也进一步验证了我国产业结构升级水平存在着显著的空间正相关性。

　　从 2003 年我国产业结构升级水平的 Moran 散点图来看，北京、天津、辽宁、上海、江苏、浙江等东部地区的省份位于高值-高值空间集聚区；河北、内蒙古、山东、福建、河南等省份位于低值-高值空间集聚区；黑龙江、吉林、安徽、江西、湖北、湖南、海南、广西、四川、贵州、云南、甘肃、新疆等省份位于低值-低值空间集聚区；山西、广东、重庆、西藏、陕西、宁夏、青海等省份位于高值-低值空间集聚区。从 2018 年我国产业结构升级水平的 Moran 散点图来看，北京、天津、辽宁、上海、山东、江苏、浙江等东部地区的省份位于高值-高值空间集聚区；河北、内蒙古、安徽、福建、河南等省份位于低值-高值空间集聚区；黑龙江、吉林、江西、湖北、海南、广西、四川、贵州、云南、陕西、甘肃、青海、宁夏、新疆等省份位于低值-低值空间集聚区；山西、湖南、广东、重庆、西藏等省份位于高值-低值空间集聚区。

总体来看，东部地区的产业结构升级水平相对较高，而中西部地区的产业结构升级水平相对较低，这说明我国产业结构升级水平在区域间体现出一定的差异性和不平衡性特点。

第三节　中国地方财政竞争影响产业结构升级的现状

一、地方税收竞争影响产业结构升级的现状

改革开放以来，为了充分调动地方政府的主动性、积极性和创造性，我国推行了由中央向地方分权的管理体制改革。但在财政管理体制改革方面，与事权层次下移相对应的是，财权特别是税收管理权限高度集中于中央，地方政府只拥有部分税收征管权限及自由裁量权。从表面上看，地方政府间似乎不存在税收竞争的空间。但实际上，地方税收竞争是广泛存在的。一方面，自改革开放以来，我国在推行差异化的区域发展战略过程中制定并实施了一系列区域性的税收优惠政策，这种区域间的税收优惠政策虽然是由中央制定的，但它确实导致不同地区间的实际税率存在差异，自然对资源要素在区域间的流动产生影响。因此，中央制定的区域性税收优惠政策必然引起了地方税收竞争，这种形式也是制度内税收竞争的主要形式。另一方面，地方政府间也存在着为了自身利益而通过自行制定税收优惠政策的方式展开税收竞争。由于地方政府拥有的税收管理权限较小，这种自行制定税收优惠政策的方式容易超越地方政府被赋予的税收管理权限，甚至与中央的税收政策相悖，违背税收法律法规的严肃性，因此手段一般较为隐蔽且多样。常见的手段包括非法减免税、财政返还或奖励、低价甚至无偿出让土地、放松税收征管等。实际上，这种竞争形式是普遍存在的，一般也被称为制度外税收竞争。接下来，本书从制度内税收竞争与制度外税收竞争两个方面分析我国地方税收竞争影响产业结构升级的现状。

（一）制度内税收竞争影响产业结构升级的现状

由于制度内税收竞争的主要形式是因区域性税收优惠政策引起的地方税收竞争，因此这里主要基于这种形式分析我国地方政府间制度内税收竞争影响产业结构升级的现状。

我国区域性税收优惠政策经历了东部率先发展、西部大开发、东北振兴、中部崛起以及其他区域性发展规划等不同的政策倾斜时期，由此形成了区域间税负的差异，进而对地区间税收竞争优势产生了相应的影响。

改革开放初期，我国提出并开始实施东部沿海地区率先发展战略。无论是经济特区的设立，还是港口城市的开放以及沿海经济开放区的开辟，抑或是上海浦东新区和天津滨海新区的开发与开放等，这些发展战略的实施过程均伴随着大量的税收优惠政策[①]。这些税收优惠政策的突出特点是以涉外优惠的方式吸引外资为主[②]。这实际上缘于改革开放之初我国经济基础较为薄弱，经济发展对资金尤其是外资的需求极大。因此，税收优惠政策偏向于外资。由于东部地区相对于广大中西部地区享受了更多的税收优惠，其平均税负明显低于中西部地区。据统计，在我国区域税收优惠政策实施比较突出的1991—1995年，东部地区除广东（8.92%）达到全国平均工商税负水平（8.81%）外，其余省份的年平均工商税负均低于全国水平[③]。在税收优惠政策的作用和引导下，这一时期东部地区吸引了大量的外资流入，截至1999年年底，投向东部地区的外资占累计投资的86%[④]。外资的流入弥补了经济发展过程中的资金短缺，也带来了先进的技术及管理经验，特别是外资对资本、技术密集型产业的投资，在当时更是极大地推动了东部地区产业结构的优化升级。

---

① 例如，对设在经济特区的外商投资企业，减按15%的税率征收企业所得税，服务性行业的外商投资超过500万美元，经营期10年以上，从获利年始，第一年免征企业所得税，后两年减半征收；经济特区内企业生产的产品，在本特区销售的，暂免征增值税；经济特区内设立的外商投资和外国金融企业，凡来源于特区内的营业收入，自企业注册登记之日起，五年内免征营业税；沿海开放城市内生产出口产品，暂免征出口税；对在沿海开放城市老市区开办的中外合资经营、中外合作经营和外商独资经营的生产性企业，凡属技术密集、知识密集型的项目，或者外商投资额在3 000万美元以上，收回投资时间长的项目，或者属于能源、交通、港口建设的项目，减少征收，按15%的税率征收企业所得税。

② 这些税收优惠政策包括1980年的《中华人民共和国中外合资经营企业所得税法》、1982的《中华人民共和国外国企业所得税法》、1991的《中华人民共和国外商投资企业和外国企业所得税法》等。

③ 肖江浩. 公平理念下的中部崛起税收优惠政策研究 [D]. 长沙：中南大学，2007.

④ 文小才. 中国区域性税收优惠政策发展展望 [J]. 河北经贸大学学报，2014，35（3）：58-61.

随着经济的快速发展，我国区域间的经济差距开始逐渐扩大，中央的区域发展战略开始转向重视区域协调发展。21世纪之初，中央吹响了西部大开发战略实施的号角，2001—2010年实施了首轮西部大开发战略，为此也出台了相应的税收优惠配套政策。2001年，财政部、国家税务总局、海关总署联合出台了《财政部 国家税务总局 海关总署关于西部大开发税收优惠政策问题的通知》（财税〔2001〕202号）。2011年7月27日，财政部、海关总署和国家税务总局再次联合出台《财政部 海关总署 国家税务总局关于深入实施西部大开发战略有关税收政策问题的通知》（财税〔2011〕58号），制定了新一轮为期10年的支持西部大开发的税收政策。其中，与产业结构调整有关的税收优惠政策如对设在西部地区国家鼓励类产业的内资企业和外商投资企业，在规定的期限内减按15%的税率征收企业所得税；符合条件的在西部地区新办交通、电力、水利、邮政、广播电视等行业的内外资企业，享受企业所得税"两免三减半"政策；对西部地区内资鼓励类产业、外商投资鼓励类产业及优势产业的项目在投资总额内进口的自用设备，在政策规定范围内免征关税。

2003年，中央开始启动了振兴东北老工业基地的战略任务，其中税收配套政策方面的一大亮点就是在东北地区开展生产型增值税向消费型增值税转型试点①。具体来说，国家扩大装备制造业、石油化工业、冶金业、船舶制造业、汽车制造业、农产品加工业等行业增值税进项税额的抵扣范围，允许这些行业的增值税一般纳税人将外购的固定资产所含的增值税进项税额进行抵扣。显然，消费型增值税的试点能够消除重复征税问题，进一步增强了东北地区工业进行技术改造和设备投资的积极性，进而有利于东北地区产业结构尤其是工业结构的优化升级。2004年，中央又提出了中部崛起战略，但与支持其他几大板块发展不同的是，中央没有出台相应的税收优惠政策，中部地区享受到的基本是通用性的涉及各类开发区、沿江开放城市、内陆开放城市以及落后地区等的税收优惠政策。

尽管自2008年全球金融危机以来，在区域经济协调发展战略指引下，中央不断推出区域发展规划或区域振兴规划，但在税收优惠政策方面，区域性的税收优惠逐渐淡化，产业税收优惠的导向日益凸显，逐步形成了以产业税

---

① 2004年9月，财政部和国家税务总局联合出台《东北地区扩大增值税抵扣范围若干问题的规定》（财税〔2004〕156号）和《2004年东北地区扩大增值税抵扣范围暂行办法》（财税〔2004〕168号）。

收优惠为主、区域税收优惠为辅的格局。需要指出的是，"营改增"作为1994年分税制改革以来我国财税体制中的一次重大变革，虽然有利于消除重复征税，有利于降低企业税负，有利于促进服务业的发展和产业结构的优化升级，从本质上讲应属于产业税收优惠的范畴，但是其一开始并不是在全国范围内推行试点，而是分区域、分行业逐步展开。2012年，上海开始"营改增"试点，之后"营改增"试点由上海分四批次扩大至8省（直辖市）①，最后"营改增"试点在全国范围内全面推开。这样，"营改增"试点的分区域逐步推行就使得开始试点的地区相对于之后试点的地区在相关行业的税收政策方面享有了更多的优惠，也就具有了更大的税收竞争优势。这种税收竞争优势必然对这些地区的服务业发展及产业结构优化升级带来更大的推动力。

除了税收优惠外，地方政府还可以通过降低非税负担的方式进行税收竞争。我国企业税费负担较重是一个不争的事实，其中名目繁多的收费项目是企业负担普遍较重的重要原因。过重的税费负担将影响企业的盈利能力，降低企业增加投资与研发投入的积极性，阻碍企业的转型与发展。因此，减免费在某种程度上成为地方政府降低实体部门企业经营成本、吸引资本投资的重要手段。党的十八大以来，在中央减税降费、服务实体经济的政策指引下，各地方政府纷纷贯彻中央政策，竞相降低或取消涉企收费，展开"降费竞争"，以此减轻企业负担，更好地促进当地企业发展以及产业转型升级。以湖北为例，2017年湖北通过对原有的涉企收费清单进行规范清理及整合，大大降低了对企业的各类收费项目数量。其中，涉企行政事业性收费项目数相比2015年减少71%，涉企经营服务性收费项目数减少68%。2018年，涉企行政事业性收费事项进一步减至25项。其中，省定涉企行政事业性收费为零。同时，涉企经营服务性收费项目进一步减少至15项，降幅为81%。湖北尤其强调涉及涉企收费清单外的涉企行政事业性收费和实行政府定价的涉企经营服务性收费均为违规收费，一律不得执行，以此稳定企业预期并维护企业合法权益。

---

① 2012年9月1日，"营改增"在北京实施；2012年10月1日，"营改增"在江苏、安徽实施；2012年11月1日，"营改增"在福建、广东实施；2012年12月1日，"营改增"在天津、浙江、湖北实施。

（二）制度外税收竞争影响产业结构升级的现状

地方政府在激烈的竞争格局下，显然并不满足于利用制度规则进行竞争，而是普遍突破税收法律法规的约束，自行制定相应的税收优惠政策或采取其他手段进行制度外竞争①。正如前文所指出的，制度外的税收竞争方式包括非法减免税、减免费、财政返还或奖励、低价甚至无偿出让土地、放松税收征管等，但由于制度外的税收竞争方式比较隐蔽，许多情况下都是地方政府与企业之间的"一事一议"，因此地方政府间制度外税收竞争的资料收集较为困难。本书根据能够公开获取到的相关资料对制度外税收竞争影响产业结构升级的现状进行描述。

从公开获取的资料来看，当前地方政府采取财政返还或奖励的手段进行制度外税收竞争比较常见。以西安为例，2018 年 2 月，西安发布了所谓的"人无我有、人有我优"的《西安市招商引资优惠政策黄金十条》，对包括高新技术产业、先进制造业、商贸物流业、文化旅游产业、军民融合产业等各产业进行全面的财政奖励。其中，在高新技术产业优惠政策方面，西安对获得市级以上企业技术中心、工程技术研究中心的企业，给予最高 80 万元奖励。在先进制造业优惠政策方面，西安除了落实西部大开发各项优惠政策外，对工业企业通过发行债券、票据等方式融资，单户企业发债规模年度累计在 5 000 万元以上，集合企业发债规模年度累计在 2 亿元以上，按融资额的 2‰ 给予奖励，最高不超过 100 万元。为引进和培育独角兽企业，西安市人民政府于 2018 年 11 月印发《西安市独角兽企业培育方案（2018—2021 年)》，对引进入驻的独角兽企业总部、区域总部（板块业务总部)，纳入总部经济政策支持范围，给予最高 6 000 万元奖励支持；鼓励独角兽高管来西安二次创业，对创办独角兽种子企业、成长企业和独角兽企业并认定入库的，分别予以一次性 20 万元、50 万元、100 万元奖励支持。

---

① 关于地方政府自行制定的税收等优惠政策，中央经历了从规范清理，到放缓，直到赋予地方相应自主权的变化过程。2000 年 1 月，国务院发布《国务院关于纠正地方自行制定税收先征后返政策的通知》（国发〔2000〕2 号)，提出要坚决制止地方政府对企业的税收先征后返行为；2014 年 12 月，国务院发布《国务院关于清理规范税收等优惠政策的通知》（国发〔2014〕62 号)，提出要对地方实施的税收等优惠政策进行清理和规范；2015 年 11 月，国务院发布《国务院关于税收等优惠政策相关事项的通知》（国发〔2015〕25 号)，对税收等优惠政策的清理放缓；2017 年 1 月，国务院发布《国务院关于扩大对外开放积极利用外资若干措施的通知》（国发〔2017〕5 号)，允许地方政府在法定权限范围内制定出台招商引资优惠政策。

又如，广东东莞为了促进新一代人工智能产业发展，按照企业对地方经济发展贡献，给予企业奖励，每年最高 500 万元，最长不超过 3 年。此外，经评定的新一代人工智能企业，对高级管理人才、专业技术人才等按其上年度所缴纳工薪收入个人所得税市留成部分的最高不超过 80% 的标准进行奖励，每人每年最高 100 万元。为了加快引进培育独角兽企业，东莞对独角兽企业、准独角兽企业，经认定为总部企业的，自认定后一个会计年度起，按在东莞形成的地方财力增长幅度给予最高 80% 的奖励。此外，东莞对独角兽企业、准独角兽企业，自认定后第二个会计年度起 3 年内，对中高层管理人员及技术骨干按个人所得税市留成部分最高不超过 80% 的标准进行奖励。为了促进总部经济发展，经认定的综合型总部、职能型总部企业，东莞按其认定前 5 年在东莞累计形成地方财力贡献的 1% 给予一次性奖励，最高不超过 5 000 万元。其中，奖励资金的 40% 直接奖励给企业高级管理人员。

二、地方财政支出竞争影响产业结构升级的现状

地方政府除了可以利用相关税收手段或税收政策展开税收竞争外，还可以通过提供更高水平、更优质量的公共产品展开支出竞争。特别是 1994 年分税制改革及之后的一系列税制改革，使得税收征管权不断向中央集中，地方政府的税权不断减少，这大大压缩了地方政府的税收竞争空间，迫使地方政府更多地转向于利用财政支出手段及政策展开支出竞争。优质资本、高素质劳动力或人才等均是影响产业结构升级的重要因素，地方政府在财政支出竞争中通过调整财政支出规模及结构，影响各类资源要素的流动，进而影响产业结构及经济增长。接下来，本书从地方政府通过财政支出竞争吸引优质资本及高素质劳动力或人才等路径分析我国地方财政支出竞争影响产业结构升级的现状。

（一）地方政府为产业结构升级而展开争夺优质资本的支出竞争

在中国式分权体制下，地方政府具有强烈的"招商引资"热情。产业结构的转型升级离不开资本的支持，从改革开放以来中国吸引资本的实践来看，积极利用外资（FDI）是提升产业技术进步、推动产业结构转型升级、促进经济增长的重要手段。张军等（2007）的研究表明，中国拥有良好的基础设施的重要原因之一是地方政府之间在"招商引资"上展开的标尺竞争。此外，

还有许多研究都已证实完善的基础设施对吸引 FDI 的重要作用。地方政府通过大规模的基础设施建设为吸引资本等流动性生产要素，特别是 FDI 流入，促进产业发展和经济增长提供了良好的硬环境。

从中国各地区 FDI 的空间分布来看，东部地区吸引了绝大多数的 FDI，而中西部地区则相对较少，这固然与长期以来东部地区享受了大量的中央赋予的税收优惠政策有关，但也与东部地区较为发达的基础设施供给关联极大。表 2-10 和表 2-11 分别呈现了基础设施中两类常见的也是较为重要的对象——省际公路里程和铁路营业里程在区域间的分布情况。这正好说明了东部、中部、西部地区基础设施供给水平的差异。

表 2-10 2003—2018 年省际等级公路里程 单位：千米/平方千米

地区	2003	2006	2009	2012	2015	2018
北京	0.839	1.202	1.226	1.268	1.304	1.327
天津	0.876	1.000	1.266	1.363	1.469	1.442
河北	0.297	0.679	0.761	0.828	0.952	1.004
山西	0.389	0.617	0.776	0.859	0.882	0.902
内蒙古	0.055	0.071	0.103	0.128	0.138	0.165
辽宁	0.341	0.520	0.570	0.617	0.730	0.793
吉林	0.221	0.366	0.414	0.456	0.481	0.537
黑龙江	0.131	0.184	0.252	0.284	0.300	0.314
上海	1.000	1.651	1.857	1.984	2.095	2.079
江苏	0.549	1.058	1.308	1.424	1.477	1.523
浙江	0.425	0.842	1.002	1.078	1.133	1.179
安徽	0.454	0.878	0.998	1.141	1.309	1.488
福建	0.348	0.477	0.556	0.631	0.721	0.763
江西	0.226	0.399	0.552	0.720	0.778	0.811
山东	0.495	1.295	1.456	1.580	1.706	1.787
河南	0.411	0.898	1.061	1.164	1.201	1.454
湖北	0.376	0.731	0.908	1.093	1.296	1.430
湖南	0.187	0.295	0.700	0.961	1.008	1.056
广东	0.554	0.821	0.890	0.984	1.119	1.162

表2-10(续)

地区	2003	2006	2009	2012	2015	2018
广西	0.192	0.221	0.327	0.388	0.445	0.490
海南	0.350	0.244	0.426	0.691	0.774	1.021
重庆	0.275	0.509	0.855	1.055	1.372	1.627
四川	0.156	0.176	0.380	0.487	0.553	0.633
贵州	0.184	0.280	0.386	0.492	0.685	0.890
云南	0.285	0.260	0.361	0.449	0.514	0.576
西藏	0.007	0.013	0.021	0.034	0.048	0.070
陕西	0.216	0.296	0.625	0.712	0.748	0.783
甘肃	0.068	0.094	0.169	0.223	0.265	0.282
青海	0.030	0.034	0.055	0.072	0.089	0.097
宁夏	0.178	0.273	0.306	0.392	0.497	0.533
新疆	0.039	0.042	0.055	0.072	0.083	0.093

表2-10显示了2003—2018年部分年份中国省际每平方千米的等级公路里程。从2003年省际等级公路里程的空间分布来看，上海、天津、北京、江苏、山东、广东等东部地区的省份排名靠前，而内蒙古、西藏、青海、新疆等西部地区的省份排名靠后。2006年、2009年、2012年、2015年以及2018年等年份的情况基本上均与2003年的情况类似。这充分说明了相对于中西部地区，东部地区的等级公路网络更为发达。

表2-11　2003—2018年省际铁路营业里程　　单位：千米/平方千米

地区	2003	2006	2009	2012	2015	2018
北京	0.065	0.065	0.071	0.077	0.077	0.077
天津	0.062	0.062	0.071	0.080	0.088	0.106
河北	0.025	0.026	0.026	0.030	0.037	0.039
山西	0.020	0.020	0.022	0.024	0.033	0.035
内蒙古	0.005	0.005	0.007	0.008	0.010	0.011
辽宁	0.029	0.029	0.029	0.034	0.040	0.045
吉林	0.019	0.019	0.021	0.023	0.027	0.027

表2-11(续)

地区	2003	2006	2009	2012	2015	2018
黑龙江	0.012	0.013	0.013	0.013	0.014	0.015
上海	0.048	0.048	0.048	0.079	0.079	0.079
江苏	0.014	0.016	0.017	0.023	0.026	0.030
浙江	0.012	0.013	0.017	0.018	0.025	0.027
安徽	0.016	0.017	0.021	0.024	0.030	0.031
福建	0.012	0.013	0.017	0.019	0.026	0.029
江西	0.014	0.014	0.016	0.017	0.024	0.026
山东	0.021	0.021	0.024	0.028	0.035	0.041
河南	0.022	0.024	0.023	0.029	0.032	0.032
湖北	0.013	0.013	0.016	0.020	0.022	0.023
湖南	0.014	0.014	0.017	0.018	0.021	0.024
广东	0.012	0.012	0.014	0.016	0.022	0.025
广西	0.011	0.011	0.013	0.014	0.022	0.022
海南	0.006	0.006	0.012	0.021	0.029	0.029
重庆	0.009	0.016	0.016	0.018	0.023	0.028
四川	0.006	0.006	0.007	0.007	0.009	0.010
贵州	0.011	0.011	0.011	0.012	0.016	0.020
云南	0.006	0.006	0.007	0.007	0.008	0.010
西藏	0.000	0.000	0.000	0.000	0.001	0.001
陕西	0.014	0.016	0.016	0.020	0.022	0.024
甘肃	0.005	0.005	0.005	0.006	0.008	0.010
青海	0.002	0.002	0.002	0.003	0.003	0.003
宁夏	0.012	0.012	0.014	0.020	0.020	0.021
新疆	0.002	0.002	0.002	0.003	0.004	0.004

表2-11 显示了2003—2018年部分年份中国省际每平方千米的铁路营业里程。从2003年省际铁路营业里程的空间分布来看,北京、天津、上海、辽宁、山东等东部地区的省份排名靠前,而甘肃、青海、新疆、西藏等西部地区的省份排名靠后。2006年、2009年、2012年、2015年以及2018年等年份

的情况基本上均与 2003 年的情况类似。这充分说明了相对于中西部地区，东部地区的铁路网络更为发达。

事实上，面对因区域间基础设施供给水平的巨大落差而形成的"招商引资"困境，中西部地区在国家的区域协调发展战略支持下，有针对性地加大了财政对基础设施建设的支持力度，从而形成了区域间基础设施供给竞争的局面。表 2-12 呈现了 2003—2018 年省际固定资产投资中财政预算资金占比。从 2003 年的数据来看，西藏、青海、新疆、甘肃、宁夏等西部地区占比较高，河北、江苏、山东、广东、天津等东部地区占比较低。其余年份的情况基本上均与 2003 年的情况类似。这充分说明了在东部地区基础设施较为完善的情况下，地方政府对基础设施的投入趋于稳定，而中西部地区由于基础设施水平较低，地方政府不断加大对基础设施建设的投入力度，从而推动了中西部地区基础设施供给水平的提高。硬环境的不断改善也进一步增强了中西部地区对外资的吸引力，从而有利于中西部地区更好地利用外资推动产业结构转型升级以及经济增长。

地方政府间为争夺优质资本除了不断提高或完善地区基础设施外，还常常利用各类财政补贴的方式来展开竞争。通过对外来资本进行相应的财政补贴，可以降低资本投资成本，提高资本投资净收益，从而有利于吸引资本流入。这种竞争方式在各地区是普遍存在的。以西安为例，为了加快先进制造业发展，西安市级财政对每户新进规模以上工业企业进行财政补贴 30 万元。又以东莞为例，为了推动新一代人工智能产业发展，东莞对引进的人工智能独角兽企业、领军企业，分 3 年给予实际投入 5% 的财政补助，累计最高不超过 1 000 万元。

表 2-12　2003—2018 年省际固定资产投资中财政预算资金占比　　单位:%

地区	2003	2006	2009	2012	2015	2018
北京	2.86	2.17	1.17	1.37	9.26	11.25
天津	1.30	1.00	1.20	1.17	1.25	1.91
河北	2.84	1.75	3.05	2.35	3.59	3.93
山西	4.17	3.48	7.45	5.48	5.93	6.52
内蒙古	9.94	4.53	5.79	4.00	5.20	4.55
辽宁	4.20	4.51	4.70	4.15	4.49	4.38

表2-12（续）

地区	2003	2006	2009	2012	2015	2018
吉林	5.21	3.22	4.01	2.64	3.38	2.72
黑龙江	6.36	5.29	6.70	4.62	4.63	4.45
上海	1.24	1.51	1.37	5.34	6.13	10.72
江苏	1.91	0.62	1.23	1.16	1.60	1.84
浙江	1.90	1.54	3.47	4.82	5.78	7.43
安徽	4.99	4.89	5.69	5.20	4.69	7.56
福建	5.44	4.11	7.30	8.23	6.89	7.21
江西	5.80	7.40	5.96	4.28	3.64	4.06
山东	1.99	1.80	2.11	1.94	1.50	2.10
河南	4.85	1.98	2.80	1.90	3.46	4.74
湖北	8.32	8.25	8.02	3.77	3.89	6.54
湖南	5.29	3.91	8.06	5.65	5.03	4.09
广东	1.67	1.15	2.11	4.23	4.80	6.19
广西	8.23	6.36	5.09	4.11	7.05	8.19
海南	7.89	7.26	9.32	3.79	5.54	10.42
重庆	8.48	5.32	6.45	3.99	7.07	4.21
四川	3.40	3.16	8.15	9.25	6.29	7.59
贵州	6.12	4.71	9.42	7.84	5.77	7.76
云南	8.04	7.52	10.81	8.39	12.42	12.73
西藏	55.10	44.43	57.38	55.75	68.42	50.19
陕西	8.99	8.56	10.33	7.31	6.81	6.23
甘肃	12.50	9.68	15.96	12.49	12.82	14.44
青海	17.90	15.15	16.27	18.61	19.36	28.47
宁夏	10.34	10.04	7.29	8.86	9.98	8.46
新疆	15.86	13.44	17.90	12.42	14.55	18.27

（二）地方政府为产业结构升级而展开争夺人才的支出竞争

现代区域竞争的核心是人才的竞争。党的十九大报告指出，人才是实现民族振兴、赢得国际竞争主动的战略资源。在中国经济进入新时代背景下，摒弃传统的要素驱动型增长方式，转向创新驱动型增长方式，是建设现代化经济体系的必然要求。要走创新驱动型经济增长之路，关键在于重视、培养、引进人才。只有优秀的创新人才，才能产生高水平的科技创新成果，才能推动经济在创新中不断前进。随着传统的要素驱动型增长方式的边际产出不断下降，创新驱动型经济增长对高素质人才的需求越来越多。因此，不管是中央，还是地方均高度重视人才工作，各地纷纷制定包括财税优惠政策在内的人才引进政策，展开了激烈的人才争夺战，尤以近几年为甚。

从 2017 年年初武汉市出台"五年留下百万大学生"人才新政开始，全国各大中小城市以及许多省份纷纷出台人才新政，展开了激励的人才争夺战。从时间上来看，各地区人才新政的出台时间并不统一，往往是一个地区刚出台人才新政，另外一个地区也进行效仿，出台的政策甚至更为优厚。从这一点来看，地方政府间具有很强的竞争攀比心理。从参与人才争夺战的城市级别来看，2017 年主要以二线城市为主，而进入 2018 年之后，北京、上海、广州、深圳等一二线城市及诸多三四线城市，甚至一些县级市也参与进来。

在各地区出台的人才新政中，财税政策显然占据了相当重要的地位。从各地区出台的人才新政条文来看，除了人才非常关心的落户、购房资格、工作科研配套保障等政策以外，与财税政策有关的人才新政大多涉及购房补贴、租赁补贴、生活补贴等方面。基于财税视角可以说，地方政府为争夺人才竞相通过各类财政补贴展开了激烈的支出竞争。

表 2-13 列示了部分典型城市人才新政中的财税政策着力点。从表 2-13 中可以看出，相对于北京、上海、广州、深圳等一线城市，以郑州、西安等为代表城市对引进的人才给予了较高力度的住房补贴。郑州对顶尖人才、国家级领军人才分别提供不高于 300 平方米、200 平方米的免租住房，在郑州工作满 10 年且贡献突出的，可无偿赠予；对博士、硕士和"双一流"建设高校的本科毕业生首次购房分别给予 10 万元、5 万元、2 万元补贴。此外，以郑州、珠海等为代表的城市对引进的人才也给予了较高的生活补贴。还是以郑州为例，其对新引进落户的全日制博士研究生、35 岁以下的硕士研究生、本科毕业生和技工院校预备技师（技师），3 年内按每人每月 1 500 元、1 000元、500 元的标准发放生活补贴。

表 2-13　部分典型城市人才新政中的财税政策着力点

财税政策着力点	典型城市
住房补贴力度大（包括满足合理的购房需求）	郑州、西安、合肥、珠海、长沙、福州、海口、武汉、天津、石家庄、淄博、呼和浩特、邢台、沈阳
生活补贴力度大	郑州、珠海、南昌、福州、太原、临沂

　　总体来说，地方政府间竞相通过财政补贴的方式为争夺人才展开支出竞争，在一定程度上能够降低人才的生活、就业成本，提高人才的幸福感，对提升地区的科技创新能力、加快转变经济增长方式、推动地区产业结构转型升级、增强地区经济增长的内生动力、支持区域经济长期可持续发展具有重要的意义。

第三章

地方税收竞争对产业结构升级效应的实证检验

从财政收支的角度来看，地方财政竞争可以分为地方税收竞争与地方财政支出竞争。前文的分析已经表明，虽然 1994 年分税制改革以来中国的税权不断向中央集中，但地方政府可以通过中央给予的区域税收优惠政策以及税收制度外的"创新"手段展开税收竞争。地方税收竞争通过作用于资本等流动性生产要素的区域布局及产业布局，间接影响地方产业结构升级，那么中国的地方税收竞争是否促进了产业结构升级呢？本章通过实证分析，检验中国的地方税收竞争对产业结构升级的实际效应。

第一节　地方税收竞争对产业结构升级效应的空间回归分析

一、实证研究设计

（一）产业结构升级的测度指标

从实证角度考察地方税收竞争对产业结构升级的影响效应，除了要构建地方税收竞争的测度指标以外，还需设计产业结构升级的测度指标。正如第一章对产业结构升级的概念界定中所指出的，本书中的产业结构升级主要是指一个国家或地区的产业结构重心沿着第一产业、第二产业、第三产业的顺序依次发生转移的过程。此外，从现有的关于产业结构升级的文献来看，学者们大多也是基于产业结构升级的这一视角设计产业结构升级测度指标。在现有文献中，关于产业结构升级的测度指标主要有以下三类：

第一类测度指标为产业结构层次系数。该指标的表达式为：产业结构层次系数=第一产业产值比重×1+第二产业产值比重×2+第三产业产值比重×3。徐德云（2008）、徐敏和姜勇（2015）、蔡海亚和徐盈之（2017）等均使用该指标来衡量产业结构升级水平。

第二类测度指标为根据克拉克定律设计的产业结构服务化指数。该指标的表达式为：产业结构服务化指数=第三产业产值÷第二产业产值。干春晖等（2011）、吴振球等（2013）、齐兰和徐云松（2017）等均使用该指标来衡量产业结构升级水平。

第三类测度指标为采用反映产业结构演进的 Moore 结构值所构建的产业结构升级指数。该类评价指标由付凌晖（2010）首创，得到了方福前和詹新宇（2011）、毛军和刘建民（2014）、高远东等（2015）、郑金铃（2016）、陶长琪和彭永樟（2017）等众多学者的认可与应用。该类指标的具体测算方法为：第一，将 GDP 按照三次产业的标准划分为第一产业、第二产业、第三产业增加值 3 个部分。第二，将三次产业增加值占 GDP 的比重分别作为向量空间中的一个分量，从而构成一组三维向量 $X_0 = (x_{1,0}, x_{2,0}, x_{3,0})$。第三，利用反余弦函数分别计算 X_0 与产业由低层次到高层次排列的三个向量，即第一产业 $X_1 = (1, 0, 0)$、第二产业 $X_2 = (0, 1, 0)$ 和第三产业 $X_3 = (0, 0, 1)$ 的夹角 θ_1、θ_2 和 θ_3，$\theta_j = \arccos\left(\dfrac{X_j^T X_0}{\|X_j\| \cdot \|X_0\|}\right)$，$j = 1, 2, 3$。第四，计算产业结构升级指数 $UIS = \sum\limits_{k=1}^{3} \sum\limits_{j=1}^{k} \theta_j$。产业结构升级指数 UIS 越大，表明产业结构升级水平越高[1]。本书也采用这种测度指标来评价中国的产业结构升级水平。

（二）计量模型构建

第二章已对我国产业结构升级水平的空间分布特征进行了检验，结果发现我国产业结构升级水平存在稳健而显著的空间自相关性。那么，在对税收竞争对产业结构升级的影响效应进行实证分析时，如果仍使用传统的 OLS 回

---

[1] 付凌晖. 我国产业结构高级化与经济增长关系的实证研究 [J]. 统计研究，2010，27（8）：79-81.

归，将会由于忽略产业结构升级水平的空间正相关性而可能导致回归结果出现一定的偏误。有鉴于此，本书使用空间计量分析方法实证考察税收竞争对产业结构升级的影响效应。

本书主要使用空间计量回归中常见的空间自回归模型（spatial autoregressive model，SAR）和空间误差模型（spatial error model，SEM）进行计量模型的设定。基本回归模型形式如下：

$$\text{SAR 模型：} UIS_{it} = \beta + \rho \sum_{j=1}^{N} W_{ij} UIS_{jt} + \alpha TCOMP_{it} + \gamma X_{it} + \mu_{it} \qquad (3-1)$$

$$\text{SEM 模型：} UIS_{it} = \beta + \alpha TCOMP_{it} + \gamma X_{it} + \varepsilon_{it}, \quad \varepsilon_{it} = \lambda \sum_{j=1}^{N} W_{ij} \varepsilon_{jt} + \mu_{it}$$

$$(3-2)$$

其中，UIS_{it} 是被解释变量，代表地区产业结构升级水平；$TCOMP_{it}$ 是计量模型中的核心解释变量，代表地方税收竞争强度；X_{it} 代表若干可能影响地区产业结构升级水平的控制变量；W_{ij} 表示在事先按照某种地区间依存关系设定的空间权重矩阵中地区 i 和 j 之间的空间关联度，$\sum_{j=1}^{N} W_{ij} UIS_{jt}$ 则用来描述其他地区的加权产业结构升级水平；μ_{it} 和 ε_{it} 为随机误差项；N 为地区总数。

空间计量模型回归结果的稳健性在很大程度上与所设定的空间权重矩阵有关。为了考察回归结果的稳健性，本书在对空间面板模型进行回归时同时使用三类空间权重矩阵，分别是 0-1 相邻矩阵、地理距离矩阵以及经济-地理距离嵌套矩阵。三类空间权重矩阵如下：

（1）0-1 相邻矩阵 W_a：$W_a = \begin{cases} 1 & \text{地区 } i \text{ 与地区 } j \text{ 相邻} & i \neq j \\ 0 & \text{地区 } i \text{ 与地区 } j \text{ 不相邻} & i \neq j \\ 0 & \text{其他} & i = j \end{cases}$

（2）地理距离矩阵 W_d：$W_d = \begin{cases} 1/d^2 & i \neq j \\ 0 & i = j \end{cases}$，其中 d 表示两地区之间的距离。

（3）经济-地理距离嵌套矩阵 W_{ec}：$W_{ec} = W_d \cdot diag(\bar{Y}_1/\bar{Y}, \ \bar{Y}_2/\bar{Y}, \cdots,$ $\bar{Y}_n/\bar{Y})$，其中 W_d 为地理距离权重矩阵，$\bar{Y}_i$ 为考察期内地区 i 的实际人均地区生产总值的均值，$\bar{Y}$ 为考察期内所有地区实际人均地区生产总值的均值。本书通过构建的经济-地理距离嵌套矩阵可以发现，如果一个地区经济相对更发达，其对周边相对落后地区的空间影响强度与辐射作用也相应更大，因此这种权重矩阵更符合实际。

（三）变量选择与数据说明

被解释变量：产业结构升级水平。被解释变量用前文所指出的由付凌晖（2010）设计的产业结构升级指数 *UIS* 来表示。

核心解释变量：地方税收竞争强度。核心解释变量用第二章所构建的地方税收竞争强度指数表示。为了更全面地考察地方税收竞争对产业结构升级的影响，计量模型中的核心解释变量——地方税收竞争强度包括广义税收竞争强度、总税收竞争强度、非税收入竞争强度、增值税竞争强度和企业所得税竞争强度等若干类型。这些指标的具体测算方法在第二章中已有详细说明，这里不再赘述。

控制变量如下：

（1）市场化。市场化用各地区非国有全社会固定资产投资额占地区全社会固定资产投资总额的比重来衡量。一国或地区非国有经济的发展水平在一定程度上体现了该国或地区的市场化程度。非国有经济的发展水平更高的国家或地区，其市场化程度一般也更高，这说明政府较少对经济进行过多的干预，更加注重市场机制作用的发挥。产业结构升级本身就要求各类生产要素从低层次、低水平的产业向高层次、高水平的产业转移。经济主体逐利的本性决定了生产要素会向更有前景的产业流动或转移。市场机制能更好地引导生产要素在产业间转移，进而能更充分地发挥其在优化资源配置、推动产业结构优化升级中的作用。因此，市场化水平的提高对产业结构升级具有促进作用。

（2）人力资本水平。人力资本水平用各地区每万人在校大学生人数来衡量。人力资本不仅是影响经济增长的重要因素，而且也在产业结构升级中扮演了重要角色。人力资本水平的提高意味着劳动力的劳动效率、劳动技能、健康素质等更高，同时也意味着劳动力在劳动过程中的创新能力更强，这可以促进产业的快速发展以及推动产业结构从低层次向高层次迈进，进而实现产业结构的优化升级。

（3）金融发展水平。金融发展水平用各地区金融机构存贷款余额与该地区生产总值的比值来衡量。金融发展从规模和效率两个维度影响产业结构升级。从总量维度看，金融发展规模的扩大可以为传统产业和落后产业的转型升级以及新兴产业的发展提供充足的信贷资金支持，整体上是有利于产业结构优化升级的。从效率维度看，金融发展效率的提升能够优化金融资本在不同行业间的合理配置，可以提高金融资本由供给向需求快速转化的动力，从而引导金融资本更多地流向符合比较优势的产业以及更有发展空间的新兴产业，推动产业结构优化升级。

（4）技术创新水平。技术创新水平用各地区专利申请授权量来衡量。技术创新在产业结构升级中占有最为核心的地位。一方面，技术创新促进传统产业改造升级和培育壮大新兴产业，从而直接推动产业结构升级；另一方面，技术创新在产业间、区域间的溢出效应非常明显，某些产业的技术创新不仅促进了该产业的发展，而且也会通过产业间的技术溢出促进其他相关产业的技术进步与发展，从而间接推动产业结构升级。

（5）贸易开放度。贸易开放度用各地区进出口总额占地区生产总值的比重来衡量。贸易开放对产业结构升级的影响效应不明确。一方面，贸易开放通过资本资本积累、消费需求、技术外溢和制度革新等效应促进产业结构升级①；另一方面，贸易开放可能导致外资向东道国转移落后的或面临被淘汰的产业，将东道国产业锁定在全球价值链的低端位置，从而阻碍了产业结构升级。

（6）城镇化水平。城镇化水平用各地区城镇人口占地区总人口的比重来衡量。城镇化意味着资本、人口等各类资源要素向城镇集聚。资本向城镇的集聚为非农产业的发展以及产业结构升级提供了资金支持。人口向城镇集聚有利于扩大内需，带动相关产业发展；有利于人力资本水平的提高和知识技术外溢，为知识技术密集型行业的发展与产业结构升级提供智力支持。因此，城镇化水平的提高将促进产业结构升级。

本书选取中国 31 个省（自治区、直辖市）的面板数据作为地方税收竞争对产业结构升级的影响效应的实证分析样本。各变量使用的数据全部来自历年《中国统计年鉴》《中国财政年鉴》以及《新中国六十年统计资料汇编》和各省份历年统计年鉴。为了降低数据的波动性，提高变量的平稳性，并尽

---

① 蔡海亚，徐盈之. 贸易开放是否影响了中国产业结构升级？［J］. 数量经济技术经济研究，2017（10）：3-22.

量消除计量模型可能存在的异方差问题，本书对所有变量进行对数化处理。表 3-1 是相关变量的描述性统计说明。

表 3-1　相关变量的描述性统计说明

变量	符号	样本数	均值	标准差	最小值	最大值
产业结构升级水平	UIS	403	1.881	0.046	1.779	2.034
广义税收竞争强度	GTCOMP	403	0.012	0.247	-0.719	0.472
总税收竞争强度	TTCOMP	403	0.060	0.304	-0.879	0.729
非税收入竞争强度	NTCOMP	403	-0.066	0.320	-1.318	0.895
增值税竞争强度	VATCOMP	403	0.066	0.327	-1.092	1.029
企业所得税竞争强度	CITCOMP	403	0.243	0.503	-1.316	1.503
市场化	MZ	403	-0.416	0.258	-2.793	-0.101
人力资本水平	HC	403	5.021	0.424	3.643	5.876
金融发展水平	FD	403	0.971	0.320	0.246	2.025
技术创新水平	TE	403	8.947	1.820	2.773	13.078
贸易开放度	EXP	403	-1.724	0.984	-4.082	0.543
城镇化水平	URB	403	-0.712	0.298	-1.599	-0.110

（四）相关变量的平稳性检验

在计量模型中，变量的平稳性直接关系到回归结果是否会出现"伪回归"现象。因此，模型进行回归前，还需对变量的单位根进行检验，以查验变量的平稳性。由于本书的计量模型为面板数据形式，因此需要使用面板数据的单位根检验方法。面板数据的单位根检验方法有很多种，考虑到本书计量模型设定为平衡面板数据，这里我们只选适用于同根的 LLC 检验（Levin-Lin-Chu test）和适用于不同根的 IPS 检验（Im-Pesaran-Shin test）[1]。

从表 3-2 中可以看出，各变量均至少在 10% 的显著性水平下通过了 LLC 检验和 IPS 检验，说明各变量是平稳的，这也保证了计量模型回归结果的真实性和可靠性。

---

[1]　面板数据的单位根检验方法还包括 ADF-Fisher 检验、PP-Fisher 检验、Harris-Tzavalis 检验、Hadri 检验、Breitung 检验等。

表 3-2　相关变量的平稳性检验

变量	LLC 检验		IPS 检验	
	Adjusted t 统计量	伴随概率	W-t-bar 统计量	伴随概率
UIS	−2.5917	0.0048	−1.5572	0.0597
GTCOMP	−2.3387	0.0097	−1.4367	0.0754
TTCOMP	−2.2613	0.0119	−4.2189	0.0000
VATCOMP	−5.3997	0.0000	−1.3648	0.0862
BTCOMP	−3.1039	0.0010	−2.0915	0.0182
CITCOMP	−3.4310	0.0003	−8.1102	0.0000
MAR	−4.2092	0.0000	−9.0171	0.0000
HC	−12.4929	0.0000	−18.0387	0.0000
FD	−4.8349	0.0000	−8.4972	0.0000
TE	−2.1518	0.0157	−7.8636	0.0000
EXP	−4.5070	0.0000	−45.8029	0.0000
URB	−4.0023	0.0000	−9.9437	0.0000

二、广义税收竞争对产业结构升级效应的实证结果分析

表 3-3 显示了基于三种不同的空间权重矩阵、两种不同的空间面板数据模型的广义税收竞争对产业结构升级的影响效应估计结果。从表 3-3 中可以发现，基于不同空间权重矩阵的不同空间面板数据模型中，广义税收竞争对产业结构升级的影响系数为负，但均未通过 10% 的显著性水平下的显著性检验。这说明从全国整体样本来看，广义税收竞争对产业结构升级的影响效应并不明显。其可能的原因如下：一方面，地方政府存在着为产业结构升级而竞争的动力，地方政府通过降低实际税费负担的方式展开广义税收竞争有利于吸引和调动资本等各类流动性生产要素发展国家鼓励发展的相关产业，这是有利于产业结构升级的，因此可以说地方广义税收竞争对产业结构升级存在正向效应；另一方面，地方政府为自身利益而展开争夺资本等流动性生产要素的税负"逐底"竞争将降低地方财政收入水平，影响地方政府为促进产

业结构升级和经济增长提供相应公共产品和公共服务的能力（Oates，1972；Zodrow & Mieszkowski，1986；Wilson，1991；Bucovetsky，1991；Huber，1999），从这个角度看，地方广义税收竞争对产业结构升级存在负向效应。与此同时，当前以 GDP 增长为核心的政绩考核机制很可能导致地方政府在面临促进经济增长与推进产业结构升级的双重任务时，优先选择促进短期经济增长这一任务，并为此展开税收竞争，在竞争策略上重点发展投资规模大、短期见效快但不符合经济转型要求的产业。这种看似"理性"的竞争行为则进一步放大了地方广义税收竞争对产业结构升级的负向效应。综上所述，地方广义税收竞争对产业结构升级的实际影响效应将取决于正向效应和负向效应的力量对比。实证结果表明，从全国整体层面来看，正向效应和负向效应力量相当，因此广义税收竞争对产业结构升级的影响效应不明确。

表 3-3　广义税收竞争对产业结构升级的影响效应估计结果

变量	0-1 相邻矩阵		地理距离矩阵		经济-地理距离嵌套矩阵	
	SAR	SEM	SAR	SEM	SAR	SEM
GTCOMP	−0.0005	0.0001	−0.0015	−0.0026	−0.0020	−0.0044
	(0.0055)	(0.0057)	(0.0054)	(0.0057)	(0.0053)	(0.0056)
MAR	0.0129***	0.0136***	0.0130***	0.0122***	0.0129***	0.0117**
	(0.0045)	(0.0046)	(0.0044)	(0.0046)	(0.0044)	(0.0045)
HC	0.0058	0.0072*	0.0047	0.0100**	0.0047	0.0110**
	(0.0038)	(0.0043)	(0.0038)	(0.0045)	(0.0037)	(0.0046)
FD	0.0298***	0.0344***	0.0266***	0.0320***	0.0265***	0.0289***
	(0.0051)	(0.0056)	(0.0051)	(0.0059)	(0.0050)	(0.0063)
TE	0.0027**	0.0047***	0.0018	0.0041***	0.0012	0.0029*
	(0.0012)	(0.0012)	(0.0012)	(0.0013)	(0.0012)	(0.0016)
EXP	0.0023	0.0019	0.0019	0.0007	0.0020	0.0014
	(0.0017)	(0.0018)	(0.0016)	(0.0018)	(0.0016)	(0.0017)
URB	0.0109	0.0179*	0.0104	0.0141	0.0099	0.0142
	(0.0094)	(0.0098)	(0.0092)	(0.0098)	(0.0092)	(0.0097)
ρ	0.3064***		0.4081***		0.4449***	
	(0.0608)		(0.0650)		(0.0669)	
λ		0.2163***		0.3395***		0.4506***
		(0.0722)		(0.0864)		(0.0937)
R^2	0.683	0.672	0.690	0.670	0.687	0.665

注：（　）内为标准差，***、**和*分别表示在1%、5%和10%的水平通过显著性检验。

从反映地区间产业结构升级空间相关性的系数 ρ 的取值来看，ρ 全部为正值，并且全都在 1% 的显著性水平下通过了显著性检验。ρ 在基于三种空间权重矩阵的计量模型中的取值大小表现为：经济-地理距离嵌套矩阵>地理距离矩阵>0-1 相邻矩阵。这不仅反映出中国地区间产业结构升级存在着空间正相关性，即邻近地区产业结构升级有利于促进本地区产业结构升级，而且也反映出产业结构升级的区际互动既体现在地理相邻或相近的地区之间，也体现在地理差异与经济差异并存的地区之间。

从控制变量的回归结果来看，市场化、金融发展水平和技术创新水平对产业结构升级存在显著的促进作用；人力资本水平对产业结构升级仅在 SEM 模型中表现出显著的正向影响；贸易开放度和城镇化水平对产业结构升级的影响系数为正，但总体不显著。

三、总税收竞争对产业结构升级效应的实证结果分析

表 3-4 显示了基于三种不同的空间权重矩阵、两种不同的空间面板数据模型的总税收竞争对产业结构升级的影响效应估计结果。从表 3-4 中可以发现，基于不同空间权重矩阵的不同空间面板数据模型中，总税收竞争对产业结构升级的影响系数为负，但除了基于经济-地理距离嵌套矩阵的 SEM 模型，总税收竞争对产业结构升级的影响系数均未通过 10% 的显著性水平下的显著性检验。这说明从全国整体样本来看，与广义税收竞争一样，作为预算内财政收入的主要形式，总税收竞争对产业结构升级的影响效应并不明显。这同样也反映了地方总税收竞争对产业结构升级的正向效应和负向效应力量相当。因此，总税收竞争对产业结构升级也未表现出明确的影响效应。

从反映地区间产业结构升级空间相关性的系数 ρ 的取值来看，ρ 全部为正值，并且全都在 1% 的显著性水平下通过了显著性检验。与基于广义税收竞争的计量模型一样，ρ 在基于三种空间权重矩阵的计量模型中的取值大小表现为：经济-地理距离嵌套矩阵>地理距离矩阵>0-1 相邻矩阵。从控制变量的回归结果来看，市场化、金融发展水平和技术创新水平对产业结构升级存在显著的促进作用；人力资本水平对产业结构升级仅在 SEM 模型中表现出显著的正向影响；贸易开放度和城镇化水平对产业结构升级的影响系数为正，但总体不显著。

表 3-4　总税收竞争对产业结构升级的影响效应估计结果

变量	0-1 相邻矩阵		地理距离矩阵		经济-地理距离嵌套矩阵	
	SAR	SEM	SAR	SEM	SAR	SEM
TTCOMP	−0.0051	−0.0046	−0.0060	−0.0074	−0.0059	−0.0093*
	(0.0053)	(0.0056)	(0.0052)	(0.0056)	(0.0052)	(0.0055)
MAR	0.0130***	0.0137***	0.0131***	0.0126***	0.0131***	0.0123***
	(0.0045)	(0.0046)	(0.0044)	(0.0046)	(0.0043)	(0.0045)
HC	0.0054	0.0068	0.0042	0.0098**	0.0043	0.0108**
	(0.0038)	(0.0043)	(0.0038)	(0.0045)	(0.0038)	(0.0046)
FD	0.0274***	0.0318***	0.0240***	0.0285***	0.0242***	0.0246***
	(0.0054)	(0.0060)	(0.0053)	(0.0064)	(0.0053)	(0.0071)
TE	0.0027**	0.0048***	0.0018	0.0042***	0.0013	0.0028*
	(0.0012)	(0.0012)	(0.0012)	(0.0014)	(0.0012)	(0.0016)
EXP	0.0018	0.0015	0.0014	0.0002	0.0015	0.0009
	(0.0017)	(0.0018)	(0.0017)	(0.0018)	(0.0017)	(0.0018)
URB	0.0107	0.0179*	0.0102	0.0140	0.0097	0.0140
	(0.0094)	(0.0098)	(0.0092)	(0.0098)	(0.0091)	(0.0097)
ρ	0.3165***		0.4191***		0.4538***	
	(0.0607)		(0.0648)		(0.0666)	
λ		0.2321***		0.3659***		0.4844***
		(0.0727)		(0.0876)		(0.0955)
R^2	0.682	0.671	0.689	0.668	0.686	0.660

注:(　)内为标准差,***、**和*分别表示在1%、5%和10%的水平通过显著性检验。

四、非税收入竞争对产业结构升级效应的实证结果分析

表 3-5 显示了基于三种不同的空间权重矩阵、两种不同的空间面板数据模型的非税收入竞争对产业结构升级的影响效应估计结果。从表 3-5 中可以发现,基于不同空间权重矩阵的不同空间面板数据模型中,非税收入竞争对产业结构升级的影响系数为正,但除了基于地理距离矩阵和经济-地理距离嵌套矩阵的 SEM 模型,非税收入竞争对产业结构升级的影响系数均通过 10%的显著性水平下的显著性检验。这说明从全国整体样本来看,非税收入竞争总体上显著地促进了产业结构升级。实际上,当前影响我国企业转型发展以及产业结构升级一个重要的原因就是企业非税负担较为沉重。地方政府通过降低非税负担的方式展开竞争,有利于激发企业等私人经济主体的投资活力与

创新活力，能够给产业结构升级带来极大的正向效应。本书的实证结果也反映了地方非税收入竞争对产业结构升级的正向效应大于负向效应，因此非税收入竞争总体上推动了产业结构升级。

表 3-5　非税收入竞争对产业结构升级的影响效应估计结果

变量	0-1 相邻矩阵		地理距离矩阵		经济-地理距离嵌套矩阵	
	SAR	SEM	SAR	SEM	SAR	SEM
NTCOMP	0.0046*	0.0042*	0.0042*	0.0032	0.0040*	0.0032
	(0.0024)	(0.0025)	(0.0023)	(0.0025)	(0.0023)	(0.0024)
MAR	0.0133***	0.0136***	0.0134***	0.0125***	0.0133***	0.0121**
	(0.0045)	(0.0046)	(0.0044)	(0.0046)	(0.0043)	(0.0045)
HC	0.0061	0.0074*	0.0050	0.0100**	0.0051	0.0111**
	(0.0038)	(0.0043)	(0.0038)	(0.0045)	(0.0037)	(0.0045)
FD	0.0294***	0.0339***	0.0267***	0.0329***	0.0268***	0.0311***
	(0.0046)	(0.0050)	(0.0046)	(0.0051)	(0.0045)	(0.0054)
TE	0.0027**	0.0048***	0.0018	0.0042***	0.0013	0.0032**
	(0.0012)	(0.0012)	(0.0012)	(0.0013)	(0.0012)	(0.0015)
EXP	0.0020	0.0015	0.0017	0.0006	0.0018	0.0012
	(0.0017)	(0.0017)	(0.0016)	(0.0017)	(0.0016)	(0.0017)
URB	0.0105	0.0174*	0.0101	0.0138	0.0096	0.0136
	(0.0093)	(0.0098)	(0.0092)	(0.0098)	(0.0091)	(0.0097)
ρ	0.3036***		0.4007***		0.4353***	
	(0.0598)		(0.0641)		(0.0662)	
λ		0.2075***		0.3114***		0.4148***
		(0.0710)		(0.0845)		(0.0907)
R^2	0.688	0.676	0.696	0.674	0.692	0.671

注：（　）内为标准差，***、**和*分别表示在1%、5%和10%的水平通过显著性检验。

　　从反映地区间产业结构升级空间相关性的系数 ρ 的取值来看，ρ 全部为正值，并且全都在1%的显著性水平下通过了显著性检验。与基于广义税收竞争的计量模型一样，ρ 在基于三种空间权重矩阵的计量模型中的取值大小表现为：经济-地理距离嵌套矩阵>地理距离矩阵>0-1 相邻矩阵。从控制变量的回归结果来看，市场化、金融发展水平和技术创新水平对产业结构升级存在显著的促进作用；人力资本水平对产业结构升级仅在 SEM 模型中表现出显著的正向影响；贸易开放度和城镇化水平对产业结构升级的影响系数为正，但总体不显著。

五、增值税竞争对产业结构升级效应的实证结果分析

表 3-6 显示了基于三种不同的空间权重矩阵、两种不同的空间面板数据模型的增值税竞争对产业结构升级的影响效应估计结果。从表 3-6 中可以发现，基于不同空间权重矩阵的不同空间面板数据模型中，增值税竞争对产业结构升级的影响系数为负，但均未通过 10% 的显著性水平下的显著性检验。这说明从全国整体样本来看，与广义税收竞争一样，增值税竞争对产业结构升级的影响效应并不明显。事实上，长期以来以经济增长为核心的政绩考核机制激励地方政府优先选择"利大税高"的工业作为促进地方经济增长的主导产业，而增值税既是商品税的主要税种，又是工业企业纳税的主要形式，自然成为地方政府借以利用，以吸引外来资本、助推工业发展的重要竞争手段。虽然增值税竞争有利于降低工业企业税负，支撑产业结构转型升级，但与此同时，增值税竞争一方面扭曲了三次产业间的协调发展，从而不利于产业结构升级；另一方面也降低了地方政府获取财政收入的能力，进一步抑制了地方政府为产业结构升级提供公共产品的能力。本书的实证结果反映了地方增值税竞争对产业结构升级的正向效应和负向效应力量相当，因此增值税竞争对产业结构升级的影响效应不明确。

从反映地区间产业结构升级空间相关性的系数 ρ 的取值来看，ρ 全部为正值，并且全都在 1% 的显著性水平下通过了显著性检验。与基于广义税收竞争的计量模型一样，ρ 在基于三种空间权重矩阵的计量模型中的取值大小表现为：经济-地理距离嵌套矩阵>地理距离矩阵>0-1 相邻矩阵。从控制变量的回归结果来看，市场化、金融发展水平和技术创新水平对产业结构升级存在显著的促进作用；人力资本水平对产业结构升级仅在 SEM 模型中表现出显著的正向影响；贸易开放度和城镇化水平对产业结构升级的影响系数为正，但总体不显著。

表 3-6　增值税竞争对产业结构升级的影响效应估计结果

变量	0-1 相邻矩阵		地理距离矩阵		经济-地理距离嵌套矩阵	
	SAR	SEM	SAR	SEM	SAR	SEM
VATCOMP	−0.0012 (0.0030)	−0.0020 (0.0031)	−0.0014 (0.0029)	−0.0026 (0.0031)	−0.0009 (0.0029)	−0.0015 (0.0030)

表3-6(续)

变量	0-1 相邻矩阵		地理距离矩阵		经济-地理距离嵌套矩阵	
	SAR	SEM	SAR	SEM	SAR	SEM
MAR	0.0125***	0.0129***	0.0126***	0.0115**	0.0127***	0.0114**
	(0.0046)	(0.0047)	(0.0045)	(0.0047)	(0.0045)	(0.0046)
HC	0.0059	0.0075*	0.0049	0.0105**	0.0049	0.0112**
	(0.0038)	(0.0043)	(0.0038)	(0.0045)	(0.0037)	(0.0046)
FD	0.0296***	0.0333***	0.0266***	0.0316***	0.0269***	0.0305***
	(0.0048)	(0.0053)	(0.0047)	(0.0055)	(0.0047)	(0.0057)
TE	0.0027**	0.0048***	0.0018	0.0041***	0.0012	0.0031**
	(0.0012)	(0.0012)	(0.0012)	(0.0013)	(0.0012)	(0.0015)
EXP	0.0022	0.0017	0.0019	0.0006	0.0020	0.0014
	(0.0017)	(0.0018)	(0.0016)	(0.0018)	(0.0016)	(0.0018)
URB	0.0112	0.0184*	0.0108	0.0148	0.0102	0.0145
	(0.0094)	(0.0098)	(0.0092)	(0.0099)	(0.0092)	(0.0098)
ρ	0.3055***		0.4056***		0.4404***	
	(0.0599)		(0.0641)		(0.0661)	
λ		0.2212***		0.3370***		0.4287***
		(0.0708)		(0.0835)		(0.0889)
R^2	0.683	0.672	0.691	0.671	0.688	0.668

注:( ) 内为标准差,***、**和*分别表示在1%、5%和10%的水平通过显著性检验。

六、企业所得税竞争对产业结构升级效应的实证结果分析

表3-7 显示了基于三种不同的空间权重矩阵、两种不同的空间面板数据模型的企业所得税竞争对产业结构升级的影响效应估计结果。从表3-7 中可以发现,基于0-1 相邻矩阵的 SAR 模型中企业所得税竞争对产业结构升级的影响系数在10%的显著性水平下显著为负;基于0-1 相邻矩阵的 SEM 模型中企业所得税竞争对产业结构升级的影响系数在1%的显著性水平下也显著为负;基于地理距离矩阵和经济-地理距离嵌套矩阵的 SAR 模型中企业所得税竞争对产业结构升级存在并不显著的负向影响效应,而基于地理距离矩阵和经济-地理距离嵌套矩阵的 SEM 模型中企业所得税竞争对产业结构升级至少在5%的显著性水平下具有显著的负向影响效应。综合上述回归结果,从全国整体样本来看,企业所得税竞争总体上显著抑制了产业结构升级。事实上,

地方政府实施的各种企业所得税优惠政策一直以来就是吸引外来资本、实现地方政府执政目标的重要竞争手段之一。虽然企业所得税竞争有利于降低企业税负，从而有利于产业结构升级，但与此同时，根据新经济地理学的观点，经济增长过程中集聚经济的不断发展壮大所形成的"集聚租"降低了企业对低税负的敏感性。在这种情况下，地方政府展开的企业所得税竞争不仅难以有效吸引资本，而且更为重要的是降低了地方政府的财政收入增长水平，进而抑制了地方政府为产业结构升级提供公共产品的能力。本书的实证结果反映了地方企业所得税竞争对产业结构升级的正向效应小于负向效应，总体上表现出对产业结构升级的抑制效应。

表 3-7　企业所得税竞争对产业结构升级的影响效应估计结果

变量	0-1 相邻矩阵		地理距离矩阵		经济-地理距离嵌套矩阵	
	SAR	SEM	SAR	SEM	SAR	SEM
$CITCOMP$	-0.0043^* (0.0024)	-0.0079^{***} (0.0029)	-0.0035 (0.0024)	-0.0060^{***} (0.0026)	-0.0033 (0.0024)	-0.0063^{**} (0.0025)
MAR	0.0133^{***} (0.0044)	0.0154^{***} (0.0046)	0.0133^{***} (0.0044)	0.0133^{***} (0.0046)	0.0132^{***} (0.0044)	0.0129^{***} (0.0045)
HC	0.0041 (0.0039)	0.0050 (0.0045)	0.0033 (0.0039)	0.0085^* (0.0046)	0.0035 (0.0038)	0.0092^{**} (0.0046)
FD	0.0271^{***} (0.0049)	0.0267^{***} (0.0062)	0.0249^{***} (0.0048)	0.0276^{***} (0.0059)	0.0252^{***} (0.0048)	0.0248^{***} (0.0062)
TE	0.0025^{**} (0.0012)	0.0046^{***} (0.0012)	0.0017 (0.0012)	0.0039^{***} (0.0014)	0.0012 (0.0012)	0.0026 (0.0016)
EXP	0.0019 (0.0017)	0.0012 (0.0017)	0.0016 (0.0016)	0.0001 (0.0018)	0.0017 (0.0016)	0.0009 (0.0017)
URB	0.0127 (0.0094)	0.0214^{**} (0.0098)	0.0120 (0.0092)	0.0168^* (0.0098)	0.0114 (0.0092)	0.0173^* (0.0097)
ρ	0.3220^{***} (0.0601)		0.4125^{***} (0.0640)		0.4466^{***} (0.0659)	
λ		0.3200^{***} (0.0797)		0.3933^{***} (0.0868)		0.4931^{***} (0.0891)
R^2	0.679	0.666	0.689	0.668	0.686	0.661

注：（　）内为标准差，***、**和*分别表示在1%、5%和10%的水平通过显著性检验。

从反映地区间产业结构升级空间相关性的系数 ρ 的取值来看，ρ 全部为正值，并且全都在1%的显著性水平下通过了显著性检验。与基于广义税收竞争的计量模型一样，ρ在基于三种空间权重矩阵的计量模型中的取值大小表现为：经济-地理距离嵌套矩阵>地理距离矩阵>0-1相邻矩阵。从控制变量的回归结果来看，市场化和金融发展水平对产业结构升级存在显著的促进作用；技术创新水平、人力资本水平和城镇化水平对产业结构升级仅在部分模型中表现出显著的正向影响；贸易开放度对产业结构升级的影响为正，但并不显著。

第二节　地方税收竞争对产业结构升级效应的门限回归分析

一、理论假说

改革开放以来，我国按照东部地区→西部地区→东北地区→中部地区的先后次序实施了一系列区域发展战略，极大地促进了经济社会的快速发展。然而，由于我国实施的是先后有别，而非齐头并进的区域发展战略，不同区域间在经济增长的同时也逐渐拉开了差距。一个重要的特征便是东部地区凭借中央优惠政策演化出来的先发优势集聚了大量优质生产要素或资源，在经济发展中占得了先机，处于全国领先地位；而广大中西部地区由于区位劣势以及区域发展战略的实施相对较晚，在吸引流动性生产要素中并不占优势。那么这种因经济发展水平差异造成的区域异质性是否会影响地方税收竞争的产业结构升级效应呢？本书接下来基于经济发展水平的区域异质性视角实证考察地方税收竞争对产业结构升级是否存在以经济发展水平为门限变量的非线性效应，以便更好地指导地方税收竞争实践。

进入21世纪以来，中央执政理念的变化赋予了地方政府双重的经济发展任务，一方面要求地方政府促进当地经济总量快速增长，另一方面强调地方政府要加快推进产业结构转型升级。中国的政绩考核机制引导地方政府在这两项任务中作出最优选择。在资源要素有限的前提下，以经济增速为核心的政绩考核机制以及官员有限任期制决定了地方政府的首要任务是促进当地经济短期内快速增长，同时兼顾产业结构升级任务，并为此而展开争夺流动性资源要素的财政竞争。

对经济发展水平较低的地区来说，工业化滞后，产业结构层次也较低，推进产业结构升级与促进短期经济增长的双重任务一般具有同一性。也就是说，经济发展水平较低的地区通过实施相关财税优惠政策，吸引资本等流动性生产要素流入，既有利于提升产业结构层次，又能促进经济快速增长。结合第二章关于我国地方税收竞争现状分析的内容来看，广大的中西部省份为吸引资本等流动性生产要素而竞相实施各类税收优惠或降低征税措施，努力展开"逐底"的税收竞争强度明显高于东部省份。实际上，对经济发展水平较低的地区来说，由于财力有限，通过税收优惠等手段降低资本等流动性生产要素的实际税负是最自然，也是最易实施的吸引流动性要素或资源的方式。更低的实际税负意味着更强的税收竞争优势，有助于其快速吸引流动性生产要素，尤其是资本，以此促进本地区产业结构升级并实现经济的快速增长。

但是对经济发展水平较高的地区来说，工业较为发达且集聚程度较高，产业结构层次也较高，推进产业结构升级与促进短期经济增长的双重任务往往不兼容。如果要促进短期经济增长，一般会减缓产业结构升级步伐，而如果推进产业结构升级，常常又会牺牲短期经济增长。如果坚定推进产业结构升级的决心，则会提升经济长期可持续发展的潜力。然而，在不合理的政绩考核机制下，经济发展水平较高的地区的政府虽然也会为推进产业结构升级而竞争，但是其参与财政竞争最主要的目的仍然是追求短期经济增长，为此很可能继续通过招商引资上马投资规模大、短期内见效快的工业项目，致使工业过度发展，而忽视了三次产业均衡发展的重要性，从而不利于产业结构升级。同时，按照新经济地理学的观点，资本在进行投资决策时不仅考虑潜在投资地的包括财税支持政策在内的经济激励，而且也考虑这些潜在投资地的区位优势，特别是生产要素、资源和产业的集聚状况。新经济地理学认为，集聚经济所形成的"集聚租"降低了资本对税负的敏感性。也就是说，对经济发展水平较高的地区来说，工业集聚经济已有相当规模，通过降低实际税负的方式吸引资本的效果已经趋弱。在这种局面下，地方竞相降低税负的"逐底"竞争虽然还能吸引一部分资本流入，但是资本流入对税收收入的贡献会被低税负造成的税收收入减少所抵消，因而致使地方可能无法满足资本投资和产业结构转型升级对大量优质公共品的需求。此外，"逐底"的税收竞争可能还会导致大量资本流入低税负地区进行投机或避税活动，并不利于产业

结构转型升级与经济增长。由此,本书提出以下两个理论假说:

假说1:对经济发展水平较低的地区来说,地方税收竞争可能促进产业结构升级。

假说2:对经济发展水平较高的地区来说,地方税收竞争对产业结构升级的促进作用已经不再显著,甚至还可能表现出一定的抑制效应。

二、门限面板模型设定

以上理论分析表明,地方税收竞争影响产业结构升级的效应可能受到经济发展水平的影响,也就是说地方税收竞争对产业结构升级的影响可能存在以经济发展水平为门限值的非线性效应。有鉴于此,本书根据汉森(Hansen,1999)提出的门限面板数据模型构建了以经济发展水平为门限值的地方税收竞争对产业结构升级影响的门限面板数据模型。由于门限值可能仅存在一个,也可能存在多个,因此门限面板数据模型相应地分为单门限面板数据模型、双门限面板数据模型、三门限面板数据模型等。当然具体存在几个门限值需要构造相关的统计量进行检验。这里以双门限面板数据模型的构建为例进行说明。本书构建的地方税收竞争对产业结构升级影响的门限面板数据模型设定如下:

$$UIS_{it} = \beta_i + \varphi_1 TCOMP_{it} I(GDPPC_{it} \leq \eta_1) + \varphi_2 TCOMP_{it} I(\eta_1 < GDPPC_{it} \leq \eta_2) + \varphi_3 TCOMP_{it} I(GDPPC_{it} > \eta_2) + \gamma X_{it} + \mu_{it} \qquad (3-3)$$

该双门限面板数据模型可以改写为如下形式:

$$UIS_{it} = \begin{cases} \beta_i + \varphi_1 TCOMP_{it} + \gamma X_{it} + \mu_{it}, & \text{当 } GDPPC_{it} \leq \eta_1 \text{ 时} \\ \beta_i + \varphi_2 TCOMP_{it} + \gamma X_{it} + \mu_{it}, & \text{当 } \eta_1 < GDPPC_{it} \leq \eta_2 \text{ 时} \\ \beta_i + \varphi_3 TCOMP_{it} + \gamma X_{it} + \mu_{it}, & \text{当 } GDPPC_{it} > \eta_2 \text{ 时} \end{cases} \qquad (3-4)$$

其中,UIS_{it} 是被解释变量,代表地区产业结构升级水平;$TCOMP_{it}$ 是计量模型中的核心解释变量,代表地方税收竞争强度,与基于空间面板数据模型一样,其包括广义税收竞争强度、总税收竞争强度、非税收入竞争强度、增值税竞争强度和企业所得税竞争强度等若干类型;X_{it} 代表若干可能影响地区产业结构升级水平的控制变量,包括市场化、人力资本水平、金融发展水平、技术创新水平、贸易开放度、城镇化水平;$I(\cdot)$ 为指示函数;$GDPPC_{it}$ 为人均地区生产总值,是模型中的门限变量,代表地区经济发展水平

（为了消除物价因素的影响，这里 $GDPPC_{it}$ 使用地区生产总值平减指数统一调整为按可比价进行计算的结果）；η_1 和 η_2 等为门限值；μ_{it} 为随机误差项。这里仍然选取中国 31 个省（自治区、直辖市）的面板数据作为实证分析样本。其中，各地区人均地区生产总值和地区生产总值平减指数等相关数据来自历年《中国统计年鉴》和历年各省份统计年鉴。为了降低数据的波动性，提高变量的平稳性，并尽可能消除计量模型可能存在的异方差问题，本书对所有变量进行对数化处理。

三、门限效应检验

本书的研究首先需要检验本书构建的地方税收竞争对产业结构升级影响的门限面板数据模型中地区经济发展水平是否存在门限值以及存在几个门限值，这需要对门限变量——地区经济发展水平进行显著性检验。本书采取 Bootstrap 法进行自抽样 300 次，构造相关的 F 统计量进行检验，以广义税收竞争强度、总税收竞争强度、非税收入竞争强度、增值税竞争强度和企业所得税竞争强度等税收竞争变量作为解释变量的地方税收竞争对产业结构升级的门限效应检验结果如表 3-8 所示①。

表 3-8　地方税收竞争对产业结构升级的门限效应检验结果

解释变量	门限变量	门限个数	F 值	P 值	临界值		
					1%	5%	10%
广义税收竞争强度	经济发展水平	单门限	31.50	0.0733	44.51	34.14	27.85
		双门限	10.01	0.6000	41.05	30.65	24.89
总税收竞争强度	经济发展水平	单门限	34.43	0.0567	50.63	35.19	26.60
		双门限	15.56	0.3133	54.21	34.43	28.71
非税收入竞争强度	经济发展水平	单门限	26.19	0.0967	62.35	32.15	25.58
		双门限	9.93	0.5033	38.96	27.63	22.98
企业所得税竞争强度	经济发展水平	单门限	31.55	0.0533	44.90	31.66	24.47
		双门限	24.29	0.1233	50.70	30.15	25.38

---

① 以增值税竞争强度作为解释变量的门限面板模型未检验出门限效应。

从表 3-8 中可以看出，在以广义税收竞争强度、总税收竞争强度、非税收入竞争强度和企业所得税竞争强度等作为解释变量的门限面板模型中，单门限效应均十分显著，而双门限效应均不显著。其中，在以广义税收竞争强度作为解释变量的门限面板模型中，单门限效应检验的 F 值为 31.50，在 10%的显著性水平下显著，而双门限效应检验的 F 值为 10.01，未能通过 10%的显著性检验；在以总税收竞争强度作为解释变量的门限面板模型中，单门限效应检验的 F 值为 34.43，在 10%的显著性水平下显著，而双门限效应检验的 F 值为 15.56，未能通过 10%的显著性检验；在以非税收入竞争强度作为解释变量的门限面板模型中，单门限效应检验的 F 值为 26.19，在 10%的显著性水平下显著，而双门限效应检验的 F 值为 9.93，未能通过 10%的显著性检验；在以企业所得税竞争强度作为解释变量的门限面板模型中，单门限效应检验的 F 值为 31.55，在 10%的显著性水平下显著，而双门限效应检验的 F 值为 24.29，未能通过 10%的显著性检验。

四、门限值估计

本书通过以上门限效应检验，可以确定以广义税收竞争强度、总税收竞争强度和企业所得税竞争强度等作为解释变量的门限面板模型应设定为单门限面板模型。接下来，本书还需对经济发展水平这一门限变量的门限值进行估计并检验估计结果是否为真实的门限值。经济发展水平的门限值估计结果如表 3-9 所示。

表 3-9　经济发展水平的门限值估计结果

解释变量	门限变量	单门限估计值（自然对数值）	95%的置信区间
广义税收竞争强度	经济发展水平	8.8458	[8.8430, 8.8461]
总税收竞争强度	经济发展水平	8.8458	[8.8430, 8.8461]
非税收入竞争强度	经济发展水平	8.6248	[8.5221, 8.6435]
企业所得税竞争强度	经济发展水平	9.0926	[9.0640, 9.1084]

由表 3-9 可知，在以广义税收竞争强度作为解释变量的单门限面板模型中，经济发展水平的门限值为 8.8458（对应的实际人均地区生产总值为 6 945.158 元），通过了 5%的显著性检验；在以总税收竞争强度作为解释变量

的单门限面板模型中，经济发展水平的门限值同样也为 8.8458（对应的实际人均地区生产总值为 6 945.158 元），也通过了 5% 的显著性检验；在以非税收入竞争强度作为解释变量的单门限面板模型中，经济发展水平的门限值为 8.6248（对应的实际人均地区生产总值为 5 568.049 元），通过了 5% 的显著性检验；在以企业所得税竞争强度作为解释变量的单门限面板模型中，经济发展水平的门限值为 9.0926（对应的实际人均地区生产总值为 8 889.268 元），通过了 5% 的显著性检验。总体来看，在以不同的税收竞争强度作为解释变量的单门限面板模型中，经济发展水平的单门限值存在一定的差异。

五、门限面板模型回归结果分析

通过上述门限效应检验及门限值估计可知，地方税收竞争对产业结构升级存在非线性效应。因此，本书将以实际人均地区生产总值表征的经济发展水平为门限变量并建立门限面板模型考察地方税收竞争对产业结构升级在不同门限区间的影响效应。以各类税收竞争变量作为解释变量的门限面板模型回归结果如表 3-10 至 3-13 所示。

（一）广义税收竞争对产业结构升级效应的门限回归结果分析

表 3-10 的回归结果验证了广义税收竞争对产业结构升级因地方经济发展水平的高低而存在差异化的影响效应。从门限变量的取值区间来看，当实际人均地区生产总值（GDPPC）的自然对数值 ≤8.8458 时，广义税收竞争对产业结构升级存在显著的促进效应，广义税收竞争强度提高 1%，产业结构升级水平提高 0.0595%。也就是说，对经济发展水平较低的地区来说，广义税收竞争强度的提高有助于产业结构升级，这很好地验证了假说 1。而当实际人均地区生产总值（GDPPC）的自然对数值 >8.8458 时，广义税收竞争对产业结构升级不存在显著的影响。也就是说，对经济发展水平相对较高的地区来说，广义税收竞争强度的提高并不能促进产业结构升级，这也很好地验证了假说 2。

表 3-10 广义税收竞争对产业结构升级效应的门限回归结果

变量		回归系数
MAR		0.0243***
		(0.0052)
HC		0.0074*
		(0.0040)
FD		0.0401***
		(0.0050)
TE		0.0051***
		(0.0012)
EXP		0.0023
		(0.0018)
URB		0.0078
		(0.0099)
GDPPC（门限变量）	区间 1（≤门限值）	0.0595***
		(0.0117)
	区间 2（>门限值）	0.0016
		(0.0057)
R^2		0.70

注：（　）内为标准差，***、**和*分别表示在1%、5%和10%的水平通过显著性检验。

（二）总税收竞争对产业结构升级效应的门限回归结果分析

表 3-11 的回归结果验证了总税收竞争对产业结构升级因地方经济发展水平的高低而存在差异化的影响效应。从门限变量的取值区间来看，当实际人均地区生产总值（GDPPC）的自然对数值≤8.8458 时，总税收竞争对产业结构升级存在显著的促进效应，总税收竞争强度提高 1%，产业结构升级水平提高 0.0535%。也就是说，对经济发展水平较低的地区来说，总税收竞争强度的提高有助于产业结构升级，这很好地验证了假说 1。而当实际人均地区生产总值（GDPPC）的自然对数值>8.8458 时，总税收竞争对产业结构升级不存在显著的影响。也就是说，对经济发展水平较高的地区来说，总税收竞争强度的提高并不能促进产业结构升级，这也很好地验证了假说 2。

表 3-11　总税收竞争对产业结构升级效应的门限回归结果

变量		回归系数
MAR		0.0244***
		(0.0052)
HC		0.0095**
		(0.0041)
FD		0.0400***
		(0.0053)
TE		0.0048***
		(0.0012)
EXP		0.0026
		(0.0018)
URB		0.0080
		(0.0099)
GDPPC（门限变量）	区间 1（<门限值）	0.0535***
		(0.0109)
	区间 2（>门限值）	0.0007
		(0.0055)
R^2		0.70

注：（　）内为标准差，***、**和*分别表示在 1%、5%和 10%的水平通过显著性检验。

（三）非税收入竞争对产业结构升级效应的门限回归结果分析

表 3-12 的回归结果验证了非税收入竞争对产业结构升级因地方经济发展水平的高低而存在差异化的影响效应。从门限变量的取值区间来看，当实际人均地区生产总值（GDPPC）的自然对数值≤8.6248 时，非税收入竞争对产业结构升级存在显著的促进效应，非税收入竞争强度提高 1%，产业结构升级水平提高 0.0544%。也就是说，对经济发展水平较低的地区来说，非税收入竞争强度的提高有助于产业结构升级，这很好地验证了假说 1。而当实际人均地区生产总值（GDPPC）的自然对数值>8.6248 时，非税收入竞争对产业结构升级同样存在显著的正向影响，但系数值由 0.0544 大幅降低到 0.0049，同时显著性也有所下降，这意味着随着经济发展水平的提高，非税收入竞争对产业结构升级的促进作用呈递减趋势，这也基本验证了假说 2。

表 3-12   非税收入竞争对产业结构升级效应的门限回归结果

变量		回归系数
MAR		0.0116**
		(0.0047)
HC		0.0048
		(0.0041)
FD		0.0372***
		(0.0046)
TE		0.0054***
		(0.0012)
EXP		0.0013
		(0.0017)
URB		0.0150
		(0.0099)
GDPPC（门限变量）	区间1（<门限值）	0.0544***
		(0.0104)
	区间2（>门限值）	0.0049*
		(0.0025)
R^2		0.70
样本数		403

注：（　）内为标准差，***、**和*分别表示在1%、5%和10%的水平通过显著性检验。

（四）企业所得税竞争对产业结构升级效应的门限回归结果分析

表 3-13 的回归结果验证了企业所得税竞争对产业结构升级因地方经济发展水平的高低而存在差异化的影响效应。从门限变量的取值区间来看，当实际人均地区生产总值（GDPPC）的自然对数值≤9.0926时，企业所得税竞争对产业结构升级存在显著的促进效应，企业所得税竞争强度提高1%，产业结构升级水平提高0.0106%。也就是说，对经济发展水平较低的地区来说，企业所得税竞争强度的提高有助于产业结构升级，这很好地验证了假说1。而当实际人均地区生产总值（GDPPC）的自然对数值>9.0926时，企业所得税竞争对产业结构升级反而存在显著的负向影响。也就是说，对经济发展水平较

高的地区来说，企业所得税竞争强度的提高会抑制产业结构升级，这也很好地验证了假说2。

表3-13 企业所得税竞争对产业结构升级效应的门限回归结果

变量		回归系数
MAR		0.0157***
		(0.0048)
HC		0.0097**
		(0.0042)
FD		0.0344***
		(0.0049)
TE		0.0048***
		(0.0012)
EXP		0.0016
		(0.0018)
URB		0.0209**
		(0.0099)
GDPPC（门限变量）	区间1（<门限值）	0.0106***
		(0.0035)
	区间2（>门限值）	−0.0044*
		(0.0026)
R^2		0.70

注：（　　）内为标准差，***、**和*分别表示在1%、5%和10%的水平通过显著性检验。

第四章

地方财政支出竞争对产业结构升级效应的实证检验

地方政府为实现自身利益或本地利益最大化，除了可以利用税收手段或工具展开争夺流动性生产要素的税收竞争外，还可以利用财政支出手段或工具展开财政支出竞争。第三章实证检验了中国的地方税收竞争对产业结构升级的实际效应。本章从财政支出竞争的角度，通过构建省际空间面板模型和门限面板模型，实证检验中国的地方财政支出竞争对产业结构升级的实际效应。

第一节　地方财政支出竞争对产业结构升级效应的空间回归分析

一、实证研究设计

（一）计量模型构建

第二章第二节已对我国产业结构升级水平的空间分布特征进行了检验，结果发现我国产业结构升级水平存在稳健而显著的空间自相关性。因此，本书使用空间计量分析方法实证考察财政支出竞争对产业结构升级的影响效应。

本书主要使用空间计量回归中常见的空间自回归模型（spatial autoregressive model，SAR）和空间误差模型（spatial error model，SEM）进行计量模型的设定。基本回归模型形式如下：

$$\text{SAR 模型：} UIS_{it} = \beta + \rho \sum_{j=1}^{N} W_{ij} UIS_{jt} + \alpha FECOMP_{it} + \gamma X_{it} + \mu_{it} \qquad (4-1)$$

$$\text{SEM 模型：} UIS_{it} = \beta + \alpha FECOMP_{it} + \gamma X_{it} + \varepsilon_{it}, \quad \varepsilon_{it} = \lambda \sum_{j=1}^{N} W_{ij}\varepsilon_{jt} + \mu_{it}$$

$$(4-2)$$

其中，UIS_{it} 是被解释变量，代表地区产业结构升级水平；$FECOMP_{it}$ 是计量模型中的核心解释变量，代表地方财政支出竞争强度；X_{it} 代表若干可能影响地区产业结构升级水平的控制变量；W_{ij} 表示在事先按照某种地区间依存关系设定的空间权重矩阵中地区 i 和 j 之间的空间关联度，$\sum_{j=1}^{N} W_{ij}UIS_{jt}$ 则用来描述其他地区的加权产业结构升级水平；μ_{it} 和 ε_{it} 为随机误差项；N 为地区总数。

与使用空间计量方法考察地方税收竞争对产业结构升级的实际效应一样，本章在空间计量模型中也同时使用 0-1 相邻矩阵、地理距离矩阵以及经济-地理距离嵌套矩阵三类空间权重矩阵进行回归，以考察回归结果的稳健性。三类空间权重矩阵的形式在第三章中已有明确说明，这里不再赘述。

（二）变量选择与数据说明

被解释变量：产业结构升级水平。本书用付凌晖（2010）设计的产业结构升级指数 UIS 来表示被解释变量，该指数的构造过程第三章已有明确说明，这里不再赘述。

核心解释变量：地方财政支出竞争。本书用第二章所构建的地方财政支出竞争强度指数表示核心解释变量。为了更全面地考察地方财政支出竞争对产业结构升级的影响，计量模型中的核心解释变量——地方财政支出竞争强度包括总支出竞争强度、经济性支出竞争强度和民生性支出竞争强度三种类型。这些指标的具体测算公式在第二章中已有详细说明，这里不再赘述。

与使用空间计量方法考察地方税收竞争对产业结构升级效应的做法一样，控制变量如下：

（1）市场化。市场化用各地区非国有全社会固定资产投资额占地区全社会固定资产投资总额的比重来衡量。

（2）人力资本水平。人力资本水平用各地区每万人在校大学生人数来衡量。

（3）金融发展水平。金融发展水平用各地区金融机构存贷款余额与该地区生产总值的比值来衡量。

（4）技术创新水平。技术创新水平用各地区专利申请授权量来衡量。

（5）贸易开放度。贸易开放度用各地区进出口总额占地区生产总值的比重来衡量。

（6）城镇化水平。城镇化水平用各地区城镇人口占地区总人口的比重来衡量。

根据分项财政支出竞争指标的统计口径在 2007 年前后发生较大变化及数据的可获得性，本书选取中国 31 个省（自治区、直辖市）的面板数据作为地方财政总支出竞争对产业结构升级效应的实证分析样本，选取始于 2007 年的 31 个省（自治区、直辖市）的面板数据作为地方经济性支出竞争和民生性支出竞争对产业结构升级效应的实证分析样本。各变量使用的数据全部来自历年《中国统计年鉴》《中国财政年鉴》以及《新中国六十年统计资料汇编》和各省份历年统计年鉴。为了降低数据的波动性，提高变量的平稳性，并尽可能消除计量模型可能存在的异方差问题，本书对所有变量进行对数化处理。表 4-1 是相关变量的描述性统计说明[1]。

表 4-1　相关变量的描述性统计说明

变量	符号	样本数	均值	标准差	最小值	最大值
产业结构升级指数	UIS	279	1.879	0.044	1.801	2.034
总支出竞争强度	$TFECOMP$	403	0.215	0.462	−0.550	1.951
经济性支出竞争强度	$FEECOMP$	279	0.020	0.126	−0.336	0.453
民生性支出竞争强度	$FPECOMP$	279	−0.018	0.107	−0.498	0.140
市场化	MZ	279	−0.393	0.206	−1.323	−0.101
人力资本水平	HC	279	5.103	0.331	4.198	5.876
金融发展水平	FD	279	0.948	0.315	0.246	2.025
技术水平	TE	279	9.10	1.700	4.220	13.078
贸易依存度	EXP	279	−1.693	0.970	−3.332	0.543
城镇化水平	URB	279	−0.691	0.277	−1.537	−0.110

[1]　由于本书选取中国 31 个省（自治区、直辖市）的面板数据作为地方财政总支出竞争对产业结构升级效应的实证分析样本，与第三章实证考察地方税收竞争对产业结构升级效应的样本期设定以及被解释变量、控制变量的选取完全一致，为避免重复，这里仅列出总支出竞争强度指标的相关描述性统计量。

（三）相关变量的平稳性检验

在计量模型中，变量的平稳性直接关系到回归结果是否会出现"伪回归"现象。因此，在对模型进行回归前，本章还需要对变量的单位根进行检验，以查验变量的平稳性。与第三章的做法一样，这里也使用 LLC 检验和 IPS 检验这两种面板数据的单位根检验方法对被解释变量和所有解释变量进行平稳性检验。相关变量的平稳性检验结果如表 4-2 所示。从表 4-2 中可以发现，所有变量均为平稳序列，从而保证了计量模型回归结果的真实性和可靠性。

表4-2　相关变量的平稳性检验结果

变量	LLC 检验		IPS 检验	
	Adjusted t 统计量	伴随概率	W-t-bar 统计量	伴随概率
UIS	−3. 1534	0. 0008	−38. 0929	0. 0000
TFECOMP	−6. 2479	0. 0000	−35. 5622	0. 0000
FEECOMP	−5. 5382	0. 0000	−3. 1572	0. 0008
FPECOMP	−7. 4682	0. 0000	−3. 9847	0. 0000
MAR	−3. 3420	0. 0004	−9. 3604	0. 0000
HC	−11. 1037	0. 0000	−3. 9845	0. 0000
FD	−1. 7233	0. 0424	−12. 1244	0. 0000
TE	−9. 7663	0. 0000	−10. 1986	0. 0000
EXP	−6. 3047	0. 0000	−5. 3315	0. 0000
URB	−41. 8294	0. 0000	−43. 5737	0. 0000

二、总支出竞争对产业结构升级效应的实证结果分析

表4-3 显示了基于三种不同的空间权重矩阵、两种不同的空间面板数据模型的总支出竞争对产业结构升级效应的估计结果。从表4-3 中可以发现，基于不同空间权重矩阵的不同空间面板数据模型中，总支出竞争对产业结构升级的影响系数均为负，但除了基于 0-1 相邻矩阵的 SEM 模型回归结果外，其余均未通过 10% 的显著性检验。这说明从全国整体样本来看，总支出竞争对产业结构升级的实际效应并不明显。从理论上讲，地方财政支出竞争对产

业结构升级存在两面性：既具有促进产业结构升级的正向效应，又具有阻碍产业结构升级的负向效应。对正向效应，一方面，地方财政支出竞争可以提高地区公共产品和公共服务的供给水平与供给质量，有助于提升地区基础设施水平，改善企业投资和产业发展配套环境，进而吸引各类生产要素的流入，这是有利于产业结构升级的；另一方面，地方财政支出竞争通过支出的"定向诱导"对重点产业进行倾斜性照顾，影响资本等生产要素在不同产业间的相对收益，进而引导资本等生产要素跨区域、跨产业部门进行再配置，有利于优化产业间生产要素的配置效率，并促进产业结构升级。对负向效应，一方面，面对政治晋升激励，地方政府为招商引资而进行的财政支出竞争可能导致地方大规模的支出，过多地干预经济运行，这不仅会削弱市场机制在资源配置中的主导作用，产生各种负激励，从而扭曲各类生产要素在不同产业间的合理配置，而且也会对私人部门投资产生挤出效应，影响私人部门投资的主动性和积极性，从而不利于产业结构升级；另一方面，地方财政支出竞争还可能导致地方保护主义盛行、地区间产业同构与产能过剩、地方财政压力过重甚至产生债务危机等一系列负面效应，这些都会阻碍产业结构升级。根据上述分析，地方财政支出竞争对产业结构升级的实际效应将取决于正向效应和负向效应的力量对比。从实证结果来看，正向效应和负向效应作用力相当，因此总支出竞争对产业结构升级的实际效应不明显。

从反映地区间产业结构升级空间相关性的系数 ρ 的取值来看，ρ 全部为正值，并且全都在1%的显著性水平下通过了显著性检验。ρ 在基于三种空间权重矩阵的计量模型中的取值大小表现为：经济-地理距离嵌套矩阵>地理距离矩阵>0-1相邻矩阵。这表明地区间产业结构升级确实存在着空间正相关性，一个地区的产业结构升级对其他邻近地区的产业结构升级存在着显著的正向促进作用。从控制变量的回归结果来看，市场化、金融发展水平对产业结构升级存在显著的促进作用；人力资本水平和技术创新水平在四类模型中表现出显著的正向促进效应；贸易开放度和城镇化水平对产业结构升级的影响系数在各类模型中均为正，但基本不显著。

表 4-3　总支出竞争对产业结构升级效应的估计结果

变量	0-1 相邻矩阵		地理距离矩阵		经济-地理距离嵌套矩阵	
	SAR	SEM	SAR	SEM	SAR	SEM
TFECOMP	−0.0097	−0.0124*	−0.0064	−0.0091	−0.0053	−0.0069
	(0.0064)	(0.0067)	(0.0064)	(0.0069)	(0.0063)	(0.0069)
MAR	0.0126***	0.0127***	0.0128***	0.0118**	0.0128***	0.0115**
	(0.0045)	(0.0046)	(0.0044)	(0.0046)	(0.0044)	(0.0045)
HC	0.0068*	0.0082*	0.0055	0.0103**	0.0054	0.0111**
	(0.0039)	(0.0043)	(0.0038)	(0.0044)	(0.0038)	(0.0045)
FD	0.0326***	0.0377***	0.0290***	0.0361***	0.0288***	0.0339***
	(0.0049)	(0.0052)	(0.0049)	(0.0055)	(0.0049)	(0.0058)
TE	0.0025**	0.0044***	0.0017	0.0041***	0.0012	0.0032**
	(0.0012)	(0.0012)	(0.0012)	(0.0013)	(0.0012)	(0.0014)
EXP	0.0029*	0.0026	0.0024	0.0015	0.0024	0.0019
	(0.0017)	(0.0018)	(0.0017)	(0.0018)	(0.0017)	(0.0018)
URB	0.0111	0.0180*	0.0106	0.0145	0.0101	0.0144
	(0.0094)	(0.0098)	(0.0092)	(0.0098)	(0.0092)	(0.0097)
ρ	0.2852***		0.3873***		0.4247***	
	(0.0617)		(0.0669)		(0.0693)	
λ		0.1858**		0.2873***		0.3894***
		(0.0724)		(0.0874)		(0.0949)
R^2	0.688	0.678	0.694	0.676	0.690	0.673

注：（　）内为标准差，***、**和*分别表示在1%、5%和10%的水平通过显著性检验。

三、经济性支出竞争对产业结构升级效应的实证结果分析

表 4-4 显示了基于三种不同的空间权重矩阵、两种不同的空间面板数据模型的经济性支出竞争对产业结构升级效应的估计结果。从表 4-4 中可以发现，在基于不同空间权重矩阵的不同空间面板数据模型中，经济性支出竞争对产业结构升级的影响系数均为负，但除了基于 0-1 相邻矩阵的 SEM 模型回归结果外，其余均未通过 10% 的显著性检验。这说明从全国整体样本来看，经济性支出竞争对产业结构升级的实际效应并不明显。从理论上讲，地方经济性支出竞争对产业结构升级既存在正向促进效应，又存在负向抑制效应。一方面，地方经济性支出竞争可以提高地区诸如交通、通信、基础能源动力、环境治理等基础设施供给水平，或者通过各种财政补贴的手段扶持特定产业，

降低资本投资成本，有利于吸引各类生产要素的流入，这是有利于产业结构升级的；另一方面，在以经济增长为核心的政绩考核机制下，地方政府对短期经济增长的过度追求和竞争会使地方财政支出结构产生偏向性。面对不同类型的支出，地方政府更偏好于经济性支出，而忽视长期效应显著的民生性支出，这种因支出结构的异化所形成的经济性支出竞争虽然能在短期内对吸引资本等生产要素和拉动经济增长起到"立竿见影"的效果，但从长远来看却大大降低了产业结构升级的内生动力。根据上述分析，地方经济性支出竞争对产业结构升级的实际影响效应将取决于正向效应和负向效应的力量对比。从实证结果来看，正向效应和负向效应作用力相当，因此地方财政经济性支出竞争对产业结构升级的影响效应不明显。

表 4-4　经济性支出竞争对产业结构升级效应的估计结果

变量	0-1 相邻矩阵		地理距离矩阵		经济-地理距离嵌套矩阵	
	SAR	SEM	SAR	SEM	SAR	SEM
FEECOMP	−0.0091	−0.0066	−0.0092	−0.0050	−0.0098	−0.0067
	(0.0069)	(0.0074)	(0.0067)	(0.0073)	(0.0066)	(0.0071)
MAR	0.0321***	0.0346***	0.0299***	0.0322***	0.0299***	0.0289***
	(0.0077)	(0.0081)	(0.0075)	(0.0079)	(0.0075)	(0.0078)
HC	0.0077	0.0080	0.0046	0.0091	0.0043	0.0086
	(0.0075)	(0.0083)	(0.0073)	(0.0083)	(0.0072)	(0.0083)
FD	0.0359***	0.0431***	0.0320***	0.0413***	0.0320***	0.0385***
	(0.0062)	(0.0069)	(0.0061)	(0.0069)	(0.0061)	(0.0072)
TE	0.0027*	0.0048***	0.0017	0.0043**	0.0016	0.0038**
	(0.0016)	(0.0017)	(0.0016)	(0.0018)	(0.0016)	(0.0019)
EXP	0.0054***	0.0048**	0.0049***	0.0043**	0.0048***	0.0046**
	(0.0019)	(0.0020)	(0.0018)	(0.0020)	(0.0018)	(0.0020)
URB	−0.0079	0.0071	−0.0075	0.0043	−0.0092	0.0071
	(0.0165)	(0.0179)	(0.0160)	(0.0177)	(0.0159)	(0.0175)
ρ	0.3708***		0.4835***		0.5110***	
	(0.0692)		(0.0730)		(0.0743)	
λ		0.2061**		0.3740***		0.4425***
		(0.0863)		(0.100)		(0.1026)
R^2	0.671	0.644	0.680	0.644	0.676	0.644

注：（　）内为标准差，***、**和*分别表示在1%、5%和10%的水平通过显著性检验。

从反映地区间产业结构升级空间相关性的系数 ρ 的取值来看，ρ 全部为正值，并且全都在1%的显著性水平下通过了显著性检验。ρ 在基于三种空间权重矩阵的计量模型中的取值大小同样表现为：经济-地理距离嵌套矩阵>地理距离矩阵>0-1相邻矩阵。从控制变量的回归结果来看，市场化、金融发展水平对产业结构升级存在显著的促进作用；与总支出竞争对产业结构升级影响效应的回归结果相比，人力资本水平、技术创新水平、贸易开放度和城镇化水平等控制变量的回归结果表现得并不稳健。

四、民生性支出竞争对产业结构升级效应的实证结果分析

表4-5显示了基于三种不同的空间权重矩阵、两种不同的空间面板数据模型的民生性支出竞争对产业结构升级的实际效应估计结果。从表4-5中可以发现，在基于不同空间权重矩阵的不同空间面板数据模型中，民生性支出竞争对产业结构升级的影响系数均为正，并全都通过了至少5%水平下的显著性检验。这说明从全国整体样本来看，民生性支出竞争对产业结构升级存在显著的正向促进效应。从理论上讲，民生性支出竞争能够让地方政府将财政支出更多地用于有利于改善民生的教育、科技、文化、医疗卫生以及社会保障等方面。民生性支出竞争有助于提升社会科技创新的动力和潜能，有助于提高人力资本水平和劳动力技能，这些正是支撑产业结构持续升级的核心动力所在。因此，在中国特色社会主义进入新时代更加强调经济发展质量的时代背景下，中央需要引导地方政府从经济性支出竞争转向民生性支出竞争，这才是地方竞争之本。

从反映地区间产业结构升级空间相关性的系数 ρ 的取值来看，ρ 全部为正值，并且全都在1%的显著性水平下通过了显著性检验。ρ 在基于三种空间权重矩阵的计量模型中的取值大小同样表现为：经济-地理距离嵌套矩阵>地理距离矩阵>0-1相邻矩阵。从控制变量的回归结果来看，市场化、金融发展水平对产业结构升级存在显著的促进作用；与总支出竞争对产业结构升级影响效应的回归结果相比，人力资本水平、技术创新水平、贸易开放度和城镇化水平等控制变量的回归结果表现得并不稳健。

表 4-5 民生性支出竞争对产业结构升级效应的估计结果

变量	0-1 相邻矩阵		地理距离矩阵		经济-地理距离嵌套矩阵	
	SAR	SEM	SAR	SEM	SAR	SEM
FPECOMP	0.0258***	0.0237**	0.0245***	0.0208**	0.0238***	0.0215**
	(0.0086)	(0.0093)	(0.0084)	(0.0092)	(0.0083)	(0.0090)
MAR	0.0323***	0.0345***	0.0302***	0.0317***	0.0302***	0.0286***
	(0.0076)	(0.0081)	(0.0074)	(0.0079)	(0.0074)	(0.0078)
HC	0.0095	0.0094	0.0062	0.0104	0.0059	0.0103
	(0.0074)	(0.0082)	(0.0072)	(0.0083)	(0.0072)	(0.0082)
FD	0.0382***	0.0457***	0.0343***	0.0440***	0.0343***	0.0414***
	(0.0062)	(0.0069)	(0.0061)	(0.0069)	(0.0061)	(0.0072)
TE	0.0028*	0.0051***	0.0019	0.0045**	0.0018	0.0041**
	(0.0016)	(0.0017)	(0.0016)	(0.0018)	(0.0016)	(0.0019)
EXP	0.0060***	0.0053***	0.0055***	0.0048**	0.0054***	0.0052***
	(0.0019)	(0.0020)	(0.0018)	(0.0020)	(0.0018)	(0.0020)
URB	-0.0118	0.0030	-0.0111	0.0009	-0.0127	0.0030
	(0.0163)	(0.0177)	(0.0158)	(0.0175)	(0.0158)	(0.0174)
ρ	0.3709***		0.4788***		0.5030***	
	(0.0686)		(0.0727)		(0.0744)	
λ		0.1842**		0.3443***		0.4184***
		(0.0865)		(0.1011)		(0.1036)
R^2	0.684	0.653	0.691	0.653	0.681	0.652

注：（　）内为标准差，***、**和*分别表示在1%、5%和10%的水平通过显著性检验。

第二节 地方财政支出竞争对产业结构升级效应的门限回归分析

一、理论假说

前文的理论分析表明地方财政支出竞争对产业结构升级同时存在正向效应与负向效应。那么这种正向效应和负向效应的力量对比是否与其他因素相关，进而因某些其他因素的变化而导致正向效应与负向效应的力量对比发生逆转呢？如果发生逆转，那么说明某些其他因素在地方财政支出竞争对产业结构升级的影响中发生了调节作用。显然，由于中国地域广阔，区域间因发展战略、资源禀赋等存在差异而形成了经济发展水平的异质性。本书认为，经济发展水平不同的地区，地方财政支出竞争对产业结构升级的实际效应也存在差异。

具体来看，当经济发展水平较低时（或对经济发展水平较低的地区来说），地区产业结构处于较低的层次，而且地区公共产品和公共服务供给水平与供给质量相对较低，对资本等生产要素的吸引力较小。如果地方政府进行财政支出竞争，能够提高地区公共产品和公共服务的供给能力，特别是完善地区基础设施的供给状况，这有利于弥补市场失灵，为资本等流动性要素的流入创造良好的投资环境，进而有助于提升地区产业结构升级水平。然而当经济发展水平较高时（或对经济发展水平较高的地区来说），地区产业结构上升到了新的层次。在该发展阶段，产业结构升级更应该发挥市场机制的基础性作用，同时产业结构升级更加依赖于人力资本水平的提升和科技创新的引领。因此，政府应更加重视优化财政支出结构，加大科教文卫等民生性支出，以推动产业结构层次进一步提升。但是，如果地方政府过度参与财政支出竞争，一方面，支出规模的扩大可能使得政府机制对市场机制的替代超过了效率边界；另一方面，在以经济增长为核心的政绩考核机制下，伴随财政支出规模扩大的是财政支出结构的经济性支出偏向使得地方经济性支出水平超过了合理限度，而民生性支出相对不足，这两方面的问题将抑制产业结构升级。由此，本书提出以下两个理论假说：

假说1：对经济发展水平较低的地区来说，地方财政总支出竞争和经济性支出竞争可能促进产业结构升级。

假说2：对经济发展水平较高的地区来说，地方财政总支出竞争和经济性支出竞争可能抑制产业结构升级[①]。

二、门限面板模型设定

以上理论分析表明，地方财政支出竞争影响产业结构升级的效应可能受到经济发展水平的影响，也就是说地方财政支出竞争对产业结构升级的影响可能存在以经济发展水平为门限变量的非线性效应。本书根据汉森（Hansen，

---

① 本书认为，民生性支出竞争对产业结构升级不存在门限效应，实证检验结果也证实了这一点。限于篇幅，检验结果未在书中列示。

1999）提出的门限面板模型构建了以经济发展水平为门限变量的地方财政支出竞争对产业结构升级效应的门限面板模型。以双门限为例，本书构建的地方财政支出竞争对产业结构升级效应的双门限面板数据模型设定如下：

$$UIS_{it} = \beta_i + \varphi_1 FECOMP_{it} I(GDPPC_{it} \leqslant \varphi_1) + \varphi_2 FECOMP_{it} I(\varphi_1 < GDPPC_{it} \leqslant \varphi_2) + \varphi_3 FECOMP_{it} I(GDPPC_{it} > \varphi_2) + \gamma X_{it} + \mu_{it} \qquad (4-3)$$

该双门限面板数据模型可以改写为如下形式：

$$UIS_{it} = \begin{cases} \beta_i + \varphi_1 FECOMP_{it} + \gamma X_{it} + \mu_{it}, & \text{当 } GDPPC_{it} \leqslant \varphi_1 \text{ 时} \\ \beta_i + \varphi_2 FECOMP_{it} + \gamma X_{it} + \mu_{it}, & \text{当 } \varphi_1 < GDPPC_{it} \leqslant \varphi_2 \text{ 时} \\ \beta_i + \varphi_3 FECOMP_{it} + \gamma X_{it} + \mu_{it}, & \text{当 } GDPPC_{it} > \varphi_2 \text{ 时} \end{cases} \qquad (4-4)$$

其中，UIS_{it} 是被解释变量，代表地区产业结构升级水平；$FECOMP_{it}$ 是计量模型中的核心解释变量，代表地方财政支出竞争强度，与基于空间面板数据模型一样，其包括总支出竞争强度和经济性支出竞争强度；X_{it} 代表若干可能影响地区产业结构升级水平的控制变量，包括市场化、人力资本水平、金融发展水平、技术创新水平、贸易开放度、城镇化水平；$I(\cdot)$ 为指示函数；$GDPPC_{it}$ 为人均地区生产总值，是模型中的门限变量，代表地区经济发展水平（为了消除物价因素的影响，这里 $GDPPC_{it}$ 使用地区生产总值平减指数统一调整为按可比价进行计算的结果）；φ_1 和 φ_2 为门限值；μ_{it} 为随机误差项。为了降低数据的波动性，提高变量的平稳性，并尽可能消除计量模型可能存在的异方差问题，本书对所有变量进行对数化处理。

三、门限效应检验

本书的研究首先需要检验本书构建的地方财政支出竞争对产业结构升级影响的门限面板数据模型中地区经济发展水平是否存在门限值以及存在几个门限值，这需要对门限变量——地区经济发展水平进行显著性检验。本书采取 Bootstrap 法进行自抽样 300 次，构造相关的 F 统计量进行检验，以总支出竞争和经济性支出竞争作为解释变量的地方财政竞争对产业结构升级的门限效应检验结果如表 4-6 所示。

表4-6　地方财政支出竞争对产业结构升级的门限效应检验结果

解释变量	门限变量	门限个数	F值	P值	临界值		
					1%	5%	10%
总支出竞争强度	经济发展水平	单门限	29.94	0.0967	54.02	35.58	29.31
		双门限	9.25	0.6633	43.26	30.80	26.89
经济性支出竞争强度	经济发展水平	单门限	20.35	0.0667	36.39	21.70	17.68
		双门限	9.61	0.3800	24.26	18.85	16.38

从表4-6可以看出，在以总支出竞争和经济性支出竞争分别作为核心解释变量的门限面板模型中，单门限效应均十分显著，而双门限效应均不显著。其中，在以总支出竞争作为解释变量的门限面板模型中，单门限效应检验的F值为29.94，在10%的显著性水平下显著，而双门限效应检验的F值为9.25，未能通过10%的显著性检验；在以经济性支出竞争作为解释变量的门限面板模型中，单门限效应检验的F值为20.35，在10%的显著性水平下显著，而双门限效应检验的F值为9.61，未能通过10%的显著性检验。

四、门限值估计

本书通过以上门限效应检验，可以确定以总支出竞争强度和经济性支出竞争强度分别作为解释变量的门限面板模型应设定为单门限面板模型。接下来，本书还需对经济发展水平这一门限变量的门限值进行估计并检验估计结果是否为真实的门限值。经济发展水平的门限值估计结果如表4-7所示。

表4-7　经济发展水平的门限值估计结果

解释变量	门限变量	单门限估计值（自然对数值）	95%的置信区间
总支出竞争强度	经济发展水平	9.2005	[9.1675，9.2039]
经济性支出竞争强度	经济发展水平	9.4548	[9.3893，9.4555]

由表4-7可知，在以总支出竞争强度作为解释变量的单门限面板模型中，经济发展水平的门限值为9.2005（对应的实际人均地区生产总值为9 902.079元），通过了5%的显著性检验；在以经济性支出竞争强度作为解释变量的单

门限面板模型中，经济发展水平的门限值为 9.4548（对应的实际人均地区生产总值为 12 769.31 元），也通过了 5%的显著性检验。总体来看，在以不同的财政支出竞争强度作为解释变量的单门限面板模型中，经济发展水平的单门限值存在一定的差异。

五、门限面板模型回归结果分析

通过上述门限效应检验及门限值估计可知，地方财政总支出竞争和经济性支出竞争对产业结构升级存在非线性效应。因此，本书将以实际人均地区生产总值表征的经济发展水平为门限变量并建立门限面板模型分别考察地方财政总支出竞争和经济性支出竞争对产业结构升级在不同门限区间的影响效应。

（一）总支出竞争对产业结构升级效应的门限回归结果分析

以总支出竞争作为解释变量的门限面板模型回归结果如表 4-8 所示。

表 4-8 的回归结果验证了总支出竞争对产业结构升级因地方经济发展水平的高低而存在差异化的影响效应。从门限变量的取值区间来看，当实际人均地区生产总值（$GDPPC$）的自然对数值≤9.2005 时，总支出竞争对产业结构升级的影响系数为正，但不显著。也就是说，当经济发展水平较低时或对经济发展水平较低的地区来说，总支出竞争强度的提高对产业结构升级存在不显著的正向促进效应，这在一定程度上验证了假说 1，即对经济发展水平较低的地区来说，地方财政总支出竞争可能促进产业结构升级。这种正向促进效应不显著的原因可能在于经济发展水平较低的地区市场化程度不高，地方政府扩大财政支出规模并不能很好地引导资源在不同产业间的合理配置。此外，经济欠发达地区政府治理水平相对较低，财政支出可能缺乏效率，这些负面因素在一定程度上削弱了总支出竞争对产业结构升级的正向促进效应。而当实际人均地区生产总值（$GDPPC$）的自然对数值>9.2005 时，总支出竞争对产业结构升级存在显著的负向影响。也就是说，当经济发展达到一定阶段时或对经济发展水平相对较高的地区来说，总支出竞争强度的提高将抑制产业结构升级，这很好地验证了假说 2，即对经济发展水平较高的地区来说，地方财政总支出竞争可能抑制产业结构升级。

表 4-8　总支出竞争对产业结构升级效应的门限回归结果

变量		回归系数
MAR		0.0167*** (0.0048)
HC		0.0131*** (0.0041)
FD		0.0477*** (0.0050)
TE		0.0042*** (0.0012)
EXP		0.0021 (0.0018)
URB		0.0098 (0.0098)
GDPPC（门限变量）	区间 1（≤门限值）	0.0011 (0.0073)
	区间 2（>门限值）	-0.0116* (0.0066)
R²		0.70

注：（　）内为标准差，***、**和*分别表示在 1%、5%和 10%的水平通过显著性检验。

（二）经济性支出竞争对产业结构升级效应的门限回归结果分析

以经济性支出竞争作为解释变量的门限面板模型回归结果如 4-9 所示。

表 4-9 的回归结果验证了经济性支出竞争对产业结构升级因地方经济发展水平的高低而存在差异化的影响效应。从门限变量的取值区间来看，当实际人均地区生产总值（GDPPC）的自然对数值≤9.4548 时，经济性支出竞争对产业结构升级存在显著的促进效应，经济性支出竞争强度提高 1%，产业结构升级水平提高 0.0318%。也就是说，当经济发展水平较低时或对经济发展水平较低的地区来说，经济性支出竞争强度的提高有助于产业结构升级，这很好地验证了假说 1，即对经济发展水平较低的地区来说，地方财政经济性支出竞争可能促进产业结构升级。而当实际人均地区生产总值（GDPPC）的自然对数值>9.4548 时，经济性支出竞争对产业结构升级存在显著的负向影响。也就是说，当经济发展达到一定阶段时或对经济发展水平相对较高的地区来

说，经济性支出竞争强度的提高将抑制产业结构升级，这也很好地验证了假说2，即对经济发展水平较高的地区来说，地方财政经济性支出竞争可能抑制产业结构升级。

表4-9　经济性支出竞争对产业结构升级效应的门限回归结果

变量		回归系数
MAR		0.0328***
		（0.0085）
HC		0.0071
		（0.0083）
FD		0.0582***
		（0.0068）
TE		0.0028
		（0.0018）
EXP		0.0059***
		（0.0021）
URB		0.0152
		（0.0181）
GDPPC（门限变量）	区间1（≤门限值）	0.0318**
		（0.0127）
	区间2（>门限值）	−0.0190**
		（0.0078）
R^2		0.67

注：（　）内为标准差，***、**和*分别表示在1%、5%和10%的水平通过显著性检验。

第五章

地方财政竞争影响产业结构升级存在的困境

改革开放以来，传统粗放式的以资本为主的要素驱动型经济增长模式虽然带来了中国经济的高速增长，但是这种增长模式的弊端也日益凸显。面对资源约束逐渐趋紧的严峻形势，中央高度重视和强调要加快推进产业结构转型升级，走经济高质量发展之路。在以"财政分权、政治集权"为重要特征的分权体制下，地方政府面临强烈的政治晋升激励，中央对产业结构升级的高度重视与强调必然引导地方政府为产业结构升级而努力和竞争。然而，一段时间以来"以 GDP 论英雄"的政绩考核机制及官员有限任期制决定了地方政府必然优先围绕地方短期经济增长而展开财政竞争。相应地，地方政府更偏好发展投资规模大、短期见效快的资本密集型产业。长期来看，这种有偏的产业发展模式必然导致产业的非协调发展，进而影响产业结构升级。但是地方财政竞争对产业结构升级的负面影响绝不仅限于此。正如前文所指出的，一方面，地方政府为争夺资本等流动性生产要素而展开"逐底"的税收竞争会降低地方财政收入水平，进而影响地方政府对公共产品和公共服务的供给能力，最终阻碍产业结构升级；另一方面，地方政府为争夺资本等流动性生产要素而展开的财政支出竞争会导致地方财政支出结构的扭曲，同样不利于产业结构升级。但以上两点在前文缺乏严密的论证，尤其是没有得到实证检验。有鉴于此，本章对地方财政竞争影响产业结构升级存在的以上两点困境进行详细的分析与检验。

第一节 地方税收竞争影响产业结构升级存在的困境

一、理论阐释

地方政府间为实现推进本地产业结构升级与经济增长的双重目标，必然针对流动性生产要素，尤其是资本展开包括税收竞争在内的财政竞争，容易形成非理性的"逐底"竞争局面。这会降低地方政府的财政收入，必然影响地方公共产品的供给数量与质量，进而抑制地方产业结构升级。为了形象地演绎这一论断，本书利用一个简单的模型进行理论阐释。

为了简化分析，本书假设：第一，存在一个包含地区 i 和地区 j 的经济体，每个地区有 1 个地方政府和 1 个居民；第二，经济体的资本存量恒定为 $\bar{K}$，K_i 和 K_j 分别为地区 i 和地区 j 的初始资本存量，那么 $K_i + K_j = \bar{K}$；第三，两个地区的劳动力数量均等于当地居民数量，资本可以在两个地区之间自由流动，而劳动力不能在两个地区之间流动；第四，两个地区的生产函数均为一般的 $Y = f(K)$ 形式，且满足 $f'(K_i) > 0$，$f''(K_i) < 0$；第五，地区 i 的地方政府和地区 j 的地方政府对当地资本征税的税率分别为 t_i 和 t_j，并以唯一的资本税收为当地提供公共产品。

基于上述假设条件，在资本的逐利动机驱使下，资本的自由流动致使地区 i 和地区 j 的资本税后收益率趋于相等，即 $f'(K_i) - t_i = f'(K_j) - t_j = \rho$，这样地区 i 和地区 j 的资本税率变化将导致经济体的资本在两个地区之间重新进行空间布局。接下来考察地区 i 降低税率对资本流动的影响。结合 $K_i + K_j = \bar{K}$ 与 $f'(K_i) - t_i = f'(K_j) - t_j = \rho$，可得：

$$\frac{\partial K_i}{\partial t_i} = \frac{1 - \partial t_j / \partial t_i}{f''(K_i) + f''(K_j)} \tag{5-1}$$

可见，在资本跨区流动及地区间税收竞争的互动博弈背景下，地区 i 通过降低资本税率的方式能否吸引到资本的关键在于地区 j 采取什么样的资本税收策略。显然，当地区 i 降低资本税率时，地区 i 的资本税后收益率必然高于地区 j，因此地区 j 为了应对可能的资本流失，必然也会降低当地的资本税率。

从上式可以看出，只有当 $\frac{\partial t_j}{\partial t_i} < 1$ 时，才有 $\frac{\partial K_i}{\partial t_i} < 0$，即只有当地区 i 资本税率

下降的幅度大于地区 j 资本税率下降的幅度，地区 i 才能吸引资本从地区 j 流入。但是，如果竞争对手地区 j 资本税率下降的幅度不低于地区资本税率下降的幅度，那么地区 i 吸引资本的税收策略将失效，最终受益的是具有流动性的资本。

从地方政府博弈的视角来看，在地区 i 和地区 j 展开的招商引资税收策略博弈中，假设第一轮博弈由地区 i 发起，地区 i 降低资本税率必然导致资本等流动性生产要素由地区 j 流向地区 i，进而损害地区 j 的利益。这会引起地区 j 针锋相对地采取更大幅度降低资本税率的策略，而这又将使地区 i 的竞争优势荡然无存。因此，在第二轮博弈中，地区 i 进一步降低资本税率，这又会招致地区 j 报复性地采取更大幅度降低资本税率的策略。之后，在第三轮、第四轮……无数轮税收策略博弈中，地区 i 和地区 j 的资本税率不断降低，由此形成地区间税负的"逐底"竞争，直至达到双方能够容忍的非最优税率下限，最终导致无效的低税率。

因此，这种地区间的税负"逐底"竞争必然导致地方税收收入或财政收入的减少，由此增加了地方政府的财政压力并降低了地方公共产品和公共服务的供给水平（Oates，1972；Zodrow & Mieszkowski，1986；Wilson，1991；Bucovetsky，1991；Huber，1999），而地方公共产品供给的不足会制约地方产业结构升级的步伐。基于上述分析可以说，地区间税负的"逐底"竞争对产业结构升级具有负向抑制效应。

二、实证检验

（一）计量模型构建

以上从理论上阐释了地方税收竞争局势下地区间税负的"逐底"竞争会降低各地方政府的财政收入水平，进而影响到地方公共产品的供给水平，最终不利于产业结构升级。当然，理论阐释的结论是否符合中国实际，还需要进一步的实证检验。因此，本书接下来从实证角度检验中国省际税收竞争对地方政府财政收入增长的影响。基本的计量模型如下：

$$GFR_{it} = \beta_0 + \beta_1 TCOMP_{it} + \alpha X_{it} + \mu_{it} \qquad (5-2)$$

其中，GFR_{it} 表示地区 i 第 t 年的财政收入增速；$TCOMP_{it}$ 表示地区 i 第 t 年的地方税收竞争强度；X_{it} 表示影响地区 i 财政收入增长率的若干控制变量在第 t 年的取值；μ_{it} 为随机误差项。本书重点关注计量模型中地方税收竞争强度的

系数 β_1 的方向，若 β_1 为正，说明地区间税收竞争促进地方财政收入增长；若 β_1 为负，说明地区间税收竞争抑制地方财政收入增长。

此外，考虑到财政收入增速可能在时间维度存在惯性，即后一期的财政收入增速可能受到前期的影响。有鉴于此，本书在模型（5-2）的基础上，引入财政收入增速的一阶滞后项 GFR_{it-1}，建立动态面板数据模型，形式如下：

$$GFR_{it} = \beta_0 + \varphi GFR_{it-1} + \beta_1 TCOMP_{it} + \alpha X_{it} + \mu_{it} \qquad (5-3)$$

（二）变量选取与数据说明

地方税收竞争强度是计量模型中的核心解释变量，与前文一致，这里也包括广义税收竞争强度、总税收竞争强度、非税收入竞争强度、增值税竞争强度和企业所得税竞争强度。为了尽量控制其他影响因素对地方财政收入增速的影响，避免实证结果产生较大的偏误，计量模型中还引入一系列重要控制变量，主要包括人均 GDP 增速、固定资产投资增速以及社会消费品零售总额增速。

本书选取中国 31 个省（自治区、直辖市）的面板数据作为地方税收竞争影响地方财政收入增长的实证分析样本。各变量使用的数据全部来源于历年《中国统计年鉴》和《中国财政年鉴》。相关变量的描述性统计说明如表 5-1 所示。

表 5-1　相关变量的描述性统计说明

变量	符号	样本数	均值	标准差	最小值	最大值
财政收入增速	GFR	403	0.204	0.105	-0.334	0.584
广义税收竞争强度	GTCOMP	403	0.012	0.247	-0.719	0.472
总税收竞争强度	TTCOMP	403	0.060	0.304	-0.879	0.729
非税收入竞争强度	NTCOMP	403	-0.066	0.320	-1.318	0.895
增值税竞争强度	VATCOMP	403	0.066	0.327	-1.092	1.029
企业所得税竞争强度	CITCOMP	403	0.243	0.503	-1.316	1.503
人均 GDP 增速	GPGDP	403	0.109	0.029	0.026	0.2316
固定资产投资增速	GINV	403	0.228	0.108	-0.275	0.659
社会消费品零售总额增速	GCONS	403	0.162	0.065	-0.164	0.594

（三）实证结果分析

模型（5-2）的回归方法主要有固定效应 FE 回归以及随机效应 RE 回归。本书通过 hausman 检验发现，不论核心解释变量为哪一类税收竞争强度，模型（5-2）均应采取固定效应 FE 回归[①]。地方税收竞争影响地方财政收入增长的 FE 回归结果如表 5-2 所示。

表 5-2　地方税收竞争影响地方财政收入增长的 FE 回归结果

变量	广义税收竞争	总税收竞争	非税收入竞争	增值税竞争	企业所得税竞争
GTCOMP	-0.2662^{***} (0.0396)				
TTCOMP		-0.1594^{***} (0.0324)			
NTCOMP			-0.0615^{***} (0.0235)		
VATCOMP				-0.0624^{***} (0.0215)	
CITCOMP					-0.0384^{***} (0.0122)
GPGDP	2.2589^{***} (0.1903)	2.2352^{***} (0.1955)	2.0997^{***} (0.1999)	2.0716^{***} (0.2004)	2.2229^{***} (0.1997)
GINV	-0.0811^{*} (0.0429)	-0.0690 (0.0439)	-0.0752^{*} (0.0451)	-0.0672 (0.0448)	-0.0669 (0.0448)
GCONS	0.5206^{***} (0.0624)	0.5310^{***} (0.0641)	0.5298^{***} (0.0655)	0.5249^{***} (0.0654)	0.5205^{***} (0.0653)
R^2	0.54	0.51	0.49	0.49	0.49

注：（　）内为标准差，***、** 和 * 分别表示在 1%、5% 和 10% 的水平通过显著性检验。

[①] 当核心解释变量为广义税收竞争强度时，hausman 检验得到的卡方值为 55.10，对应的伴随概率为 0；当核心解释变量为总税收竞争强度时，hausman 检验得到的卡方值为 32.46，对应的伴随概率为 0；当核心解释变量为非税收入竞争强度时，hausman 检验得到的卡方值为 49.59，对应的伴随概率为 0；当核心解释变量为增值税竞争强度时，hausman 检验得到的卡方值为 45.93，对应的伴随概率为 0；当核心解释变量为企业所得税竞争强度时，hausman 检验得到的卡方值为 9.93，对应的伴随概率为 0.0416。以上检验均在至少 5% 的显著性水平下认同应采用固定效应 FE 回归。

从模型（5-2）的回归结果可以看出，作为核心解释变量的地方税收竞争强度不论是广义税收竞争强度，抑或是总税收竞争强度、非税收入竞争度、增值税竞争强度以及企业所得税竞争强度，其对地方财政收入增速的影响系数均为负值，且均通过了1%水平下的显著性检验，这说明地方税收竞争会导致地方财政收入增速放缓，验证了前文理论部分的结论。

对动态面板数据模型（5-3），由于解释变量中含有被解释变量的一阶滞后项，需要采用GMM回归以解决模型存在的内生性问题。参照学术界的普遍做法，本书选取系统GMM方法，而非差分GMM方法，以求得到更为有效的回归结果。基于系统GMM方法的地方税收竞争影响地方财政收入增长的系统GMM回归结果如表5-3所示。

从模型（5-3）的回归结果可以看出，不论基于哪一种税收竞争视角，采用系统GMM方法的回归结果中，AR（1）检验的伴随概率均为0，AR（2）检验的伴随概率全部在0.771~0.896，表明扰动项不存在二阶自相关性。此外，Sargan检验的伴随概率全部在0.226~0.268，表明选取的工具变量是有效的。AR（1）检验、AR（2）检验以及Sargan检验的结果表明系统GMM的回归结果是可靠的。从被解释变量地方财政收入增速的滞后一阶的系数来看，其在四类税收竞争的回归结果中均显著为正，这表明地方财政收入增速确实存在时间上的惯性，前一年度的财政收入增速对后一年度具有正向影响。这也进一步说明模型（5-3）的设定相对于模型（5-2）更为合理。从我们最为关心的核心解释变量地方税收竞争强度的系数来看，不论基于哪一种税收竞争视角，地方税收竞争强度对地方财政收入增速的影响系数均为负值，且均通过了至少5%水平下的显著性检验。采用系统GMM方法进行回归得到了与固定效应FE回归相同的结果：地方税收竞争抑制了地方财政收入增长，同样验证了前文理论部分的结论，而且这一结论是稳健的。

表5-3　地方税收竞争影响地方财政收入增长的系统GMM回归结果

变量	广义税收竞争	总税收竞争	非税收入竞争	增值税竞争	企业所得税竞争
GFR_{t-1}	0.2293*** (0.0650)	0.2386*** (0.0661)	0.2559*** (0.0662)	0.2429*** (0.0661)	0.2480*** (0.0670)
$GTCOMP$	−0.1243*** (0.0194)				

表5-3(续)

变量	广义税收竞争	总税收竞争	非税收入竞争	增值税竞争	企业所得税竞争
TTCOMP		−0.0761*** (0.0156)			
NTCOMP			−0.0379** (0.0151)		
VATCOMP				−0.0456*** (0.0126)	
CITCOMP					−0.0188** (0.0083)
GPGDP	1.9311*** (0.2205)	1.9083*** (0.2271)	1.6536*** (0.2226)	1.7936*** (0.2228)	1.7996*** (0.2289)
GINV	−0.1183** (0.0552)	−0.1141** (0.0566)	−0.1430** (0.0575)	−0.1215** (0.0567)	−0.1213** (0.0575)
GCONS	0.4120*** (0.0894)	0.4093*** (0.0914)	0.4227*** (0.0924)	0.4039*** (0.0922)	0.4198*** (0.0928)
AR(1)检验	0.000	0.000	0.000	0.000	0.000
AR(2)检验	0.896	0.784	0.884	0.771	0.821
Sargan检验	0.226	0.243	0.150	0.268	0.243

注:( )内为标准差,***、** 和 * 分别表示在1%、5%和10%的水平通过显著性检验。

综合上述理论分析与实证检验结果,本书认为,虽然地方税收竞争导致地方政府对相关产业实施税收优惠,进而引导各类生产要素跨产业部门、跨区域再配置,最终正向促进地区产业结构的调整与升级,但是地区间税负的"逐底"竞争会导致地区无效的低税率,使地方财政收入增速放缓,进而影响地方公共产品的供给数量及质量,最终将负向抑制地方产业结构升级。

第二节　地方财政支出竞争影响产业结构升级存在的困境

一、理论阐释

经济性支出对产业结构升级具有重要的促进作用,但是在分权体制下,地方政府在竞争中过多的经济性支出对产业结构升级带来的抑制效应也不容忽视。也就是说,地方政府的生产性支出偏向正是地方财政支出竞争影响产业结构升级存在的一大困境。本书构造了一个简单的理论模型,用来解释这一论断。

假设存在一个由 N 个同质地区构成的经济体,各地区拥有的资本存量为 K_i,各地区拥有的劳动力数量等于当地居民数量,这里标准化为 1,且劳动力不能自由流动。该经济体有一个中央政府,每个地区有一个地方政府,该经济体实施政治集权与财政分权的治理体制。政治集权表现如下:中央政府对地方政府进行政绩考核,并且政绩考核机制着重强调地方经济绩效与地方民生两个方面,经济绩效方面着重考核经济增长速度,民生方面着重考核地方民生的改善状况,并且地方政府的政治晋升机会由中央政府裁决。财政分权表现如下:地方政府可以独立自主地决定当地的财政预算①。假设地方政府的行为目标为只追求自身效用的最大化,在中央政府的政绩考核机制引导下,地方政府的效用来自经济增长和地方民生性公共品提供,并且对任一地方政府 i,其效用函数如下:

$$U_i = \varepsilon_i Y_i + \varphi_i G_i \qquad (5-4)$$

其中,Y_i 表示地区 i 的地区生产总值水平,是经济性支出 E_i 和资本存量 K_i 的函数,其形式为 $Y_i = f(K_i, E_i)$,且满足 $\dfrac{\partial Y_i}{\partial K_i} > 0$,$\dfrac{\partial^2 Y_i}{\partial K_i^2} < 0$,$\dfrac{\partial Y_i}{\partial E_i} > 0$,$\dfrac{\partial^2 Y_i}{\partial E_i^2} < 0$。由于经济性支出 E_i 与资本等生产要素具有互补性,有利于改善地区投资环境,吸引资本流入,因此 $\dfrac{\partial K_i}{\partial E_i} > 0$;$G_i$ 表示地方政府 i 为当地居民提供的民生性公共产品。ε_i 和 φ_i 分别表示经济增长和地方民生性公共品提供在地方政府效用函数中的权重,ε_i 和 φ_i 均大于 0。需要说明的是,在政治集权体制下,ε_i 和 φ_i 的大小对比由中央政府的偏好决定。如果中央政府更重视经济增长,显然 ε_i 更大;反之,如果中央政府更重视改善地方民生,则 φ_i 更大。

在财政分权体制下,地方政府独立自主地决定本地的财政支出,并通过

---

① 结合中国当前的财政分权体制,这里假设地方政府只拥有当地的财政支出决策权,而税权由中央政府掌握,因此地方政府无权自行决定税率。即便允许地方政府自行决定税率,"逐底"的税收竞争必然导致地方财政收入水平下降,从而增加了地方财政支出压力,这会进一步放大地方财政支出结构的生产性偏向。因此,这一假设并不影响本书的分析结论。

对当地资本和居民征税的方式来为财政支出筹资，且满足财政平衡原则。税率由中央政府统一规定，资本税率为 t。为简化分析，本书假设对居民征收数额固定的人头税 T。由此形成地区 i 财政支出的约束条件如下：

$$t_i K_i + T = E_i + G_i \qquad (5-5)$$

首先，考虑资本不流动的情形。当资本不能跨区自由流动时，经济性支出并不能影响地区资本存量水平及空间分布，而且地方政府在追求自身效用最大化的过程中无需考虑其他地方政府的行为策略。也就是说，地方政府间不存在为争夺流动资本而展开财政支出竞争的动机。因此，地方政府效用最大化的最优化问题可以用模型表达为：

$$\begin{cases} \max U_i(G_i,\ E_i) = \varepsilon_i Y_i + \varphi_i G_i \\ \text{s. t.} \quad t_i K_i + T = E_i + G_i \end{cases} \qquad (5-6)$$

求解该最优化问题，可得：

$$\frac{\partial Y_i}{\partial E_i} = \frac{\varphi_i}{\varepsilon_i} \qquad (5-7)$$

其次，考虑资本流动的情形。显然，在现实的经济体中，资本是可以跨区流动的。这样一来，一个地区为争夺流动资本而扩大当地的财政经济性支出规模必然引起资本的跨区流动，进而导致其他地方政府的类似策略性支出行为。也就是说，地方政府间存在着为争夺流动资本而展开财政支出竞争的强烈动机。因此，在资本流动的情形下，地区的资本存量水平与空间布局必然受地方政府间财政经济性支出的影响。那么，地方政府效用最大化的最优化方案可以用模型表达为：

$$\begin{cases} \max U_i(G_i,\ E_i) = \varepsilon_i Y_i + \varphi_i G_i \\ \text{s. t.} \quad t_i K_i(E_i) + T = E_i + G_i \end{cases} \qquad (5-8)$$

求解该最优化问题，可得：

$$\frac{\partial Y_i}{\partial E_i} + \left(\frac{\partial Y_i}{\partial K_i} + \frac{\varphi_i t}{\varepsilon_i} \right) \frac{\partial K_i}{\partial E_i} = \frac{\varphi_i}{\varepsilon_i} \qquad (5-9)$$

由于 $\frac{\partial Y_i}{\partial K_i} > 0$，$\frac{\partial Y_i}{\partial E_i} > 0$，$\frac{\partial K_i}{\partial E_i} > 0$，对比资本不流动与资本流动的两种情形下政府最优化问题的解可以发现，资本流动与地方财政支出竞争情形下的地方经济性支出规模要大于资本不流动与地方政府不存在财政支出竞争情形下的规模。也就是说,当地方政府间存在财政支出竞争时,地方政府更偏向于经济性支出,忽视或压缩民生性支出,从而使得地方财政支出结构出现了扭曲,特别是各级地方政府间财政事权与支出责任的划分不清会进一步放大这种结构扭曲效应。显然,这种地方财政支出结构的扭曲会导致政府对经济的过度干预,影响资源配置效率,而且挤压了教科文卫等民生性支出,降低了地区人力资本积累与科技创新的步伐,抑制了产业结构升级进程。

二、实证检验

(一)研究方法设计

理论分析表明,在分权体制下,地方政府间的财政支出竞争导致地方财政支出结构发生了偏向于经济性支出的扭曲。本书接下来从实证视角对该结论进行检验。实证检验的逻辑起点为地方政府的财政支出偏向必然体现在地方政府间不同类型财政支出的竞争激烈程度的差异性上,而且这也必然意味着地方政府间的经济性支出竞争比民生性支出竞争更为激烈。因此,对地方政府财政支出结构扭曲下的经济性支出偏向进行实证检验就转化为实证考察地方政府间的经济性支出竞争是否比民生性支出竞争更为激烈。这可以通过构造地方政府间财政支出策略的反应函数来进行计量检验。与王华春和刘清杰(2016)在实证设计中建立空间杜宾模型不同的是,本书不仅考虑到财政支出可能存在时间维度的惯性,即后一期的财政支出受到前期的影响,而且也基于三种空间权重矩阵进行回归,以考察实证结果的稳健性。本书建立的动态空间杜宾模型基本形式如下:

$$FE_{it} = \beta_0 + \beta_1 FE_{it-1} + \rho \sum_{j=1}^{N} W_{ij} FE_{jt} + \beta_2 FD_{it} + \varphi \sum_{j=1}^{N} W_{ij} FD_{jt} + \alpha X_{it} + \theta \sum_{j=1}^{N} W_{ij} X_{jt} + \mu_{it}$$

$$(5-10)$$

其中,FE_{it} 为被解释变量,表示地方财政经济性支出或民生性支出[①],FE_{it-1} 为滞后一阶的被解释变量;$\sum_{j=1}^{N} W_{ij} Y_{jt}$ 为核心解释变量,表示其他地区的加权财政支出水平,W_{ij} 表示在某种空间权重矩阵下地区 i 和地区 j 之间的空间关联度,与前面相关章节一样,为了考察不同空间权重矩阵设定对回归结

---

① 关于地方财政经济性支出与民生性支出的统计口径,第二章已有相关介绍,这里不再赘述。

果的稳健性，本书同时使用 0-1 相邻矩阵、地理距离矩阵以及经济-地理距离嵌套矩阵①；FD_{it} 为另一核心解释变量，表示地方财政分权水平，引入该变量的目的是考察财政支出分权对财政支出结构的影响，$\sum_{j=1}^{N} W_{ij} FD_{jt}$ 表示其他地区的加权财政分权水平；X_{it} 表示若干可能影响地方财政支出水平的控制变量，包括固定资产投资、人口密度和产业结构，$\sum_{j=1}^{N} W_{ij} X_{jt}$ 表示其他地区的相应控制变量的加权值；μ_{it} 为随机误差项。以上变量的定义说明如表 5-4 所示。

表 5-4　变量的定义说明

变量	符号	定义
经济性支出	FE	地方财政经济性支出/地方财政一般预算支出
民生性支出		地方财政民生性支出/地方财政一般预算支出
财政分权	FD	各地方本级人均财政支出/（各地方本级人均财政支出+中央本级人均财政支出）
固定资产投资	INV	地区固定资本形成总额/地区 GDP
人口密度	DP	地区人口数/地区面积
产业结构	IS	地区第二、三产业增加值之和/地区 GDP

本书重点关注的核心解释变量 $\sum_{j=1}^{N} W_{ij} Y_{jt}$ 的系数 ρ 以及 FD_{it} 的系数 β_2。其中，$\sum_{j=1}^{N} W_{ij} Y_{jt}$ 的系数 ρ 被称为财政支出竞争反应系数，用来验证地方财政经济性支出竞争与民生性支出竞争的存在性及策略。具体来说，第一，如果 ρ 不显著或 $\rho=0$，则说明地区间不存在明显的竞争特征，也就是说各地区之间的财政支出行为并非相互依赖，而是相对独立的。第二，如果 ρ 显著，且 $\rho>0$，则说明地区间存在财政支出竞争，且采取的是互补性（或模仿性）竞争策略。第三，如果 ρ 显著，且 $\rho<0$，则说明地区间存在财政支出竞争，且采取的是替代性（或差异性）竞争策略。需要特别指出的是，如果经济性支出竞争的反应系数大于民生性支出竞争的反应系数，则说明地方政府间的经济性支出竞争比民生性支出竞争更为激烈，也就是地方政府更为偏向经济性支出。

---

① 这三种空间权重矩阵的形式在第三章已有相关介绍，这里不再赘述。

本书选取中国 31 个省（自治区、直辖市）的面板数据作为地方财政经济性支出与民生性支出竞争的存在性及策略检验的实证分析样本。各变量使用的数据全部来自历年《中国统计年鉴》《中国财政年鉴》以及各省份历年统计年鉴。为了降低数据的波动性，提高变量的平稳性，并尽可能消除计量模型可能存在的异方差问题，本书对所有变量进行对数化处理。表 5-5 是对相关变量的描述性统计说明。

表 5-5　相关变量的描述性统计说明

变量	样本数	均值	标准差	最小值	最大值
经济性支出	279	-1.207	0.132	-1.643	-0.745
民生性支出	279	-0.937	0.108	-1.412	-0.776
财政分权	279	-0.180	0.071	-0.361	-0.042
固定资产投资	279	-0.554	0.270	-1.166	0.312
人口密度	279	5.294	1.491	0.855	8.256
产业结构	279	-0.117	0.062	-0.343	-0.004

（二）实证结果分析

表 5-6 列示了基于三类空间权重矩阵的地方财政经济性支出竞争与民生性支出竞争的存在性及策略类型检验的动态空间杜宾模型的回归结果。观察和比较表 5-6 中地方财政经济性支出竞争与民生性支出竞争的实证检验结果，可以发现以下结果：

表 5-6　地方财政经济性支出竞争与民生性支出竞争的存在性及
策略类型检验的动态空间杜宾模型的回归结果

变量	经济性支出竞争			民生性支出竞争		
	0-1 相邻矩阵	地理距离矩阵	经济-地理距离嵌套矩阵	0-1 相邻矩阵	地理距离矩阵	经济-地理距离嵌套矩阵
FE_{t-1}	0.7650*** (0.0402)	0.7168*** (0.0396)	0.7016*** (0.0404)	0.7975*** (0.0340)	0.7680*** (0.0387)	0.7722*** (0.0388)
$W×FE$	0.2022*** (0.0645)	0.3127*** (0.0720)	0.3125*** (0.0708)	0.1784*** (0.0648)	0.3059*** (0.0766)	0.3051*** (0.0787)
FD	0.0414 (0.1231)	0.2178** (0.1001)	0.1853* (0.0982)	-0.2163** (0.0936)	-0.3009*** (0.0765)	-0.2709*** (0.0741)

表5-6(续)

变量	经济性支出竞争			民生性支出竞争		
	0-1 相邻矩阵	地理距离矩阵	经济-地理距离嵌套矩阵	0-1 相邻矩阵	地理距离矩阵	经济-地理距离嵌套矩阵
INV	-0.0119 (0.0205)	-0.0072 (0.0204)	0.0023 (0.0207)	-0.0269* (0.0157)	-0.0350** (0.0157)	-0.0368** (0.0160)
DP	-0.0176** (0.0068)	-0.0127*** (0.0048)	-0.0137** (0.0045)	0.0058 (0.0051)	0.0047 (0.0036)	0.0053 (0.0035)
IS	0.1031 (0.1077)	0.0393 (0.0910)	0.0491 (0.0906)	-0.1410* (0.0779)	-0.0920 (0.0665)	-0.1230* (0.0662)
$W \times FD$	-0.6218*** (0.1866)	-0.9107*** (0.1877)	-1.0497*** (0.2088)	0.4190*** (0.1343)	0.5214*** (0.1325)	0.5534*** (0.1424)
$W \times INV$	-0.0429 (0.0411)	0.0922* (0.0485)	0.1284** (0.0495)	0.0545* (0.0306)	0.0639* (0.0356)	0.0619* (0.0346)
$W \times DP$	-0.0110 (0.0102)	0.0148 (0.0125)	0.0211 (0.0136)	0.0099 (0.0078)	0.0077 (0.0090)	0.0082 (0.0097)
$W \times IS$	0.5163** (0.2331)	0.3055 (0.2269)	0.5147* (0.2645)	-0.1477 (0.1697)	-0.1450 (0.1639)	-0.2199 (0.1895)
R^2	0.742	0.740	0.743	0.809	0.809	0.810

注:( )内为标准差,***、**和*分别表示在1%、5%和10%的水平通过显著性检验。

第一,地方财政经济性支出和民生性支出在时间维度存在显著的动态趋势惯性,即前一期的经济性支出或民生性支出对本期具有显著的正向影响。具体来看,在基于0-1相邻矩阵、地理距离矩阵以及经济-地理距离嵌套矩阵的回归中,前一年度的经济性支出提高(或降低)1%,分别会导致本年度的支出提高(或降低)0.7650%、0.7168%、0.7016%;前一年度的民生性支出提高(或降低)1%,分别会导致本年度的支出提高(或降低)0.7975%、0.7680%、0.7722%。

第二,在以地方财政经济性支出和民生性支出为被解释变量的空间计量模型中,被解释变量的空间滞后项($W \times Y$)的回归系数,即财政支出竞争反应系数ρ具有非常显著的统计特征,全部在1%的水平下显著。这表明中国地方政府间为吸引流动性生产要素,追求本地利益最大化,确实存在着经济性支出竞争和民生性支出竞争。值得注意的是,在各类财政支出竞争计量模型中,经济性支出和民生性支出的竞争反应系数ρ全部为正,这表明地方政府在经济性支出和民生性支出方面的策略互动特征十分明显,且主要采取的是互补性(或模仿性)竞争策略,这一结论也与王华春和刘清杰(2016)的研究相同。这也就是说,当其他地区采取增加经济性支出或民生性支出的策略时,本地区也会采取同样的策略,或者本地区采取增加经济性支出或民生性支出的策略时,其他地区也会进行同样的模仿。本书接下来重点观察基于不同空间权重矩阵的回归结果中,经济性支出竞争反应系数与民生性支出竞争反应系数的大小对比关系。在基于0-1相邻矩阵的回归结果中,经济性支出竞争反应系数为0.2022,而民生性支出竞争反应系数为0.1784,显然经济性支出竞争反应系数大于民生性支出竞争反应系数;在基于地理距离矩阵的回归结果中,经济性支出竞争反应系数为0.3127,而民生性支出竞争反应系数为0.3059,经济性支出竞争反应系数也大于民生性支出竞争反应系数;在基于经济-地理距离嵌套矩阵的回归结果中,经济性支出竞争反应系数为0.3125,而民生性支出竞争反应系数为0.3051,经济性支出竞争反应系数同样大于民生性支出竞争反应系数。因此,从财政支出的结构维度看,经济性支出竞争反应系数稳健地大于民生性支出竞争反应系数,这表明地方政府在经济性支出方面的策略互动或竞争相比民生性支出更加激烈,进而说明地方政府间在争夺流动性生产要素,特别是资本的过程中更加偏好经济性支出,这也进一步验证了理论分析部分所得出的地方政府财政支出结构偏向的结论,并很好地响应了傅勇和张晏(2007)、范子英和张军(2009)、尹恒和朱虹(2011)、张宇(2013)、周业安(2014)以及刘小勇和丁焕峰(2015)等学者关于中国的地方政府在财政支出中具有经济性支出偏向的观点。

第三,财政支出分权对地方财政经济性支出与民生性支出的影响具有异质性。在基于0-1相邻矩阵、地理距离矩阵以及经济-地理距离嵌套矩阵的三类回归中,财政支出分权对地方财政经济性支出具有正向促进效应,而对地方财政民生性支出具有负向抑制效应。当前,我国实行的分税制财政体制虽然赋予了地方政府更多的自主安排财政支出的权力,有利于发挥地方政府在地方经济社会事务治理中的积极性、主动性和创造性,但是由于中央与地方之间的财政事权和支出责任划分不清晰,在分权体制下,地方政府面对强烈的政治晋升激励,必然将手中掌握的财政资源过多偏向于经济性支出,并忽视或相应压缩民生性支出,以此追求有限任期内的短期经济增长,从而实现政治晋升的目的。因此，财政支出分权对地方财政经济性支出与民生性支出具有完全相异的影响。

　　总之，在中央与地方之间的财政事权和支出责任划分不清晰以及不合理的政绩考核机制下，地方政府间的竞争行为必然导致地方财政的经济性支出偏向。地方政府间具有经济性支出偏向的财政支出结构虽然换来了短期的经济利益，但也会导致地方经济增长方式相似、资源配置失效、地方保护主义等一系列弊端，最终将会影响地区产业结构升级的步伐以及经济的长期、可持续、协调发展。

第六章

规范地方财政竞争秩序以促进产业结构升级的对策

前面章节的理论与实证分析表明，地方财政竞争虽然具有促进产业结构升级的效应，但在中国式分权体制下，不合理的官员政绩考核机制及财政分权使得地方财政竞争在影响产业结构升级过程中仍存在着一些难以克服的困境。其主要包括地方税收竞争降低了地方财政收入水平，影响到了地方政府为推进产业结构升级而提供相应公共产品和公共服务的能力；地方财政支出结构的扭曲抑制了地方财政支出竞争的效能。因此，通过一系列体制机制变革，破除上述困境，有利于规范地方财政竞争秩序，形成地方良性竞争的格局，进而促进产业结构升级。

第一节 强化地方财政竞争约束机制

市场机制能够高效率地配置资源，提高个人及社会福利的一个重要原因就在于其中的竞争机制。当然，竞争是一把双刃剑，地方政府间财政竞争也不例外。本书的研究表明，地方财政竞争既具有促进产业结构升级的作用，又存在着抑制产业结构升级的弊端，两方面效应差异的根源在于地方财政竞争的合理程度。从理论上讲，适度的或良性的财政竞争有利于产业结构升级，过度的或恶性的财政竞争不利于产业结构升级。因此，为了充分发挥地方财政竞争的功效，降低或抑制其负面效应，需要强化地方财政竞争约束机制，使其保持在适度的、合理的区间。具体来看，中央政府可以从完善地方政府政绩考核机制、强化地方财政竞争监管机制以及构建地方政府竞合机制等方面着手。

一、完善地方政府政绩考核机制

在分权体制下，"政治集权"决定了地方政府要"对上负责"，并接受中央政府的政绩考核。中央政府通过政绩考核机制对地方政府的执政能力进行"排位赛"式的评价，以此决定地方政府官员的职位晋升与调整。显然，中央政府预先设定的政绩考核目标就是地方政府执政的行动方向和努力方向，并引导地方政府围绕政绩考核目标展开竞争。

自改革开放以来，中国的政绩考核机制经历了由突出政治表现到突出地方经济实绩的重大转变，这也影响着地方政府的财政竞争方向及策略选择。认真梳理中国经济社会的发展历程，我们不难发现，在分权体制下，"唯 GDP 增长论"的政绩考核机制激励地方政府展开以财政竞争为核心的政府间竞争，既加速了中国改革开放以来经济高速增长，创造了世界经济增长史上的奇迹，又导致了诸如经济增长质量不高、生态环境恶化、民生性公共服务供给不足、地方保护主义和重复建设严重、地区差距过大等一系列弊端或重大挑战。

事实上，中央政府很早就意识到了"唯 GDP 增长论"的政绩考核机制对地方政府行为的不合理引导及负面效应。党的十六届三中全会提出要树立科学的发展观和正确的政绩观。党的十八大以来，中央多次强调要完善官员政绩考核机制，纠正单纯以经济增速考核官员政绩的偏向。可以说，在政绩考核中利用经济指标对地方政府（官员）进行经济事务的执政能力评价时，不仅要考核地方政府（官员）主政时期当地的经济总量和经济增长速度，而且更重要的是还要考核当地经济的增长质量和结构优化状况。本书的研究表明，在分权体制下，"以 GDP 增长论英雄"的地方政府政绩考核机制决定了地方政府必然围绕短期经济增长这一中心展开财政竞争，从而忽视了推动产业结构升级和通过释放结构红利促进经济长期可持续发展的重要性。

在分权体制下，地方政府推进产业结构升级的积极性更多地源于政治晋升激励。那么，中央政府不仅需要强调产业结构升级对新时代经济高质量发展的重要性，更重要的是要将产业结构升级作为对地方政府政绩考核的重要内容，以此调动地方政府的积极性，并通过地方政府间的横向竞争，扩大对产业结构升级的推动效应。因此，扭转单纯以"唯 GDP 增长论"的政绩考核机制对地方政府的经济增长激励偏好，淡化经济总量与增速排名在地方政府政绩考核与选拔指标体系中所占权重，不断完善地方政府政绩考核机制，引导地方政府在经济事务治理中从追求短期经济增长转向产业结构转型和调整，是从源头上激励地方政府为短期经济增长而竞争转向为产业结构转型升级、促进经济可持续发展而竞争的必备条件。

基于上述分析，本书提出为合理引导地方财政竞争行为，推进地方产业结构升级并实现经济高质量发展，当前的迫切任务在于科学设计合理高效的综合性政绩考核指标体系。构建综合性政绩考核指标体系强调以综合性的标准对地方政府（官员）的政绩进行多维度、多层面的评价，其目的在于全面评估地方政府（官员）的执政水平和能力。因此，要改变当前政绩考核指标体系过分突出 GDP 增长、财政收入增加等经济指标的现象，构建全面涵盖经济、政治、文化、社会、生态文明等方面任务和目标在内的综合性政绩考核指标体系。本书的研究表明，地方财政民生性支出竞争有利于推进产业结构升级。也就是说，地方政府增加民生性财政支出，大力改善民生是有利于当地产业结构升级的。傅利平和李永辉（2014）的实证研究也发现，在地方政府（官员）政绩考核机制中增加民生方面的指标权重能够促进区域产业结构升级。值得注意的是，他们的研究也表明在地方政府（官员）政绩考核机制中增加环保方面的指标权重也是有利于区域产业结构升级的。其原因是不言而喻的，在地方政府（官员）政绩考核机制中通过增加环保方面的指标权重，有利于倒逼地方"三高"企业或产业向低碳、环保等绿色产业或新型产业转型升级。因此，在当前经济新时代更加强调经济增长质量的背景下，为推进产业结构升级，进而实现经济可持续高质量增长，中央政府在构建综合性的政绩考核指标体系时不仅要强调产业结构升级方面的产值结构优化，更要强调产业结构升级中的技术进步因素①，这是因为技术进步才是促进产业结构升级的长期关键因素。同时，中央政府要注重加大节能、减排、降耗等生态环

---

① 黄亮雄等（2015）研究发现，地方政府官员在产业结构调整中更多作用于短期见效快的产值结构本身的调整，而很难花大力气促进产业的技术进步。也就是说，地方政府在迎合中央政策方面的行为具有选择性，符合成本最小化或短期收益最大化动机。因此，他们指出，对地方政府与官员的考核应避免考核内容的模糊性和粗略性，尤其要明确与强调创新驱动和技术进步。

境方面的指标考核权重以及科技创新、教育、文化体育、医疗、社会保障等民生方面的指标考核权重，通过对环保、民生等问题的强化间接促进产业结构升级。中央政府应通过科学设计综合性的政绩考核指标体系，注重各层级指标的有机搭配和衔接，发挥其合力，以求更好地引导地方政府财政收支策略性行为以短期经济增长为目标向以通过推进产业结构升级、实现经济高质量增长为目标的重大转变。

为提高政绩考核机制运转的有效性，中央政府需要构建包括人事组织部门、纪检监察部门、审计部门以及独立的第三方评估机构、新闻媒体、社会公众等在内的多主体参与的内部评价与外部评价相结合的政绩考核程序。此外，中央政府还需增强政绩考核程序的透明度，将政绩考核对象、考核项目、考核标准、考核程序、考核结果等适宜公开的内容进行公开，接受社会公众监督。

二、强化地方财政竞争监管机制

在"行政发包"制下，地方政府作为中央政府管理地方经济社会发展事务的代理人，不仅需要完成中央下达的各项任务，同时其具有的理性"经济人"特征也决定了地方政府会追逐自身利益。地方政府间的策略性互动则进一步放大了这种追逐自身利益的动机与行为，特别是地方财政竞争监管机制的缺失将直接导致地方政府在财政竞争中的权力滥用、腐败等一系列问题，甚至引发地区间的恶性竞争。因此，为规范地方财政竞争秩序，保持地方政府间适度、合理的财政竞争，充分发挥其正面效应，需要进一步强化地方财政竞争监管机制。

地方政府间展开的财政竞争必然体现在地区财政收支活动的调整和变动上。因此，强化地方财政竞争监管机制最重要的方面就是强化对地方政府财政收支活动的监督或对地方财政预算的监督。事实上，对地方财政预算进行监督是现代民主国家的普遍做法。党的十八大以来，中央提出了加快建立现代财政制度的重要历史任务，而建立现代财政制度的一个重要方面就是建立全面规范、公开透明的现代预算制度。建立现代预算制度必然对强化预算监督提出了更高的要求，即通过强化预算监督来进一步加强对地方政府的预算约束，不使地方政府的竞争行为偏离正常轨道。

本书认为，强化预算监督机制需要构建包括全过程、多主体的预算监督体系。一方面，加强对预算全过程的监督。财政预算包括预算的编制、审批、执行、调整、决算等方方面面，因此预算监督贯穿着预算的全过程。在预算的编制阶段，政府要注意财政资金的使用目的是弥补市场失灵，为社会提供所需的公共产品和公共服务，要注重预算项目的绩效，对项目的选择需要明确选取的理由、与其他项目相比的优势等。这些均要给出详细的说明，更重要的是要细化预算，便于接受监督。特别要注意的是，在预算执行阶段，执行者必须认真对待预算，严格执行预算，严禁未经批准任意调整预算。另一方面，建立包括人民代表大会、政府部门、财政部门以及社会公众共同参与的多主体的预算监督体系。从预算监督实践来看，我国长期忽视了社会公众的参与。实际上，财政预算本身就是政府接受社会公众的委托，利用社会公众缴纳的税收向社会公众提供所需的公共产品和公共服务。因此，完善预算监督体系更应该吸纳社会公众广泛参与预算监督活动。当前，信息技术、大数据技术以及"互联网+"的不断发展为构建全过程、多主体的预算监督体系提供了良好的技术条件，我们也要将这些先进的技术引入预算监督中来，以此促进现代预算的全面规范化和公开透明化，进而约束地方政府间财政竞争行为。

如果说通过吸纳社会公众直接参与预算监督的方式来约束地方财政竞争行为与民主政治中的"用手投票"（偏好表达）机制有关的话，那么增强劳动力或居民在区域间的流动性，发挥他们在地方财政竞争中的间接监督作用①，则与蒂布特提出的"用脚投票"（退出）机制有关。虽然中央政府对规范地方财政竞争秩序负有不可推卸的责任，但是由于中央到地方的信息链条过长，在信息不对称较为严重的情况下，中央政府制定的地方财政竞争约束机制出现失灵不可避免。因此，为了强化对地方财政竞争的约束，一方面需要赋予民众相应的监督权，让民众监督和制约地方政府财政行为；另一方面需要通过户籍制度等的配套改革，保障劳动力或居民在地区间自由流动，使得他们能通过"退出"机制向地方政府表达其对公共产品与公共服务的需求。

① 波斯纳认为，除非人民不满意政府服务时可以很容易离开其辖区，否则就不会有任何的可以阻止政府官员将其职能扩展到有限政府原则规定的范围之外，"退出权"作为政府滥用其职权的限制。（波斯纳. 法律的经济分析（下卷）[M]. 北京：中国大百科全书出版社，1997：431.）

事实上，吸引劳动力或居民迁移到某一地区除了跟当地的经济发展状况、收入水平、个人发展前景等因素有关外，还与当地的教育、医疗、社会保障等民生性公共产品或公共服务的供给水平和质量有非常紧密的关联性。本书的研究表明，地方政府在财政竞争中增加民生性支出有利于产业结构升级，因此通过完善民众的"退出"机制，倒逼地方政府优化财政支出结构，增加民生性支出，为民众提供更多更优质的公共产品和公共服务，能够增强对高素质劳动力的吸引力，通过高素质劳动力的支撑来助推产业结构升级。

当然，强化地方财政竞争监督的前提是构建和完善有利于地方财政良性竞争的法律法规体系。党的十八届四中全会提出了全面推进依法治国的总目标。因此，当前尽快建立规范地方财政竞争的法律规范体系势在必行。改革开放以来，我国财税领域的法律除了《中华人民共和国个人所得税法》《中华人民共和国企业所得税法》《中华人民共和国税收征管法》《中华人民共和国预算法》等之外，其他大部分都是相关部门制定的暂行条例。暂行条例一方面法律效力等级较低，权威性较差；另一方面常存在着条款线条过粗、不够细化的特点，导致可以自由裁决的空间较大，容易引发地方政府间展开不正当竞争甚至恶性竞争。虽然我国也制定了《中华人民共和国反不正当竞争法》，但是该法并未将政府列入规制对象中，从而无法约束地方政府的恶性财政竞争行为。因此，我国应在借鉴国际经验的基础上，结合中国实际，构建具有中国特色的规范地方财政竞争秩序的法律法规体系，以此约束政府行为，降低和消除地方恶性财政竞争对经济社会发展的不利影响。

三、构建地方政府竞合机制

公共选择理论认为，政府并非总是大公无私、"仁慈"的，政府也有最大化自身利益的诉求，因此政府在经济社会事务治理中也存在着失灵。实际上，在分权治理体制下，地方政府是拥有独特激励结构的博弈参与者[①]。大量的研究表明，中国的地方政府之间在招商引资、地方公共品供给、产业发展模式等方面易于陷入利益博弈的"囚徒困境"（刘大志和蔡玉胜，2005；邓明，2014；张莹和王磊，2015；李国平和王奕淇，2016；程忠和黄少安，2016；

---

① 青木昌彦，奥野正宽，冈崎哲二. 市场的作用，国家的作用 [M]. 林家彬，等，译. 北京：中国发展出版社，2002.

张宇，2018）。实际上，"囚徒困境"是局中人不合作的结果。从中国地方政府间关系的历史变迁来看，无论是地方保护主义的盛行，还是重复建设浪潮的愈演愈烈，均表明了中国地方政府之间为维护自身利益而采取不合作的策略。需要指出的是，由于中国地域辽阔，各地区之间所处的经济发展阶段不同、资源禀赋不同、区位优势不同，那么地方政府之间进行合作或加强合作应该能够实现"共赢"的局面，但为什么地方政府之间在利益博弈中往往采取不合作的态度，甚至出现"恶性竞争"的局面呢？原因无外乎两点：第一，改革开放之后中国的分权改革赋予了地方政府独立的经济利益主体地位，地方政府的自利性决定了地方政府同私人部门经济主体一样也在追求自身利益最大化目标。也就是说，地方政府对全局利益与自身利益的重要性进行权衡时一般更为看重自身利益，而忽视全局利益。第二，在"财政分权、政治集权"的分权体制下，中央政府对地方政府的政绩考核和晋升选拔标准引导地方政府的行为选择，在高层次行政职位具有稀缺性的条件制约下，地方政府官员必然为自身的政治晋升利益而展开激烈的竞争。

虽然长期以来，中国的政绩考核和晋升选拔标准体系涵盖了政治、经济、社会、文化等诸多方面，但相对而言，经济指标更容易凸显地方政府的执政能力和水平[①]，并且长期以来经济指标尤其是经济增长指标在政绩考核和晋升选拔标准体系中被赋予了相当大的权重，致使地方政府一般将经济增长作为其执政的首要目标。此外，地方政府官员有限的任期则进一步强化了地方政府对短期经济增长的追求。在以投资驱动型的粗放式增长模式下，资本尤其是优质资本自然就成为地方政府为拉动短期经济增长而竞相追逐的对象。而短期内资本是有限的或稀缺的，那么地方政府之间必然会为争夺资本而展开竞争，进而陷入了利益博弈的"囚徒困境"。地方政府主导下的地方产业结构更偏重于资本密集型产业，致使各地区产业结构出现趋同化，加重了相关产业的产能过剩问题，也延缓了产业结构优化升级的步伐。

事实上，中国地域辽阔，各地区区位优势、资源禀赋优势、经济发展水平等方面均存在一定的差异，要素的禀赋结构差异决定了在一定时期内各地

[①]　刘易斯（1955）在其代表作《经济增长理论》中对政府与经济增长的关系进行了较为生动的描述：政府可以对经济增长具有显著的影响。如果政府做了正确的事情，增长就会得到促进。如果政府做得很少，或者做错了事，增长就会受到限制。

区的优势产业和主导产业存在着一定的错位。也就是说，某一地区现有的主导产业可能是其他地区面临淘汰的劣势产业。这告诉我们，各地区不可能都同时选择和发展相同的主导产业。但是，地区间产业的错位发展恰恰让地区间合作成为现实。地区间通过产业发展中的地方合作，实现产业的优势互补，结果能够实现各地区产业的共同发展及产业结构升级。需要说明的是，地方政府之间围绕产业发展与产业结构升级展开单纯的财政竞争或单纯的财政合作对最大化全局利益来说并不是最优选择，而如果地方政府之间在竞争中合作、在合作中竞争，也就是地方政府从"竞争"走向"竞合"，那么就能实现地方政府的自身利益与全局利益最大化的统一。因此，在当前统一的大市场逐渐形成和各地区经济不断融合的背景下，如果能在地方竞争博弈中加强中央政府对地方政府有效合作的引导，培育地方政府之间合作的信任机制与背弃惩罚机制是可以实现地方政府自身利益与全局利益"共赢"的。

一方面，构建地方政府间合理的利益分配机制。虽然中国各地区资源禀赋、经济结构等存在着差异，同时也具有一定的互补性，但这并不表明地方政府间就一定会为推动当地产业发展和结构调整进行产业合作，因此必须通过建立地方政府间的利益分配机制，在保证各地区自身利益的基础上实现全局利益。这才是地方政府参与竞合的根本目的。在区域经济一体化的背景下，区域内的产业结构转型升级及产业转移是区域经济发展所必然出现的现象。在很多情况下，经济发达地区为了实现本地产业结构转型升级，寻求新的经济增长点，需要将落后的产业进行转移。但是，地方政府为了自身利益，遵循"肥水不流外人田"的教条，往往将落后产业就近转移，比如将省会城市的落后产业转移到省内其他不具备承接能力的城市，而真正具有承接能力的外部地区却并没有承接到该产业。这种违背比较优势原则的做法必然有损资源配置效率，不利于地区间整体利益的最大化。因此，通过构建地区间竞合机制，处理好地区间利益分配关系，由产业承接方按照一定比例给予产业转出方相关的利益补偿，必然能实现地方政府自身利益与全局利益"共赢"。事实上，完美的利益分配机制一定是讲究互惠互利，能够实现各参与者利益兼容的机制。因此，构建地方政府间的利益分配机制需要注意在利益分配中不能厚此薄彼，应坚持公平与公正的原则，按照各参与主体的贡献程度进行利益分配，实现竞争与合作相互融合的互惠、平等、合作的格局。

另一方面，建立有效的背弃惩罚机制。要维持地方政府间长期、稳定的竞合关系，除了需要合理的利益分配机制外，还需建立有效的背弃惩罚机制，以限制和避免地方政府的投机行为或机会主义倾向。显然，对背弃行为进行惩罚能够增加地方政府投机行为或机会主义倾向的成本，是一种直接有效的解决地方政府不合作问题的手段。因此，在区域产业合作中，各参与主体可以共同成立一个统一的监管机构，并赋予该机构相应的惩处权力，以此规范地方政府间竞合秩序，并约束各参与主体的行为。

第二节 营造有利于产业结构升级的地方税收竞争环境

从中国地方税收竞争实践来看，虽然地方政府间为自身利益通过实施税收优惠政策的方式展开的税收竞争非常激烈，带来了诸如地方保护主义、地区发展差异过大、财政压力过重等一系列问题，但我们不能因此谈财税竞争就色变。事实上，税收竞争有适度或良性与过度或恶性之分。竞争永远是提高效率最好的武器，我们应该在加强制度建设及构建良好的竞争环境的前提下，鼓励地方政府间展开适度的或良性的税收竞争，限制地方政府间展开过度的或恶性的税收竞争，在产业结构升级问题上也是如此。根据本书的理论与实证分析，本书认为，为高效引导地方税收竞争促进产业结构升级，需要构建有利于产业结构升级的地方税收竞争环境，一方面需要构建规范化的地方税收优惠政策体系，另一方面需要清理并规范地方非税收入项目，适度降低地方非税负担。

一、构建规范化的税收优惠政策体系

一般而言，中央向地方分权的财政分权体制会导致地方政府间为自身或本地区利益展开包括税收竞争在内的财政竞争。西方国家的地方政府具有较为完整的税权，因此西方国家存在地方政府间的税收竞争是不争的事实。与西方国家相比，虽然我国的地方政府没有税收立法权，但是地方政府可以利用中央给予的区域税收优惠政策展开争夺各类流动性生产要素或税基的制度内税收竞争，甚至常常通过打税收法律法规的"擦边球"、放松税收征管、突

破财税法律法规体系的框架违规制定地方税收优惠政策等方式展开制度外税收竞争，致使我国区域间税收优惠政策在一段时间内可谓五花八门，呈泛滥态势。

针对我国地方政府在税收竞争中实施的税收优惠政策过多过滥，并带来一系列不良后果的问题，党的十八届三中全会通过的《中共中央关于全面深化改革若干重大问题的决定》指出，要按照统一税制、公平税负、促进公平竞争的原则，加强对税收优惠特别是区域税收优惠政策的规范管理。2014 年11 月，国务院印发《国务院关于清理规范税收等优惠政策的通知》（国发〔2014〕62 号），强调全面清理已有的各类税收等优惠政策，并明确坚持税收法定原则，要求各地区严禁自行制定税收优惠政策①。

本书的实证研究也发现了当前清理过多过滥的地方税收优惠政策的重要性。本书关于地方税收竞争对产业结构升级效应的空间面板实证检验发现，不管基于税收总量视角，还是基于税收结构视角，地方税收竞争并没有促进产业结构升级，甚至地方政府利用企业所得税展开的税收竞争还显著抑制了地方产业结构升级。而基于门限面板的非线性回归则发现地方税收竞争对产业结构升级存在非线性效应：在经济发展水平较低的地区，地方税收竞争有利于当地产业结构升级；在经济发展水平较高的地区，地方税收竞争不利于产业结构升级。因此，当前为规范地方税收竞争秩序，限制地方恶性税收竞争，促进产业结构升级，中央政府在设计和构建规范化的税收优惠政策体系时，既需要全面清理不合理、不规范、不合法的地方税收优惠政策，尤其是大力整顿制度外税收优惠政策，同时也需要根据地区经济发展水平，设计与构建以产业结构升级为导向的差异化的区域税收优惠政策体系。

一方面，全面清理现有的地方税收优惠政策，提高优惠政策的透明度。在清理现有的地方税收优惠政策工作任务中，地方政府要全面梳理现有的各类税收优惠政策，列出详细的税收优惠政策清单，并认真对照国家制定的相关涉税法律法规，重点分析地方政府自行制定的制度外税收优惠政策是否具

---

① 虽然2015 年5 月《国务院关于税收等优惠政策相关事项的通知》（国发〔2015〕25 号）的发布意味着清理税收优惠放缓以及2017 年1 月国务院下发的《国务院关于扩大对外开放积极利用外资若干措施的通知》（国发〔2017〕5 号）强调允许地方政府在法定权限范围内制定出台招商引资优惠政策，但这并不意味着就不需要对地方过多过滥的税收优惠政策进行清理，而是强调要在坚持税收法定的原则下，允许地方政府制定合法、合理、符合经济社会发展方向的税收优惠政策。

有合法性、合理性。对违反国家涉税法律法规体系，不符合经济社会发展方向的地方税收优惠政策，中央政府要坚决予以取缔，以此限制地方政府间的过度或恶性税收竞争。对合理的、有助于经济社会发展的地方税收优惠政策，中央政府应视情况予以保留，并通过出台相关的法律法规进行规范。此外，不同税种应区别对待，以提高清理工作的精准性。以本书实证分析所使用的增值税为例，增值税的功能定位主要是筹集财政收入，增值税的"中性"特点决定了要尽量弱化其调控功能，因此清理增值税的优惠政策时，应将优惠对象限定在少数保障基本民生的产品或服务方面。当然，清理和规范地方税收优惠政策，尤其是整顿地方制度外税收竞争秩序，重点在于强调税收法治。理由很简单，如果只对现有的税收优惠政策进行清理和整顿，而不进一步加强税收法治，那么地方政府在追求自身利益最大化动机的驱动下，等"风声"一过，很容易再次实施税收优惠，导致税收优惠的死灰复燃。税收法治的一个重要方面就是合理划分中央与地方之间的税收优惠决策权。在中央与地方之间税收优惠决策权的划分方面，需要严格按照税收管理权限来进行划分，中央税、中央与地方共享税的优惠政策决策权应赋予中央，地方税的优惠政策决策权应赋予地方。但为防止地方政府滥用税收优惠决策权，中央可以要求地方将其制定的地方税优惠政策向中央进行报批。除了合理划分中央与地方之间的税收优惠决策权外，税收法治更强调对税收优惠政策进行专门立法。从我国的税收实践来看，几乎所有的税种都含有数量不等的税收优惠政策，因此应该全面梳理和归纳总结各税种的税收优惠政策，在此基础上出台相应的"税收优惠法"，提高优惠政策的透明度，以此规范地方税收优惠，为地方良性税收竞争营造良好的法治环境。

另一方面，构建以产业结构升级为导向的区域差异化的税收优惠政策体系。正如前文所指出的，税收竞争在经济发展水平不同的地区对产业结构升级产生了不同的效应。在经济发展水平较低的地区，集聚经济发展程度较低，税收竞争能够促进当地的产业结构升级；在经济发展水平较高的地区，集聚经济发展程度较高，因"集聚租"的存在，税收竞争反倒不利于产业结构升级。因此，如果全面实施无差异化的区域税收优惠政策，虽然能矫正经济发展水平较高地区的不合理税收竞争，但是同时限制了经济发展水平较低地区通过税收竞争进行招商引资的作用发挥，可能引发资本外流，甚至出现"产业空心化"问题（唐飞鹏，2016）①。因此，构建合理高效的地方税收优惠政策体系应该根据地区经济发展水平的不同进行横向差异化设计。对经济发展水平较高的东部发达地区，由于其享受中央给予的税收优惠政策时间最早，力度也最大，因而在当前更加强调区域协调发展的新时代背景下，要逐步取消东部发达地区的税收优惠政策，转而重点照顾经济发展水平较低的中西部地区。需要着重指出的是，在当前国际国内经济形势错综复杂的大格局下，为经济增长提质增效更有赖于大力推进产业结构转型升级。因此，构建区域差异化的税收优惠政策体系需要以产业结构升级为导向，强调产业税收优惠与区域税收优惠的有机结合，形成以产业税收优惠为主、以区域税收优惠为辅的税收优惠政策体系。我国现行的税收优惠政策覆盖面过于宽泛，几乎各行各业均有涉及，无法真正起到推进产业结构转型升级的作用。因此，为了更好地发挥税收对不同产业发展的定向调节功能，引导产业结构升级，必须取消对特定企业、传统产能过剩产业的税收优惠政策，实施有利于科技创新及科技成果转化应用、新兴产业培育和发展的税收优惠政策。以本书实证分析所使用的企业所得税为例，除了强调企业所得税的产业导向外，在优惠方式方面应当以加速折旧、成本费用加计扣除等税基式优惠为主、以税率式优惠为辅，在优惠环节方面应当由"生产环节"转向"购买环节"，将税收优惠政策的主动权给予购买方，倒逼企业提高供给效率。构建以产业税收优惠为主、以区域税收优惠为辅的税收优惠政策体系，有助于引导地方政府根据自身实际采取合适的税收竞争策略。具体来说，经济发展水平和产业集聚发展程度较高的东部发达地区，是我国经济发展的"中心区域"，对东部地区税收优惠政策的逐步取消，有助于引导东部地区政府从税收竞争转向财政支出竞争，推动地方政府将公共产品和公共服务的供给水平与质量作为竞争手段，利用最优的税负-公共支出组合吸引流动性生产要素，以此助推产业结构升级。经济发展水平和产业结构层次较低的中西部地区，是我国经济发展的"外围区域"，给予中西部地区倾斜性的地区税收优惠政策，有利于提高中西部地区的税收竞争能力，进而增强对优质资本等流动性生产要素的吸引力，

---

① 这也正是继 2014 年 11 月国务院印发《国务院关于清理规范税收等优惠政策的通知》（国发〔2014〕62 号）之后，2015 年 5 月国务院再次印发《国务院关于税收等优惠政策相关事项的通知》（国发〔2015〕25 号）的原因。

更好地带动当地产业结构升级及经济增长。

二、清理规范地方非税收入项目，适度降低地方非税负担

自 1994 年分税制改革以来，我国财政收入结构呈现出一个非常鲜明的特点：非税收入增速长期超过税收收入增速及财政收入增速。从税收收入、财政收入以及非税收入增速的对比来看，1995 年全国税收收入增速为 17.8%，财政收入增速为 19.6%，而当年预算内非税收入增速竟然高达 123.8%；2019 年全国税收收入增速为 1%，财政收入增速为 3.8%，而当年预算内非税收入增速高达 20.2%。非税收入增速长期超过税收收入增速及财政收入增速的一个后果就是非税收入在财政收入中的占比越来越高。统计数据显示，1994 年预算内非税收入占一般公共财政收入的比重仅为 1.8%，2000 年其占比提高到 6.1%，2019 年其占比大幅提高到 17.01%。另外，与全国情况相似，地方非税收入也呈现出长期超税收收入及财政收入增长的态势。以近年来的数据为例，2012 年地方税收收入增速为 12.1%，财政收入增速为 16.2%，而当年预算内非税收入增速为 20.3%，明显高于税收收入增速及财政收入增速；2015 年地方税收收入增速为 6.0%，财政收入增速为 9.4%，而当年预算内非税收入增速高达 21.5%；2019 年地方税收收入增速为 1.35%，财政收入增速为 3.25%，而当年预算内非税收入增速高达 9.8%，同样明显超过地方税收收入增速和财政收入增速，仍然维持在相对较高的水平。可以说，当前实体企业税负重的一个很重要的原因就是非税负担过重①。

虽然非税收入的征收有利于弥补市场失灵，提高资源配置效率，但非税收入增速长期超过税收收入增速及财政收入增速的状况必然会大大增加私人部门的经济负担，降低企业投资与技术创新的积极性，不利于企业发展与产业结构转型升级。本书关于地方非税收入竞争对产业结构升级效应的空间计量实证检验及门限面板非线性回归检验均发现，地方非税收入竞争总体表现出促进产业结构升级的效应，但这种正向促进效应却呈递减的趋势。本书的实证检验表明，某一地区非税负担如果相对其他地区更低，那么该地区的产业结构升级将更为顺畅。因此，当前我们需要制定和采取措施降低企业的非

---

① 在 2017 年国务院的第一次常务会议上，针对企业税负高的讨论，李克强总理表示，主要是企业的非税负担过重。

税负担，但也要注意让企业的非税负担保持在拉弗曲线的效率区间范围内，充分发挥地方非税收入竞争的产业结构促进效应。这是深入贯彻供给侧结构性改革"降成本"的必然选择，有利于为企业成长创造良好的环境，激发企业研发与创新的动力，进而加快产业结构转型升级的步伐。

一是要全面清理和规范各类非税收入项目。我国财政非税收入项目种类繁多，性质各异，而且许多非税收入项目是在某些特定的历史条件下因某些特定原因而设立和征收的，甚至还有一些非税收入项目并不合法。因此，我国需要将现有的各种非税收入项目进行全面清理，对不需要保留的非税收入项目应予以取消①，对确需保留的项目在对其存在的合理性和必要性进行充分论证的基础上，建立和实施项目清单制度，并区分其性质进行相应的规范，防止简单化、"一刀切"式的规范措施所带来的严重的负面效应。具体来说，对某些在特定的历史条件下因某些特定原因而设立和征收的非税收入项目，如果当前这些特定原因不复存在的话，那么为此而开征的非税收入项目就应该取消；对各种"三乱"收费项目②，不合法、不合理的项目应坚决予以取缔，阻止地方政府通过这些非正规项目向私人部门经济主体伸出"攫取之手"。在确需保留的非税收入项目中，对具有税收性质的非税收入项目可以考虑以"清费入税"的形式改为税收，比如2018年开征的环保税正是由排污费转变而来的。在确需保留的非税收入项目中，仍需要以收费的形式存在的项目，需要建立和完善相关的法律法规进行规范管理。

二是要适度降低非税收入负担。政府对予以保留的合法、合理的非税收入项目要尽可能降低收费标准，切实减轻私人部门经济主体的经济负担。由于非税收入项目种类较多，其费用征收标准必须结合项目的目的及性质等因素来进行确定。从非税收入项目的供给成本角度来看，非税收入项目的费用征收标准应以政府及其公共部门为私人部门经济主体提供相应的公共产品或公共服务的成本为参考依据。政府要严格控制非税收入项目的收费标准，防

---

① 据财政部统计，2013—2018年，中央设立的行政事业性收费由185项减少至49项，减少幅度超过73%。其中，涉企收费由106项减少到31项，减少幅度超过70%；政府性基金由30项减少到21项，减少幅度为30%。各省（自治区、直辖市）自主清理本地区行政事业性收费超过770项，设立的行政事业性收费项目平均减少至12项左右，其中涉企收费平均减少至3项左右（资料来源：http://www.scio.gov.cn/32344/32345/37799/38189/）。

② 乱收费、乱罚款和乱摊派。

止政府及其公共部门从非税收入项目中获得超额利益。具体来说，对受益完全或基本内在化的管理性非税收入项目，政府可以按补偿成本确定费用征收标准；对受益具有外溢性的准公共产品或服务类非税收入项目，政府可以按低于供给成本的原则确定费用征收标准；对其目的为矫正市场负外部性的非税收入项目，政府可以按私人部门经济主体因其负外部性活动给他人造成的损失或成本大小确定费用征收标准。此外，政府还要积极推行非税收入项目及费用征收标准清单制，提高非税收入项目开征的透明度，同时加强对非税收入项目征管的监督，切实维持非税收入项目征管的正常秩序，以此减轻私人部门经济主体的负担并激发其活力。

第三节　营造有利于产业结构升级的地方财政支出竞争环境

本书的财政支出竞争对产业结构升级效应的空间面板模型回归结果显示，地方财政总支出竞争和经济性支出竞争并不能促进产业结构升级，而民生性支出竞争有利于产业结构的升级，进一步研究发现该结果产生的根源在于分权体制下不合理的官员政绩考核机制及央地财政事权与支出责任划分不清，致使地方政府围绕经济增长展开激烈的财政竞争，引发了地方财政支出结构的经济性偏向。因此，从总体思路来看，为纠正地方财政支出结构的经济性偏向，当前除了要完善政府政绩考核机制以外①，还需要合理划分央地财政事权与支出责任，引导地方政府合理调整财政支出结构，优化财政支出竞争策略，通过构建有利于产业结构升级的地方财政支出竞争环境以更好地适应新时代产业结构升级的需要。

一、合理划分央地财政事权与支出责任

首先，需要厘清政府与市场的职能边界，明确政府的职能定位。1994 年的分税制改革并没有对各级政府间的财政事权划分进行明确界定，致使在分权体制下，地方政府为自身利益而不顾政府职能效率边界，通过大量的经济性支出过度地干预经济增长，而相应地忽视或压缩民生性支出，甚至将与民

---

① 关于这一点，本章第一节已有相应分析，这里不再赘述。

生密切相关的教育、医疗等公共服务推向市场，从而使政府职能出现了严重的"越位"与"缺位"现象①。可以说，合理划分中央与地方财政事权的前提是需要厘清政府与市场的职能边界，明确政府的职能定位。党的十九大报告指出，建设现代化经济体系，要让市场在资源配置中起决定性作用，更好发挥政府作用。因此，当前加快简政放权，适度收缩政府权力，有利于转变政府职能，充分发挥市场机制的调节优势，激发市场活力，更好地促进产业结构的转型升级。在推进产业结构升级方面，一方面，地方政府需要坚持"有所为有所不为"的原则，减少对区域经济的过多干预，重点根据区域的禀赋优势制定区域化的有利于产业结构调整的财税政策，主要是为弥补市场失灵而做出的必要决策，如为市场提供良好的公共基础设施、完善财政科技创新扶持机制等；另一方面，本书关于地方税收竞争及财政支出竞争的产业结构效应实证检验中发现市场化这一控制变量显著促进了产业结构升级，因此要打破地方保护主义和市场分割，加快建设全国大一统的市场，实现各类资源要素的自由流动和优化配置，以此助推产业结构升级。

其次，在明确政府职能定位的基础上合理划分央地财政事权与支出责任。当前，中央与地方财政事权和支出责任的划分仍存在诸多问题，正如《国务院关于推进中央与地方财政事权和支出责任划分改革的指导意见》（国发〔2016〕49号）所指出的，一些本应由中央直接负责的事务交给地方承担，一些宜由地方负责的事务，中央承担过多，地方没有担负起相应的支出责任；不少中央和地方提供基本公共服务的职责交叉重叠，共同承担的事项较多；有的财政事权和支出责任划分缺乏法律依据，法治化、规范化程度不高②。因此，为了让政府更有效地提供公共产品和公共服务，适应构建现代财政制度的要求，必须创新央地财政事权和支出责任划分。政府及公共部门的主要职能是为私人部门提供市场所不能提供的公共产品与公共服务。公共产品与公共服务按照受益范围分为全国性公共产品与公共服务、地方性公共产品与公共服务。根据效率原则，全国性公共产品与公共服务，如国防、外交、全国性重大传

---

① 2016年，国务院发布的《国务院关于推进中央与地方财政事权和支出责任划分改革的指导意见》（国发〔2016〕49号）指出，现行的中央与地方财政事权和支出责任划分存在的突出问题之一是政府职能定位不清，一些本可由市场调节或社会提供的事务，财政包揽过多，同时一些本应由政府承担的基本公共服务，财政承担不够。

② 《国务院关于推进中央与地方财政事权和支出责任划分改革的指导意见》。

染病防治、全国性大通道等应该由中央政府提供，同时应划为中央财政事权；地方性公共产品与公共服务，如社会治安、市政交通、城乡社区事务等应该由地方政府提供，同时应划为地方财政事权。对跨区性公共产品或公共服务，如跨区域重大基础设施建设、大气污染治理等应该在中央协调下由受益地区的地方政府合作提供，确定为地方共同财政事权，并对各地方政府承担的职责进行分解细化。在合理划分中央与地方财政事权的基础上，中央与地方支出责任的划分还要相应地完善。按照财政事权与支出责任相匹配或相适应的原则，属于中央的财政事权，应由中央承担支出责任；属于地方的财政事权，应由地方承担支出责任；属于地方共同财政事权的，支出责任应按照受益程度在各地方政府之间进行分摊。

第三，提高地方政府财政事权、支出责任与财力的适配性。为了解决"两个比重过低"的问题①，1994 年的分税制改革的重点是中央和地方财政收入划分方式的改革，并形成了"财权上收、事权下移"的格局。"事权下移"使得地方政府承担了过多的经济社会管理事务，但与此同时，"财权上收"却压缩了地方政府的可支配财力，由此形成了事权、支出责任与财权不匹配或错配的格局，给地方政府带来了沉重的财政压力。政治集权下以 GDP 增长为核心的政绩考核机制决定了地方政府有极强的动力发展地方经济，而财政分权下事权、支出责任与财力的错配给地方政府带来的沉重的财政压力也迫使地方政府非常狂热地推动地方经济增长。再加上央地事权的不合理划分，迫使地方政府"为增长而竞争"，从而扭曲了财政支出结构。因此，为纠偏扭曲的财政支出结构，合理划分央地财政事权与支出责任还需要给予地方政府相应的财力来进行配合。提高地方政府的可支配财力有利于缓解地方政府的财政压力，进而降低地方政府非理性支出竞争的发生。在"后'营改增'"时代，传统的属于地方政府主体税种的营业税变更为增值税，税收收入由中央和地方共享，因此为保证地方财力，一方面可以考虑适度提高中央和地方共享税的地方分成比例，另一方面加快推进地方税体系建设，如可以考虑在时机成熟的条件下尽快开征房产税。此外，提高地方政府可支配财力还有一个重要的方案是进一步完善财政转移支付制度。本书的实证研究也肯定了这一方案的价值。本书的地方财政竞争对产业结构升级效应的门限面板非线性回

---

① 财政收入占国内生产总值比重过低的问题和中央财政收入占全部财政收入比重过低的问题。

归发现，对经济发展水平较低的地区，地方政府通过降低实际税负的方式进行税收竞争有利于产业结构升级，同时通过扩大财政支出的方式进行支出竞争也有利于产业结构升级。那么，一方面，税收竞争可能降低经济发展水平较低地区的财政收入，另一方面，支出竞争又需要更多的财政收入作为支撑，这样经济发展水平较低的地区将面临一定的财政压力。在新时代更强调区域均衡协调发展的要求下，为缓解经济发展水平较低的地区的财政压力，保障其财政竞争促进产业结构升级的效力发挥，中央需要加大对经济发展水平较低的地区的转移支付力度。需要指出的是，完善财政转移支付制度需要突出激励相容，强调地方财政竞争行为与中央政策目标的良好融合。

二、引导地方政府优化财政支出竞争策略

一方面，优化经济性支出规模和结构，提高经济性支出竞争效能。从理论上讲，适度的经济性支出有利于弥补市场机制失灵，提高资源配置效率和促进经济增长；而过度的经济性支出会因对市场的过多干预产生新的政府失灵，反而不利于资源配置效率的提高和经济增长。即便经济性支出处于适度的范围内，如果其结构并不合理，也会有损效率。从本书的实证研究来看，根据经济发展水平的高低，动态调整和优化经济性支出，能够充分发挥其对产业结构升级的推动作用。具体来看，随着市场化的不断推进和深入，市场在资源配置中将发挥越来越突出的决定性作用，因此地方政府需要合理控制财政经济性支出规模，减少对市场的干预，逐步退出市场竞争性领域，尤其要尽量压缩对传统"利大税高"、拉动短期经济增长效果较明显但不符合转型升级方向的产业，容易出现产能过剩的传统落后产业的各种不合理补贴或针对这些产业的招商引资奖励等扶持性支出，要让市场机制引导资源要素在不同产业之间的合理配置，提升产业结构转型升级效能。此外，经济性支出的一类重点是基础设施投资支出。对此，财政要在充分发挥市场机制作用的基础上，按照"补短板"的原则，突破农田水利等相关基础设施供给中存在的瓶颈，优先支持既能吸引资本、劳动力等资源要素，又能改善民生的公共基础设施投资，压缩可能会出现重复建设的基础设施投资支出，切实提高支出效率。当然，对经济发展水平不同的地区，基础设施投资应区别对待，本书的实证结果表明，经济性支出对产业结构升级的影响依地方经济发展水平高

低呈倒 U 形关系，也肯定了这一点的合理性。对经济发展水平较高的东部地区，交通运输、电力、自来水、通信网络以及市政工程等基础设施已有相当可观的存量，虽然完善的基础设施为吸引资本提供了良好的投资环境，但考虑到这些领域资本投入的边际产出可能早已突破了极限，一味增加对这些领域的支出不仅难以吸引外部资本，还会因"挤出效应"而降低资源配置效率，更重要的是还挤占了更有利于产业结构持续升级的教科文卫等民生性支出比重。因此，经济发展水平较高的东部地区政府应当适当收缩基础设施投资支出比重，同时注重合理调整基础设施投资支出的结构，提高财政支出竞争效能。对经济发展水平相对较低的中西部地区，其基础设施供给仍不完善，因此为了更好地发挥基础设施投资对产业结构升级的支撑作用，经济发展水平相对较低的中西部地区一方面要适度提高基础设施投资支出的比重，不断缩小与东部地区之间基础设施水平的显著差距，以此吸引更多外来资本流入，另一方面要不断调整基础设施投资支出结构，对竞争性、经营性项目按照以市场替代政府的原则创新供给模式，同时增加对公益性、非营利性项目的支出，以此提高财政支出竞争效能。

另一方面，加大民生性支出的投入力度，提高民生性支出竞争效能。一是继续提升财政性教育支出的投入比重。目前，我国财政性教育支出占国内生产总值的比重仍大大低于发达国家，致使我国劳动力素质偏低和人力资本短缺，直接导致我国的优势产业仍以传统的劳动密集型产业为主，而且产业技术进步缓慢，知识技术密集型产业发展滞后，极大地阻碍了产业结构的转型升级。因此，地方政府应尽快意识到人力资本的提升对产业结构升级的重要性，加大财政对教育尤其是基础教育的投入力度。当然，中央也应增加对落后地区的专项教育转移支付，实现全国范围内基本教育公共服务均等化。二是要进一步加大财政科技支出力度。产业结构升级从本质上来说源于技术进步。但是，由于科学技术研究具有高风险性、正外部性等特点，科学技术研究如果完全依赖市场将存在严重的市场失灵，必须由政府通过财税手段进行相应的支持。尤其对实施"赶超"战略的国家或地区，政府更应该对从事科学技术研究的经济主体进行大力扶持。政府一方面可以直接通过财政拨款设立相关的机构或部门从事基础性的科学研究与科技创新活动，另一方面也可以通过税收优惠、创新补贴等形式对私人经济主体的技术创新活动进行支持。在支持私人经济主体开展技术创新活动时，财政需要创新科技支出的投入方式，发挥科技支出"四两拨千斤"的作用，激励和带动私人经济主体增加研发投入。此外，地方政府应重点支持关键技术和产业共性技术的突破性研究，促进高技术、高附加值的新兴产业发展，并带动传统产业转型升级。三是要加大医疗、社会保障支出力度，完善社会保障体系，增加对高素质劳动力的吸引力，以此促进地区人力资本水平的提升，进而助推产业结构升级。

结　语

　　研究中国的经济增长问题不能脱离中国式分权体制及其引发的地方财政竞争。在中国式分权体制下，地方政府面临强烈的政治晋升激励，"为增长而竞争"。但是，宏观或总量经济增长必然是以各产业的发展和壮大为基础的。因此，研究中国地方财政竞争对经济增长必须深入产业结构层面。对这一问题的研究在当前中国特色社会主义进入新时代，强调要求建设现代化经济体系和促进经济高质量发展的背景下尤为紧迫。本书正是基于这一考虑，探寻中国地方财政竞争对产业结构升级的影响机理及实际效应，以期更好地为经济新时代服务。本书基于中国式分权体制框架，从理论层面研究发现地方财政竞争对产业结构升级同时存在正向促进效应与负向抑制效应，之后基于财政收支二维视角利用较为前沿的计量经济学分析方法对地方财政竞争影响产业结构升级的实际效应进行了实证检验。本书的主要研究结论可以归纳如下：

　　在理论层面，中国式分权体制一方面提高了地方政府自主发展经济的积极性和主动性，另一方面使得地方政府为政治晋升利益展开激烈的竞争。在中央的产业结构升级战略引领下，地方政府为实现政治晋升利益而具有推进当地产业结构升级的动力和能力。当某一地区利用财税手段或工具推进当地产业结构升级时，会引起其他地区的效仿或横向跟进，由此形成了地方政府为推进产业结构升级的财政竞争格局，进而有利于推进各地区产业结构升级。但是，当前中央政府实际上赋予了地方政府促进经济快速增长与推动产业结构转型升级的双重任务。受政治晋升利益的激励，地方政府同时也在为促进地区经济增长而展开财政竞争。然而，过分偏重经济增长的政绩考核机制及官员有限任期制决定了地方政府必然以地区短期经济增长为首选目标同时兼顾产业结构升级。这种有偏的政策选择使得产业结构升级面临着相应的困境：第一，在地方税收竞争中，一方面，地区间为争夺资本展开的"逐底"竞争使得地方财政收入减少，进而降低了地方公共产品的供给能力，最终制约了产业结构升级；另一方面，地区间在税收竞争中争夺的资本往往投向短期见效快的项目，导致产业畸形发展，同样不利于产业结构升级。第二，在地方财政支出竞争中，地方政府更偏向于经济性支出，而忽视民生性支出，这种支出的偏向性扭曲了财政支出结构，进而抑制了科技创新、人力资本积累等对产业结构升级的作用发挥。同时需要指出的是，产业结构升级与经济增长的双重任务是否兼容依赖于地区的经济发展水平。在经济发展水平较低的地区，地方税收竞争与地方财政支出竞争在一定程度上既有利于产业结构升级又有利于经济增长；在经济发展水平较高的地区，为促进经济增长的地方税收竞争与地方财政支出竞争将抑制产业结构升级。

在实证研究层面，本书以 2003—2018 年中国 31 个省（自治区、直辖市）的面板数据为样本，建立省际空间面板模型和门槛面板模型，实证考察地方财政竞争对产业结构升级的影响效应。研究结果显示：第一，从税收竞争对产业结构升级效应的省际空间面板回归结果来看，表明税收总量竞争的广义税收竞争、总税收竞争对产业结构升级的实际效应不明确；而非税收入竞争总体上推动了产业结构升级。从税种结构来看，增值税竞争对产业结构升级的影响效应不明确，而企业所得税竞争显著地抑制了产业结构升级。第二，从税收竞争对产业结构升级效应的门限回归结果来看，广义税收竞争、总税收竞争、非税收入竞争和企业所得税竞争等税收竞争指标对产业结构升级均存在以人均国内生产总值为门限变量的单门限效应，很好地验证了理论分析所指出的地方税收竞争对产业结构升级效应随地区经济发展水平而递减。第三，从财政支出竞争对产业结构升级效应的省际空间面板回归结果来看，表明财政支出总量竞争的总支出竞争对产业结构升级的影响效应不明确；从支出结构来看，经济性支出竞争对产业结构升级的影响效应不明确，而民生性支出竞争显著推动了产业结构升级。第四，从财政支出竞争对产业结构升级效应的门限面板回归结果来看，总支出竞争与经济性支出竞争对产业结构升级均存在以人均国内生产总值为门限变量的单门限效应，同样验证了理论分析所指出的地方财政支出竞争对产业结构升级效应随地区经济发展水平而递减。

在政策建议层面，本书提出了规范财政竞争秩序、助推产业结构升级的相关建议，包括强化地方财政竞争约束机制，构建有利于产业结构升级的地方税收竞争环境以及构建有利于产业结构升级的地方财政支出竞争环境。

参考文献

［1］白积洋. 财政政策如何影响产业结构升级：基于广东省 21 个地市级的动态面板数据的实证分析 ［J］. 财政科学，2017 (1)：125-141.

［2］蔡海亚，徐盈之. 贸易开放是否影响了中国产业结构升级？［J］. 数量经济技术经济研究，2017 (10)：3-22.

［3］陈博，倪志良. 税收竞争对我国区域经济增长的非线性作用研究：基于动态面板与门限面板模型的分析 ［J］. 现代财经，2016 (12)：73-85.

［4］陈工，唐飞鹏. 政府财政竞争对企业投资的影响：基于对地方政府效率的考虑 ［J］. 厦门大学学报（哲学社会科学版），2010 (5)：22-28.

［5］陈思霞，卢洪友. 辖区间竞争与策略性环境公共支出 ［J］. 财贸研究，2014 (1)：85-92.

［6］陈思霞，卢盛峰. 分权增加了民生性财政支出吗：来自中国"省直管县"的自然实验 ［J］. 经济学（季刊），2014，13 (4)：1261-1282.

［7］陈淑云，曾龙. 地方政府土地出让行为对产业结构升级影响分析：基于中国 281 个地级及以上城市的空间计量分析 ［J］. 产业经济研究，2017 (6)：89-102.

［8］陈钊，徐彤. 走向"为和谐而竞争"：晋升锦标赛下的中央和地方治理模式变迁 ［J］. 世界经济，2011 (9)：3-18.

［9］程臻宇. 论同级地方政府间竞争及对辖区内产业结构的影响：以山东省潍坊市下属五县市为例 ［D］. 济南：山东大学，2004.

[10] 陈晓，肖星，王永胜. 税收竞争及其在我国资本市场中的表现 [J]. 税务研究，2003（6）：18-23.

[11] 陈志勇，陈思霞. 制度环境、地方政府投资冲动与财政预算软约束 [J]. 经济研究，2014（3）：76-87.

[12] 储德银，建克成. 财政政策与产业结构调整：基于总量与结构效应双重视角的实证分析 [J]. 经济学家，2014（2）：80-91.

[13] 崔志坤，李菁菁. 财政分权、政府竞争与产业结构升级 [J]. 财政研究，2015（12）：37-43.

[14] 邓慧慧，虞义华. 税收竞争、地方政府策略互动行为与招商引资 [J]. 浙江社会科学，2017（1）：28-35，155-156.

[15] 邓明. 财政支出、支出竞争与中国地区经济增长效率 [J]. 财贸经济，2013（10）：27-37.

[16] 邓明. 中国地区间市场分割的策略互动研究 [J]. 中国工业经济，2014（2）：18-30.

[17] 邓于君，李美云. 中国消费需求软化促动产业结构软化的实证分析 [J]. 华南师范大学学报（社会科学版），2014（3）：90-95.

[18] 丁菊红. 中国转型中的财政分权与公共品供给激励 [D]. 上海：复旦大学，2008.

[19] 杜妍冬，刘一伟. 中国省级政府间社会保障财政支出的空间竞争：基于2004—2013年省级面板数据 [J]. 华东理工大学学报（社会科学版），2016，31（3）：115-123.

[20] 范庆泉，周县华，潘文卿. 从生产性财政支出效率看规模优化：基于经济增长的视角 [J]. 南开经济研究，2015（5）：24-39.

[21] 范艳丽，张爱国，张贤付. 产业结构高度化水平的定量测定 [J]. 安徽师范大学学报（自然科学版），2008（1）：79-80.

[22] 范子英，张军. 财政分权与中国经济增长的效率：基于非期望产出模型的分析 [J]. 管理世界，2009（7）：15-25.

[23] 方红生，张军. 中国地方政府竞争、预算软约束与扩张偏向的财政行为 [J]. 经济研究，2009（12）：4-16.

参考文献

[24] 方福前，詹新宇. 我国产业结构升级对经济波动的熨平效应分析 [J]. 经济理论与经济管理，2011（9）：5-16.

[25] 冯兴元. 地方政府竞争：理论范式、分析框架与实证研究 [M]. 南京：译林出版社，2010.

[26] 傅利平，李永辉. 地方政府官员晋升竞争、个人特征与区域产业结构升级：基于我国地级市面板数据的实证分析 [J]. 经济体制改革，2014（3）：58-62.

[27] 付凌晖. 我国产业结构高级化与经济增长关系的实证研究 [J]. 统计研究，2010（8）：79-81.

[28] 付文林. 省际间财政竞争现状、经济效应与规制设计 [J]. 统计研究，2005（11）：50-54.

[29] 付文林，耿强. 税收竞争、经济集聚与地区投资行为 [J]. 经济学（季刊），2011（4）：1329-1348.

[30] 付文林，沈坤荣. 中国公共支出的规模与结构及其增长效应 [J]. 经济科学，2006（1）：20-29.

[31] 傅勇. 财政分权、政府治理与非经济性公共物品供给 [J]. 经济研究，2010（8）：4-15.

[32] 傅勇，张晏. 中国式分权与财政支出结构偏向：为增长而竞争的代价 [J]. 管理世界，2007（3）：4-12.

[33] 干春晖，郑若谷，余典范. 中国产业结构变迁对经济增长和波动的影响 [J]. 经济研究，2011（5）：4-13.

[34] 高远东，张卫国，阳琴. 中国产业结构高级化的影响因素研究 [J]. 经济地理，2015（6）：96-101.

[35] 桂琦寒，陈敏，陆铭，等. 中国国内商品市场趋于分割还是整合：基于相对价格法的分析 [J]. 世界经济，2006（2）：20-30.

[36] 郭杰，李涛. 中国地方政府间税收竞争研究：基于中国省级面板数据的经验证据 [J]. 管理世界，2009（11）：54-64.

[37] 郭庆旺，贾俊雪. 地方政府行为、投资冲动与宏观经济稳定 [J]. 管理世界，2006（5）：19-25.

［38］郭庆旺，贾俊雪．地方政府间策略互动行为、财政支出竞争与地区经济增长［J］．管理世界，2009（10）：17-27．

［39］韩永辉，黄亮雄，王贤彬．产业政策推动地方产业结构升级了吗：基于发展型地方政府的理论解释与实证检验［J］．经济研究，2017（8）：33-48．

［40］何梦笔．政府竞争：大国体制转型的理论分析范式［J］．广东财经大学学报，2009（3）：4-21．

［41］黄纯纯，周业安．地方政府竞争理论的起源、发展及其局限［J］．中国人民大学学报，2011（3）：97-103．

［42］黄春蕾．当前我国国内横向税收竞争的实证分析［J］．税务与经济，2004（1）：51-54．

［43］黄亮雄，王贤彬，刘淑琳，等．中国产业结构调整的区域互动：横向省际竞争和纵向地方跟进［J］．中国工业经济，2015（8）：82-97．

［44］黄阳平．基于空间关系的地方政府支出竞争与区域经济差距研究［J］．财会研究，2011（21）：8-10．

［45］洪源，吕鑫，李礼．跨越中等收入陷阱约束下民生财政对居民消费存在门槛效应吗？［J］．中央财经大学学报，2017（5）：12-29．

［46］金碚，吕铁，李晓华．关于产业结构调整几个问题的探讨［J］．经济学动态，2010（8）：14-19．

［47］孔令池，高波，李言．市场开放、地方财税竞争与产业结构调整：基于我国省级面板数据的实证研究［J］．经济理论与经济管理，2017（10）：45-57．

［48］冷毅，杨琦．财政竞争对地方政府财政支出结构的影响研究：基于民生和发展的权衡［J］．江西财经大学学报，2014（4）：30-38．

［49］里昂惕夫．投入产出经济学［M］．崔书香，等译．北京：中国统计出版社，1990．

［50］李健，徐海成．技术进步与我国产业结构调整关系的实证研究［J］．软科学，2011（4）：8-18．

［51］李建强．政府民生支出对居民消费需求的动态影响：基于状态空间模型的实证检验［J］．财经研究，2010（6）：103-112．

[52] 李涛，周业安. 中国地方政府间支出竞争研究：基于中国省级面板数据的经验证据 [J]. 管理世界，2009 (2)：12-22.

[53] 李涛，黄纯纯，周业安. 税收、税收竞争与中国经济增长 [J]. 世界经济，2011 (4)：22-41.

[54] 李一花，瞿玉雪. 地方横向税收竞争的存在性检验及增长效应评估研究 [J]. 公共财政研究，2017 (2)：4-20.

[55] 李一花，沈海顺，刘蓓蓓，等. "省直管县"财政改革对县级财政支出竞争策略的影响研究 [J]. 财经论丛，2014 (3)：25-31.

[56] 李永友，沈坤荣. 辖区间竞争、策略性财政政策与FDI增长绩效的区域特征 [J]. 经济研究，2008 (5)：58-69.

[57] 李晓嘉，钟颖. 地方政府支出对居民消费需求的影响研究：来自中国区域面板数据的证据 [J]. 上海经济研究，2013 (8)：24-31.

[58] 李子伦. 产业结构升级含义及指数构建研究：基于因子分析法的国际比较 [J]. 当代经济科学，2014 (1)：89-98.

[59] 梁河，西宝. 中国地方政府财政支出竞争行为特性与激励机制：基于市级面板数据的经验分析 [J]. 地方财政研究，2015 (2)：35-40.

[60] 林毅夫，刘志强. 中国的财政分权与经济增长 [J]. 北京大学学报，2000 (4)：5-17.

[61] 刘汉屏，刘锡田. 地方政府竞争：分权、公共物品与制度创新 [J]. 改革，2003 (6)：23-28.

[62] 刘江会，王功宇. 地方政府财政竞争对财政支出效率的影响：来自长三角地级市城市群的证据 [J]. 财政研究，2017 (8)：56-68.

[63] 刘清杰，任德孝. 中国地区间税收竞争刺激经济增长了吗 [J]. 广东财经大学学报，2017 (4)：92-103.

[64] 刘清杰，任德孝. 中国地区间税收优惠、税收竞争及其空间效应 [J]. 云南财经大学学报，2018 (2)：48-59.

[65] 刘穷志. 税收竞争、资本外流与投资环境改善：经济增长与收入公平分配并行路径研究 [J]. 经济研究，2017 (3)：61-75.

[66] 刘小勇，丁焕峰. 邻里竞争、财政分权与政府财政支出偏向研究：基于三层分权框架的角度 [J]. 当代财经，2015 (7)：35-44.

[67] 龙小宁，朱艳丽，蔡伟贤，等. 基于空间计量模型的中国县级政府间税收竞争的实证分析 [J]. 经济研究，2014（8）：41-53.

[68] 卢福财. 产业经济学 [M]. 上海：复旦大学出版社，2013.

[69] 罗富政. 政府竞争、市场竞争与区域经济协调发展 [D]. 长沙：湖南大学，2016.

[70] 罗富政，罗能生. 税收负担如何影响产业结构调整：基于税负层次和规模的讨论 [J]. 产业经济研究，2016（1）：20-29.

[71] 罗斯托. 经济成长的阶段：非共产党宣言 [M]. 国际关系研究所翻译室，译. 北京：商务印书馆，1962.

[72] 马蔡琛，郑改改. 我国地方政府间税收竞争的空间计量分析：基于省际面板数据的考察 [J]. 河北经贸大学学报，2014（5）：93-98.

[73] 马智利，周翔宇. 中国金融发展与产业结构升级关系的实证研究 [J]. 上海金融，2008（2）：18-21.

[74] 毛军，刘建民. 财税政策下的产业结构升级非线性效应研究 [J]. 产业经济研究，2014（6）：21-30.

[75] 梅冬州，王子健，雷文妮. 党代会召开、监察力度变化与中国经济波动 [J]. 经济研究，2014（3）：47-61.

[76] 缪小林，史倩茹. 经济竞争下的地方财政风险：透过债务规模看财政效率 [J]. 财政研究，2016（10）：20-35.

[77] 尼斯坎南. 官僚制与公共经济学 [M]. 王浦劬，等，译. 北京：中国青年出版社，2004.

[78] 道格拉斯·C. 诺斯. 制度、制度变迁与经济绩效 [M]. 刘守英，译. 上海：上海三联书店，1994.

[79] 潘孝珍，庞凤喜. 中国地方政府间的企业所得税竞争研究：基于面板数据空间滞后模型的实证分析 [J]. 经济理论与经济管理，2015（5）：88-97.

[80] 平新乔，白洁. 中国财政分权与地方公共品的供给 [J]. 财贸经济，2006（2）：49-55.

[81] 齐兰，徐云松. 制度环境、区域金融化与产业结构升级：基于中国西部面板数据的动态关系研究 [J]. 中央财经大学学报，2017（12）：22-33.

[82] 亓寿伟, 王丽蓉. 横向税收竞争与政府公共支出 [J]. 税务研究, 2013 (12): 74-76.

[83] 钱纳里. 工业化和经济增长的比较研究 [M]. 上海: 上海三联书店, 1989.

[84] 钱颖一, 许成钢, 董彦彬. 中国的经济改革为什么与众不同: M 型的层级制和非国有部门的进入与扩张 [J]. 经济社会体制比较, 1993 (1): 31-42.

[85] 乔俊峰. 分权制下的财政竞争与财政支出结构的扭曲 [D]. 武汉: 华中科技大学, 2010.

[86] 饶常林. 中国地方政府合作的博弈分析: 困境与消解 [J]. 北京理工大学学报 (社会科学版), 2014 (5): 59-64.

[87] 饶晓辉, 刘方. 政府生产性支出与中国的实际经济波动 [J]. 经济研究, 2014 (11): 17-30.

[88] 任爱华, 郭净. 我国不同时期财政政策的产业结构优化效应 [J]. 财政研究, 2017 (11): 19-33.

[89] 任曙明, 张静. 补贴、寻租成本与加成率: 基于中国装备制造企业的实证研究 [J]. 管理世界, 2013 (10): 118-129.

[90] 任优生, 邱晓东. 政府补贴和企业 R&D 投入会促进战略性新兴产业生产率提升吗 [J]. 山西财经大学学报, 2017 (1): 55-69.

[91] 邵敏, 包群. 政府补贴与企业生产率: 基于我国工业企业的经验分析 [J]. 中国工业经济, 2012 (7): 70-82.

[92] 尚晓贺, 陶江. 财政科技支出、银行信贷与产业结构转型 [J]. 现代财经, 2015 (12): 99-110.

[93] 沈坤荣, 付文林. 税收竞争、地区博弈及其增长绩效 [J]. 经济研究, 2006 (6): 16-26.

[94] 宋鸿明. 中国产业结构高级化分析 [M]. 北京: 中国社会科学出版社, 2004.

[95] 宋锦剑. 论产业结构优化升级的测度问题 [J]. 当代经济科学, 2000 (3): 92-97.

[96] 宋来. 中国财政政策产业结构调整效应的实证分析：基于1993—2012年省际面板数据 [J]. 华东理工大学学报（社会科学版），2017（4）：80-88.

[97] 孙海波，林秀梅，焦翠红. 政府税收、研发补贴与产业结构变迁 [J]. 经济评论，2016（6）：23-37.

[98] 孙韩钧. 我国产业结构高度的影响因素和变化探析 [J]. 人口与经济，2012，（3）：39-41.

[99] 孙正. 地方政府政绩诉求、税收竞争与财政可持续性 [J]. 经济评论，2017（4）：15-29.

[100] 陶长琪，彭永樟. 经济集聚下技术创新强度对产业结构升级的空间效应分析 [J]. 产业经济研究，2017（3）：91-103.

[101] 唐丽萍. 中国地方政府竞争中的地方治理研究 [M]. 上海：上海人民出版社，2010.

[102] 陶然，陆曦，苏福兵，等. 地区竞争格局演变下的中国转轨：财政激励和发展模式反思 [J]. 经济研究，2009（7）：21-33.

[103] 田新民. 产业结构效应的度量与实证：以北京为案例的比较分析 [J]. 经济学动态，2012（9）：74-80.

[104] 王柏杰，郭鑫. 地方政府行为、"资源诅咒"与产业结构失衡：来自43个资源型地级市调查数据的证据 [J]. 山西财经大学学报，2017，39（6）：64-75.

[105] 王方方，李宁. 我国财政政策对产业结构优化的时变效应 [J]. 数量经济技术经济研究，2017（11）：132-147.

[106] 王凤荣，苗妙. 税收竞争、区域环境与资本跨区流动：基于企业异地并购视角的实证研究 [J]. 经济研究，2015（2）：16-30.

[107] 王华春，刘清杰. 地方政府财政支出竞争与经济增长效应：基于策略互动视角 [J]. 广东财经大学学报，2016，31（1）：89-97.

[108] 王佳杰，童锦治，李星. 税收竞争、财政支出压力与地方非税收入增长 [J]. 财贸经济，2014，35（5）：27-38.

[109] 王健，李佳. 人力资本推动产业结构升级：我国二次人口红利获取之解 [J]. 现代财经，2013（6）：35-44，78.

[110] 王美今，林建浩，余壮雄. 中国地方政府财政竞争行为特性识别："兄弟竞争"与"父子争议"是否并存？[J]. 管理世界，2010（3）：22-31.

[111] 王丽娟. 我国地方政府财政支出竞争的异质性研究：基于空间计量的实证分析 [J]. 财贸经济, 2011 (9)：11-18.

[112] 王守坤, 任保平. 中国省级政府间财政竞争效应的识别与解析：1978—2006 年 [J]. 管理世界, 2008 (11)：32-43, 187.

[113] 汪伟, 刘玉飞, 彭冬冬. 人口老龄化的产业结构升级效应研究 [J]. 中国工业经济, 2015 (11)：47-61.

[114] 王文剑, 仉建涛, 覃成林. 财政分权、地方政府竞争与 FDI 的增长效应 [J]. 管理世界, 2007 (3)：13-22, 171.

[115] 王贤彬, 张莉, 徐现祥. 什么决定了地方财政的支出偏向：基于地方官员的视角 [J]. 经济社会体制比较, 2013 (6)：157-167.

[116] 王亚军, 胡晓宏. 论地方政府良性财政竞争的法律制度保障 [J]. 学术论坛, 2012 (11)：86-90.

[117] 王永钦, 张晏, 章元, 等. 中国的大国发展道路：论分权式改革的得失 [J]. 经济研究, 2007 (1)：4-16.

[118] 王征. 论地方政府之间的竞争与区域产业政策趋同的关系 [J]. 湖南行政学院学报, 2014 (4)：31-34.

[119] 吴俊培, 艾莹莹, 龚旻. 地方财政竞争无效率的实证分析 [J]. 财政研究, 2017 (7)：89-101.

[120] 吴俊培, 王宝顺. 我国省际间税收竞争的实证研究 [J]. 当代财经, 2012 (4)：30-40.

[121] 吴群, 李永乐. 财政分权、地方政府竞争与土地财政 [J]. 财贸经济, 2010 (7)：51-59.

[122] 伍文中. 政府间财政支出竞争的经济效应研究 [M]. 北京：经济科学出版社, 2010.

[123] 武咸云, 陈艳, 杨卫华. 战略性新兴产业的政府补贴与企业 R&D 投入 [J]. 科研管理, 2016 (5)：19-23.

[124] 武晓霞. 省际产业结构升级的异质性及影响因素：基于 1998—2010 年 28 个省区的空间面板计量分析 [J]. 经济经纬, 2014 (1)：90-95.

[125] 吴振球, 王建军. 地方政府竞争与经济增长方式转变: 1998—2010: 基于中国省级面板数据的经验研究 [J]. 经济学家, 2013 (1): 38-47.

[126] 西蒙·库兹涅兹. 各国的经济增长 [M]. 常勋, 等, 译. 北京: 商务印书馆, 1985.

[127] 肖叶. 我国地方政府间税收竞争对产业结构的影响研究: 基于中国省际面板数据的实证检验 [J]. 重庆三峡学院学报, 2016 (6): 59-66.

[128] 谢欣, 李建军. 地方税收竞争与经济增长关系实证研究 [J]. 财政研究, 2011 (1): 65-67.

[129] 谢贞发, 范子英. 中国式分税制、中央税收征管权集中与税收竞争 [J]. 经济研究, 2015 (4): 92-106.

[130] 徐超. 我国地方政府间横向税收竞争研究 [J]. 东北财经大学学报, 2015 (1): 11-17.

[131] 徐超. 民生支出与收入差距是否呈倒 U 型关系: 省级面板数据的实证检验 [J]. 现代财经, 2015 (1): 12-21.

[132] 徐德云. 产业结构升级形态决定、测度的一个理论解释及验证 [J]. 财政研究, 2008 (1): 46-49.

[133] 徐敏, 姜勇. 中国产业结构升级能缩小城乡消费差距吗? [J]. 数量经济技术经济研究, 2015 (3): 3-21.

[134] 亚当·斯密. 国民财富的性质和原因的研究 [M]. 郭大力, 王亚南, 译. 北京: 商务印书馆, 1997.

[135] 闫海洲. 长三角地区产业结构高级化及影响因素 [J]. 财经科学, 2010 (12): 50-57.

[136] 颜淑姬. 地方税收竞争、税收征管与家族企业避税研究 [J]. 财经问题研究, 2016 (11): 74-81.

[137] 杨虎涛. 政府竞争对制度变迁的影响机理研究 [M]. 北京: 中国财政经济出版社, 2006.

[138] 杨坚. 地方政府竞争下的产业结构调整: 基于金融发展视角 [J]. 经济问题, 2011 (12): 18-21.

[139] 杨龙见, 尹恒. 中国县级政府税收竞争研究 [J]. 统计研究, 2014 (6): 42-49.

[140] 杨晓丽, 许垒. 中国式分权下地方政府 FDI 税收竞争的策略性及其经济增长效应 [J]. 经济评论, 2011 (3): 59-68.

[141] 姚洋. 制度失衡和中国财政分权的后果 [J]. 战略与管理, 2003 (3): 27-33.

[142] 易信, 刘凤良. 金融发展、技术创新与产业结构转型: 多部门内生增长理论分析框架 [J]. 管理世界, 2015 (10): 24-39.

[143] 易行健, 刘胜, 杨碧云. 民生性财政支出对我国居民消费率的影响: 基于 1996—2009 年省际面板数据的实证检验 [J]. 上海财经大学学报, 2013 (2): 55-62.

[144] 尹恒, 徐琰超. 地市级地区间基本建设公共支出的相互影响 [J]. 经济研究, 2011 (7): 55-64.

[145] 尹恒, 朱虹. 县级财政生产性支出偏向研究 [J]. 中国社会科学, 2011 (1): 88-101.

[146] 郁建兴, 徐越倩. 从发展型政府到公共服务型政府: 以浙江省为个案 [J]. 马克思主义与现实, 2004 (5): 65-74.

[147] 余泳泽, 刘大勇. "中国式财政分权" 与全要素生产率: "竞次" 还是 "竞优" [J]. 财贸经济, 2018 (1): 23-37.

[148] 袁浩然, 欧阳峣. 大国地方政府间税收竞争策略研究: 基于中国经验数据的空间计量面板模型 [J]. 湖南师范大学社会科学学报, 2012 (5): 96-101.

[149] 张晨峰, 鲍曙明. 地方政府间财政支出竞争的研究: 中国 1997—2011 年省级面板的实证 [J]. 南京社会科学, 2014 (6): 51-56.

[150] 张福进, 罗振华, 张铭洪. 税收竞争与经济增长门槛假说: 基于中国经验数据的分析 [J]. 当代财经, 2014 (6): 32-42.

[151] 张恒龙, 陈宪. 财政竞争对地方公共支出结构的影响: 以中国的招商引资竞争为例 [J]. 经济社会体制比较, 2006 (6): 57-64.

[152] 张军, 高远, 傅勇, 等. 中国为什么拥有了良好的基础设施? [J]. 经济研究, 2007 (3): 4-19.

[153] 张军, 周黎安. 为增长而竞争: 中国增长的政治经济学 [M]. 上海: 格致出版社, 2008.

[154] 张梁梁，杨俊，罗鉴益．财政分权视角下地方政府科技支出的标尺竞争：基于265个地级市的实证研究 [J]．当代财经，2016 (4)：29-39.

[155] 张辽，宋尚恒．政府竞争、要素流动与产业转移：基于省际面板数据的实证研究 [J]．当代财经，2014 (3)：21-28.

[156] 张铭洪，卢晓军，陈璐．财政支出竞争对经济影响的门限效应研究：基于中国省级面板数据的检验 [J]．华东经济管理，2015 (2)：5-10.

[157] 张涛，张若雪．人力资本与技术采用：对珠三角技术进步缓慢的一个解释 [J]．管理世界，2009 (2)：75-81.

[158] 张晏，龚六堂．分税制改革、财政分权与中国经济增长 [J]．经济学（季刊），2006 (5)：75-108.

[159] 张晏，夏纪军，张文瑾．自上而下的标尺竞争与中国省级政府公共支出溢出效应差异 [J]．浙江社会科学，2010 (12)：20-26.

[160] 张阳，姜学民．人力资本对产业结构优化升级的影响：基于空间面板数据模型的研究 [J]．财经问题研究，2016 (2)：106-113.

[161] 张宇．财政分权与政府财政支出结构偏异：中国政府为何偏好生产性支出 [J]．南开经济研究，2013 (3)：35-50.

[162] 张宇．地方保护与经济增长的囚徒困境 [J]．世界经济，2018 (3)：147-169.

[163] 张璋，周新旺．土地出让价格、政府补贴与产业结构升级 [J]．财经科学，2017 (12)：108-119.

[164] 赵安平，罗植．扩大民生支出是否会推高房价 [J]．世界经济，2012 (1)：43-57.

[165] 郑磊．财政分权、政府竞争与公共支出结构：政府教育支出比重的影响因素分析 [J]．经济科学，2008 (1)：28-40

[166] 朱虹．财政竞争与经济增长 [J]．武汉金融，2013 (6)：15-18.

[167] 周黎安．转型中的地方政府：官员激励与治理 [M]．上海：格致出版社，2008.

[168] 周黎安．中国地方官员的晋升锦标赛模式研究 [J]．经济研究，2007 (7)：36-50.

参考文献

[169] 周黎安. 晋升博弈中政府官员的激励与合作：兼论我国地方保护主义和重复建设长期存在的原因 [J]. 经济研究, 2004 (6)：33-40.

[170] 周亚虹, 宗庆庆, 陈曦明. 财政分权体制下地市级政府教育支出的标尺竞争 [J]. 经济研究, 2013 (11)：127-139.

[171] 周业安. 地方政府竞争与经济增长 [J]. 中国人民大学学报, 2003 (1)：97-103.

[172] 周业安. 地方政府治理：分权、竞争与转型 [J]. 人民论坛·学术前沿, 2014 (4)：14-23.

[173] 周业安, 冯兴元, 赵坚毅. 地方政府竞争与市场秩序的重构 [J]. 中国社会科学, 2004 (1)：56-65.

[174] 周业安, 宋紫峰. 中国地方政府竞争 30 年 [J]. 教学与研究, 2009 (11)：28-36.

[175] 踪家峰, 李蕾, 郑敏闽. 中国地方政府间标尺竞争：基于空间计量经济学的分析 [J]. 经济评论, 2009 (4)：5-12.

[176] Alam T, Waheed M. Sectoral Effects of Monetary Policy：Evidence from Pakistan [J]. Pakistan Development Review, 2006, 45 (4)：1103-1115.

[177] Allers M A, Elhorst J P. Tax Mimicking and Yardstick Competition Among Local Governments in the Netherlands [J]. International Tax & Public Finance, 2005, 12 (4)：493-513.

[178] ANDERSON W. Intergovernmental relations in review [M]. Minneapolis：University of Minnesota Press, 1960.

[179] ANNE C CASE, HARVEY S ROSEN, JAMES R HINES JR. Budget spillovers and fiscal policy interdependence：Evidence from the states [J]. Journal of Public Economics, 1993, 52 (3)：285-307.

[180] ARIKAN G G. Fiscal decentralization：A remedy for corruption? [J]. International Tax & Public Finance, 2004, 11 (2)：175-195.

[181] ARNOLD J, SCHWELLNUS C. Do corporate taxes reduce productivity and investment at the firm level? Cross-country evidence from the amadeus dataset [Z]. Oecd Economics Department Working Paper, 2008.

[182] BALDWIN R, KRUGMAN P. Agglomeration, integration and tax harmonization [J]. European Economic Review, 2002, 48 (1)：1-23.

[183] BAICKER K. The spillover effects of state spending [J]. Journal of Public Economics, 2005, 89 (3): 529-544.

[184] BARAKAT A. The impact of financial structure, financial leverage and profitability on industrial companies shares value (Applied study on a sample of saudi industrial companies) [J]. Research Journal of Finance and Accounting, 2014, 5 (1): 55-66.

[185] BECKER D, RAUSCHER M. Fiscal competition and growth when capital is imperfectly mobile [J]. Scandinavian Journal of Economics, 2013, 115 (1): 211-233.

[186] BESLEY T, CASE A. Incumbent behavior: Vote-seeking, tax-setting, and yardstick competition [J]. American Economic Review, 1995, 85 (1): 25-45.

[187] BINH K B, PARK S Y, SHIN B S. Financial structure does matter for industrial growth: Direct evidence from OECD countries [Z]. Research Gate Working Paper, 2008.

[188] L. Spatial interaction and local government expenditures for functionally impaired in Sweden [J]. Umea Economic Studies, 2009, 43 (798): 486-491.

[189] BLANCHARD O, SHLEIFER A. Federalism with and without political centralization: China versus Russia [Z]. IMF Staff Papers, 2001, 48 (1): 171-179.

[190] BLECHER M. Development state, entrepreneurial state: the political economy of socialist reform in Xinji municipality and Guanghan county [M]. // GORDON WHITE. The Chinese state in the era of economic reform: The road to crisis. Houndmills: Macmillan Press, 1991.

[191] BORCK R, CALIENDO M, STEINER V. Fiscal competition and the composition of public spending: Theory and evidence [J]. Finanzarchiv Public Finance Analysis, 2007, 63 (2): 264-277.

[192] BOSKIN M J. Local government tax and product competition and the optimal provision of public goods [J]. Journal of Political Economy, 1973, 81 (1): 203-210.

参
考
文
献

· 197 ·

[193] BRAID R M. Symmetric tax competition with multiple jurisdictions in each metropolitan area [J]. American Economic Review, 1996, 86 (5): 1279-1290.

[194] BRENNAN H G, BUCHANAN J M. The power to tax: Analytical foundations of a fiscal constitution [M]. Cambridge: Cambridge University Press, 1980.

[195] BRETON A. The growth of competitive governments [J]. Canadian Journal of Economics, 1989, 22 (4): 717-750.

[196] BRETON A. Competitive governments an economic theory of politics and public finance [M]. Cambridge: Cambridge University Press, 1996.

[197] BRUECKNER J K. Fiscal decentralization with distortionary taxation: Tiebout vs. tax competition [J]. International Tax & Public Finance, 2004, 11 (2): 133-153.

[198] BRUECKNER J K, SAAVEDRA L A. Do local governments engage in strategic property-tax competition? [J]. National Tax Journal, 2001, 54 (2): 203-229.

[199] BUCHANAN J M. Social choice, democracy, and free markets [J]. Journal of Political Economy, 1954, 62 (2): 114-123.

[200] BUCOVETSKY S. Public input competition [J]. Journal of Public Economics, 2005, 89 (10): 1763-1787.

[201] BUCOVETSKY S, SMART M. The efficiency consequences of local revenue equalization: tax competition and tax distortions [J]. Journal of Public Economic Theory, 2002, 8 (1): 119-144.

[202] BUCOVETSKY S, WILSON J D. Tax competition with two tax instruments [J]. Regional Science & Urban Economics, 2015, 21 (3): 333-350.

[203] CAMILLA J. Foreign direct investment, industrial restructuring and the upgrading of polish exports [J]. Applied Economics, 2002, 34 (2): 207-217.

[204] CAPLIN A, NALEBUFF B. Competition among institutions [J]. Journal of Economic Theory, 1997, 72 (2): 306-342.

[205] CASE A C, ROSEN H S, JR J R H. Budget spillovers and fiscal policy interdependence: Evidence from the states [J]. Journal of Public Economics, 1993, 52 (3): 285-307.

地方财政竞争的产业结构升级效应研究

[206] CHIRINKO R S, WILSON D J. State investment tax incentives: A zero-sum game? [J]. Journal of Public Economics, 2007, 92 (12): 2362-2384.

[207] CLARK C. The conditions of economic progress [M]. London: Macmillan, 1940.

[208] DARRAT A F. Are financial deepening and economic growth causally related? another look at the evidence [J]. International Economic Journal, 1999, 13 (3): 19-35.

[209] DAVOODI H, ZOU H F. Fiscal decentralization and economic growth: A cross-country study [Z]. CEMA Working Paper, 1998.

[210] DELGADO F J. Tax mimicking among local governments: Some evidence from Spanish municipalities [J]. Portuguese Economic Journal, 2011, 10 (2): 149-164.

[211] DUMONT M. The impact of subsidies and fiscal incentives on corporate R&D expenditures in Belgium (2001—2009) [Z]. FPB Working Paper, 2013.

[212] EDMARK K, AGREN H. Identifying strategic interactions in Swedish local income tax policies [J]. Journal of Urban Economics, 2008, 63 (3): 849-857.

[213] EGGER H, FALKINGER J, GROSSMANN V. Brain drain, fiscal competition, and public education expenditure [J]. Review of International Economics, 2012, 20 (1): 81-94.

[214] ERMINI B, SANTOLINI R. Horizontal interaction on local councils' expenditures. evidence from italy [Z]. Universita' Politecnica delle Marche (I) Working Paper, 2007.

[215] EROGLU E. Fight against tax competition in the EU and the effects of tax policies implemented in the EU during the 2008 global financial crisis on tax competition [J]. Medical Teacher, 2015, 15 (4): 394-396.

[216] EUGSTER B, PARCHET R. Culture and taxes: Towards identifying tax competition [J]. Management Science, 2011, 17 (11): 774-777.

[217] FELDMAN M P, KELLEY M R. The ex ante, assessment of knowledge spillovers: Government R&D policy, economic incentives and private firm behavior [J]. Research Policy, 2006, 35 (10): 1509-1521.

[218] FELDSTEIN M. Rethinking the role of fiscal policy [J]. American Economic Review, 2009, 99 (2): 556-559.

[219] FERREIRA, SERGIO G V, RICARDO A. Inter-jurisdictional fiscal competition: A review of the literature and policy recommendations [J]. Revista De Economia Politica, 2005, 25 (3): 295-313.

[220] FREDRIKSSON P G, LIST J A, MILLIMET D L. Chasing the smokestack: Strategic policymaking with multiple instruments [J]. Regional Science & Urban Economics, 2004, 34 (4): 387-410.

[221] FREITAS I B, CASTELLACCI F, FONTANA R, et al. The additionality effects of R&D tax credits across sectors: A cross – country microeconometric analysis [Z]. Centre for Technology, Innovation and Culture Working Paper, 2015.

[222] GABRIELLA M, QIAN Y, WEINGAST B R. Federalism, Chinese style: The political basis for economic success in China [J]. World Politics, 1995, 48 (1): 50-81.

[223] GANLEY J, SALMON C. The industrial impact of monetary policy shocks: Some stylised facts [Z]. Bank of England Working Paper, 1997

[224] GENTRY W M, HUBBARD R G. Tax policy and entrepreneurial entry [J]. American Economic Review, 2000, 90 (2): 283-287.

[225] GUERRIERI P, MELICIANI V. Technology and international competitiveness: The interdependence between manufacturing and producer services [J]. Structural Change & Economic Dynamics, 2005, 16 (4): 489-502.

[226] HAMBERG D. R&D: Essays on the economics of research and development [M]. New York: Random House, 1966.

[227] HANKIVSKY O, CORMIER R. Intersectionality and public policy: Some lessons from existing models [J]. Political Research Quarterly, 2011, 64 (1): 217-229.

[228] HANSEN B. E. Threshold effects in non-dynamic panels: Estimation, testing, and inference [J]. Journal of Econometrics, 1999, 93 (2): 345-368.

[229] HATFIELD J W. Federalism, taxation, and economic growth [J]. Journal of Urban Economics, 2015, 87: 114-125.

[230] HAUSMANN R, HWANG J, RODRIK D. What you export matters [J]. Journal of Economic Growth, 2007, 12 (1): 1-25.

[231] HAYO B, UHLENBROCK B. Industry effects of monetary policy in germany [J]. SSRN Electronic Journal, 1999 (1): 127-158.

[232] MURILLO R. Strategic interaction in tax policies among states [J]. Federal Reserve Bank of St. Louis Review, 2003, 85 (5): 47-56.

[233] HETTICH W, WINER S L. Democratic choice and taxation: A theoretical and empirical analysis [M]. Cambridge: Cambridge University Press, 1999.

[234] HEYNDELS B, VUCHELEN J. Tax mimicking among belgian municipalities [J]. National Tax Journal, 1998, 51 (1): 89-101.

[235] HINDRIKS J, MYLES G D. Intermediate public economics [M]. Cambridge: MIT Press, 2006.

[236] HUANG Y. Capitalism with Chinese characteristics: Entrepreneurship and the state [M]. Cambridge: Cambridge University Press, 2008.

[237] HUBER B. Tax competition and tax coordination in an optimum income tax model [J]. Journal of Public Economics, 1999, 71 (3): 441-458.

[238] IHORI T, YANG C C. Interregional tax competition and intraregional political competition: The optimal provision of public goods under representative democracy [J]. Journal of Urban Economics, 2009, 66 (3): 210-217.

[239] JACOBS J P A M, LIGTHART J E, VRIJBURG H. Consumption tax competition among governments: Evidence from the United States [J]. International Tax & Public Finance, 2010, 17 (3): 271-294.

[240] JIN H, QIAN Y, WEINGAST B R. Regional decentralization and fiscal incentives: Federalism, Chinese style [J]. Journal of Public Economics, 2005, 89 (9-10): 1719-1742.

[241] JIN J, ZOU H F. How does fiscal decentralization affect aggregate, national, and subnational government size? [J]. Journal of Urban Economics, 2000, 52 (2): 270-293.

[242] JR L R D M. Fiscal decentralization and intergovernmental fiscal relations: A cross-country analysis [J]. World Development, 2004, 28 (2): 365-380.

[243] JUDD K L. Redistributive taxation in a simple perfect foresight model [J]. Journal of Public Economics, 1985, 28 (1): 59-83.

[244] JUSTMAN M, THISSE J F, YPERSELE T V. Fiscal competition and regional differentiation [J]. Regional Science & Urban Economics, 2005, 35 (6): 848-861.

[245] KANBUR R, KEEN M. Tax competition and tax coordination: When countries differ in size [J]. American Economic Review, 1993, 83 (4): 877-892.

[246] KEEN M. Vertical tax externalities in the theory of fiscal federalism [J]. International Monetary Fund Staff Papers, 1998, 45 (3): 454-485.

[247] KEEN M, MARCHAND M. Fiscal competition and the pattern of public spending [J]. Journal of Public Economics, 1997, 66 (1): 33-53.

[248] KELEKAR U. Fiscal interactions among local government units - A spatial analysis of the health and education expenditures in the Philippines [J]. Dissertations & Theses - Gradworks, 2012, 62 (7): 2367-2367.

[249] KOETHENBUERGER M, LOCKWOOD B. Does tax competition really promote growth? [J]. Journal of Economic Dynamics & Control, 2010, 34 (2): 191-206.

[250] LADD H F. Mimicking of local tax burdens among neighboring counties [J]. Public Finance Review, 1992, 20 (4): 450-467.

[251] LANGER S. Expenditure interactions between municipalities and the role of agglomeration forces: A spatial analysis for North Rhine-Westphalia [Z]. CEPIE Working Paper, 2018.

[252] LEJOUR A M, VERBON H A A. Tax competition and redistribution in a two-country endogenous-growth model [J]. International Tax & Public Finance, 1997, 4 (4): 485-497.

[253] LI H, ZHOU L A. Political turnover and economic performance: The incentive role of personnel control in China [J]. Journal of Public Economics, 2006, 89 (9): 1743-1762.

[254] LICHTENBERG F R. The effect of government funding on private industrial research and development: A re-assessment [J]. Journal of Industrial Economics, 1987, 36 (1): 97-104.

[255] LIPATOV V, WEICHENRIEDER A. Welfare and labor supply implications of tax competition for mobile labor [J]. Social Choice & Welfare, 2015, 45 (2): 457-477.

[256] LUNDBERG J. Spatial interaction model of spillovers from locally provided public services [J]. Regional Studies, 2006, 40 (6): 631-644.

[257] LYYTIKAINEN T. Tax competition among local governments: Evidence from a property tax reform in Finland [J]. Journal of Public Economics, 2012, 96 (8): 584-595.

[258] MAGUAIN D, FRERET S. The Determinants of welfare spending in france: A spatial panel econometric approach [J]. Annals of Economics & Statistics, 2013 (109-110): 93-129.

[259] MASKIN E, QIAN Y, XU C. Incentives, information, and organizational form [J]. Review of Economic Studies, 2000, 67 (2): 359-378.

[260] MINTZ J, TULKENS H. Commodity tax competition between member states of a federation: Equilibrium and efficiency [J]. Journal of Public Economics, 1986, 29 (2): 133-172.

[261] MUSGRAVE R A. The theory of public finance [M]. NewYork: McGraw-Hill, 1959.

[262] OATES W E. Fiscal federalism [M]. New York: Harcourt Brace Jovanvich, 1972.

[263] OATES W E. An essay on fiscal federalism [J]. Journal of Economic Literature, 1999, 37 (3): 1120-1149.

参
考
文
献

[264] PIERETTI P, ZANAJ S. On tax competition, public goods provision and jurisdictions' size [J]. Journal of International Economics, 2011, 84 (1): 124-130.

[265] PORTER M. Location, competition, and economic development: Local clusters in a global economy [J]. Economic Development Quarterly, 2000, 14 (1): 15-34.

[266] POTTELSBERGHE B V, NYSTEN S, MEGALLY E. Evaluation of current fiscal incentives for business R&D in Belgium [Z]. CEB Working Paper, 2003.

[267] QIAN Y, ROLAND G. Federalism and the soft budget constraint [J]. American Economic Review, 1998, 88 (5): 1143-1162.

[268] QIAN Y, WEINGAST B R. Federalism as a commitment to preserving market incentives [J]. Journal of Economic Perspectives, 1997, 11 (4): 83-92.

[269] QIAN Y, XU C. Why China's economic reforms differ: The M-form hierarchy and entry/expansion of the non-state sector [J]. Economics of Transition, 1993, 1 (2): 135-170.

[270] RAUSCHER M. Economic growth and tax-competing leviathans [J]. International Tax & Public Finance, 2005, 12 (4): 457-474.

[271] RAUSCHER M. Tax competition, capital mobility and innovation in the public sector [J]. German Economic Review, 2007, 8 (1): 28-40.

[272] REVELLI F. Spatial patterns in local taxation: Tax mimicking or error mimicking? [J]. Applied Economics, 2001, 33 (9): 1101-1107.

[273] REVELLI F. Testing the taxmimicking versus expenditure spill-over hypotheses using English data [J]. Applied Economics, 2002, 34 (14): 1723-1731.

[274] RICHTER W F, WELLISCH D. The provision of local public goods and factors in the presence of firm and household mobility [J]. Journal of Public Economics, 1996, 60 (1): 73-93.

[275] RORK J C. Coveting thy neighbors' taxation [J]. National Tax Journal, 2003, 56 (4): 775-787.

[276] RUSSO C, GOODHUE R E, SEXTON R J. Agricultural support policies in imperfectly competitive markets: Why market power matters in policy design [J]. American Journal of Agricultural Economics, 2011, 93 (5): 1328-1340.

[277] SCHALTEGGER C A, ZEMP S. Spatial spillovers in metropolitan areas: Evidence from Swiss communes [Z]. CREMA Working Paper, 2003.

[278] SHLEIFER A. A theory of yardstick competition [J]. Rand Journal of Economics, 1985, 16 (3): 319-327.

[279] SILVA H, VEIGA L G, PORTELA M. Strategic interaction in local fiscal policy: Evidence from Portuguese municipalities [R]. NIPE Working Paper, 2011.

[280] STAUVERMANN P J, KUMAR R R. The dilemma of international capital tax competition in the presence of public capital and endogenous growth [J]. Annals of Economics and Finance, 2014, 6 (2): 255-272.

[281] TAYMAZ E, UCDOGRUK Y. The demand for researchers: Does public R&D support make a difference? [J]. Eurasian Business Review, 2013, 3 (1): 90-99.

[282] TIEBOUT C M. A pure theory of local expenditures [J]. Journal of Political Economy, 1956, 64 (5): 416-424.

[283] WAHAB M. Asymmetric output growth effects of government spending: Cross-sectional and panel data evidence [J]. International Review of Economics & Finance, 2011, 20 (4): 574-590.

[284] WEINGAST B R. The economic role of political institutions: Market-preserving federalism and economic development [J]. Journal of Law Economics & Organization, 1995, 11 (1): 1-31.

[285] WILDASIN D E. Fiscal competition in space and time [J]. Journal of Public Economics, 2003, 87 (11): 2571-2588.

[286] Wildasin D E. Fiscal competition for imperfectly-mobile labor and capital: A comparative dynamic analysis [J]. Journal of Public Economics, 2011, 95 (12): 1312-1321.

参考文献

[287] WILSON J D. A theory of interregional tax competition [J]. Journal of Urban Economics, 1986, 19 (3): 296-315.

[288] WILSON J D. Tax competition with interregional differences in factor endowments [J]. Regional Science and Urban Economics, 1991, 21 (3): 423-451.

[289] WILSON J D. Property taxation, congestion, and local public goods [J]. Journal of Public Economics, 1997, 64 (2): 207-217.

[290] WILSON J D. Theories of tax competition [J]. National Tax Journal, 1999, 52 (2): 269-304.

[291] WILSON J D, GORDON R H. Expenditure competition [J]. Journal of Public Economic Theory, 2003, 5 (2): 399-417.

[292] WILSON J D, WILDASIN D E. Capital tax competition: Bane or boon [J]. Journal of Public Economics, 2004, 88 (6): 1065-1091.

[293] WU B, XU X, FENG Z. Investment promotion, fiscal competition and economic growth sustainability [J]. Sustainability, 2018, 10 (1): 1-12.

[294] WREDE M. Agglomeration, tax competition, and fiscal equalization [J]. International Tax & Public Finance, 2014, 21 (6): 1012-1027.

[295] XU C. The fundamental institutions of China's reforms and development [J]. Journal of Economic Literature, 2011, 49 (4): 1076-1151.

[296] ZHANG H, CHEN X. Fiscal competition and the structure of local public expenditure in China [J]. Frontiers of Economics in China, 2007, 2 (2): 237-249.

[297] ZHANG T, ZOU H F. Fiscal decentralization, public spending, and economic growth in China [J]. Journal of Public Economics, 1998, 67 (2): 221-240.

[298] ZHURAVSKAYA E V. Incentives to provide local public goods: Fiscal federalism, Russian style [J]. Journal of Public Economics, 2000, 76 (3): 337-368.

[299] ZODROW G R, MIESZKOWSKI P PIGOU, T IEBOUT. Property taxation, and the underprovision of local public goods [J]. Journal of Urban Economics, 1986, 19 (3): 356-370.